KURSBUCH SELBSTVERANTWORTUNG

Selbstverantwortlich handelnde Mitarbeiter – jeder will sie, doch kaum ein Vorgesetzter ist bereit, die Voraussetzungen dafür auch konsequent zu schaffen. Hier zeigt Erfolgsautor Ken Blanchard, wie Vorgesetzte wirklich erfolgreich die Rahmenbedingungen verändern.

Das *Kursbuch Selbstverantwortung* ist ein Prozessbegleiter, ein echter »Action Guide«, der den notwendigen Veränderungsprozess Schritt für Schritt beschreibt und die häufigsten Fragen von Verantwortlichen und Vorgesetzen beantwortet.

Ken Blanchard ist Bestsellerautor (*Der Minuten-Manager*), seine Bücher wurden in 25 Sprachen übersetzt.

John P. Carlos ist Unternehmensberater und gefragter Motivationstrainer.

Alan Randolph arbeitet als Unternehmensberater, in der Ausbildung des Management-Nachwuchses und als Buchautor.

Ken Blanchard, John P. Carlos, Alan Randolph

KURSBUCH
SELBSTVERANTWORTUNG

So führen Sie Ihre Mitarbeiter
zu mehr Motivation und Leistung

Aus dem Englischen von Patricia Künzel

Campus Verlag
Frankfurt/New York

Die Originalausgabe erschien 1999 unter dem Titel
The Three Keys to Empowerment bei Berrett-Koehler Publishers, Inc., San Francisco.
Copyright © 1999 by Blanchard Family Trust

Die Deutsche Bibliothek – CIP-Einheitsaufnahme

Ein Titeldatensatz für diese Publikation ist bei
Der Deutschen Bibliothek erhältlich
ISBN 3-593-36416-6

Copyright © 2000 Campus Verlag GmbH, Frankfurt/Main
Umschlaggestaltung: Guido Klütsch, Köln
Umschlagmotiv: © The Image Bank, Frankfurt/Main
Satz: Publikations Atelier, Frankfurt/M.
Druck und Bindung: Wiener Verlag, Himberg
Gedruckt auf säurefreiem und chlorfrei gebleichtem Papier.
Printed in Austria

Besuchen Sie uns im Internet: **www.campus.de**

Gewidmet allen Pionieren selbstverantwortlichen Handelns
– Führungskräfte, Teams und Unternehmen –,
von denen wir so viel gelernt haben!

Für Margie McKee Blanchard,
meine Mitgründerin, Koautorin, Freundin und inspirierende
Partnerin!

Für C. Lynne Carlos,
meine Partnerin, Freundin und Ehefrau seit
– bislang – 32 Jahren!

Für Ruth Anne Gray Randolph,
meine beste Freundin und Lebenspartnerin!

Inhaltsverzeichnis

Vorwort

Unser erstes Buch zum Thema Selbstverantwortung mit dem Titel *Empowerment Takes More than a Minute* war eine allgemeine Einführung in die Herausforderungen einer von Selbstverantwortung geprägten Kultur. Zu unserer Freude schaffte es dieser Band in die Bestsellerliste der Zeitschrift *Business Week* und wurde aus dem Englischen in zehn weitere Sprachen übersetzt (deutsche Fassung: *Management durch Empowerment*, Rowohlt Verlag, 1998). Dieses Buch war in jeder Hinsicht ein Erfolg und half vielen Führungskräften und Mitarbeitern, durch Freisetzung versteckter Potenziale erstaunliche Ergebnisse zu erzielen.

Zugleich wurde deutlich, dass der Versuch, auf eine Kultur der Selbstverantwortung hinzuarbeiten, immer Fragen für Manager und Mitarbeiter aufwirft. Diese Fragen sind häufig ganz spezifisch, und unser erstes Buch lieferte nicht auf alle eine Antwort. Das *Kursbuch Selbstverantwortung* greift diese Fragen auf und beantwortet sie und bietet Hilfestellungen für einen dreistufigen Ansatz, der Mitarbeiter auf selbstverantwortliches Denken und Handeln vorbereitet.

Offenbar besteht grundsätzlich Einigkeit darüber, dass Mitarbeiter, Führungskräfte und Unternehmen von einer Kultur profitieren können, die Menschen zur Selbstverantwortung ermutigt. Diese Kultur bietet Mitarbeitern die Möglichkeit, ihre Kenntnisse, Erfahrung und Motivation zu nutzen, um Aufgaben für das Unternehmen zu erfüllen. Sie werden zu Teammitgliedern mit Ergebnisverantwortung. Davon profitiert das Unternehmen in materieller wie immaterieller Hinsicht. Die Beschäftigten fühlen sich als Miteigentümer, empfinden ihre Arbeit als spannend und sind stolz auf ihre Leistungen. Vorgesetzte werden zu Teamleitern und beziehen die Teammitglieder in die Entscheidungsfindung ein. Sie erleben, dass Ergebnisse weitaus leichter erreicht werden als in einer hierarchischen Kultur. Durch den Aufbau selbstverantwortlich arbeitender Teams, die viel mehr erreichen, als irgendjemand für möglich gehalten hätte, entwickeln sie ein ganz neues Selbstwertgefühl.

Das Problem dabei ist, dass es viel leichter ist, über Selbstverantwortung zu reden, als tatsächlich eine Kultur zu schaffen, die selbstverantwortliches Handeln der Mitarbeiter fördert. In unserem ersten Buch wollten wir den Lesern zeigen, dass der Übergang von einer hierarchischen Organisation zu einer Selbstverantwortungskultur nicht leicht fallen würde. Eine reine Ankündigung, der bloße Wunsch oder ein eng begrenztes Projekt genüge dafür nicht, argumentierten wir. Man müsse schon »mehr als eine Minute« für diese Form der Mitarbeitermotivation erübrigen. Es ist keine leichte Aufgabe, die Prämissen, Verhaltensweisen und Systeme (Unternehmenspolitik und Vorgehensweisen) über Bord zu werfen, die sich in einer hierarchischen Kultur bewährt haben, und sie durch Prämissen, Verhaltensweisen und Systeme zu ersetzen, die bei Mitarbeitern Selbstverantwortung unterstützen und voraussetzen. Dennoch kann dieses Konzept erfolgreich umgesetzt werden, wenn man Schritt für Schritt in mehreren Stufen darauf hinarbeitet.

Das *Kursbuch Selbstverantwortung* soll in diesem Prozess die Richtung weisen. Es handelt sich hier nicht um ein Buch, das man in einem Rutsch durchlesen sollte – es sei denn, man möchte sich einen ersten Überblick über das Thema verschaffen. Vielmehr ist es als praktischer Begleiter für die »Reise« zur Selbstverantwortung gedacht. Dieses Buch wird Ihnen helfen, das Wesentliche nicht aus den Augen zu verlieren, und wird bei Ihnen das Umdenken beschleunigen. Auf dem Weg zum Ziel sollten Sie Fragen formulieren und diese dann in den einzelnen Abschnitten nachschlagen. Dort finden Sie einige Antworten dazu. Wir wissen, dass dieses Kursbuch Ihnen den Übergang zu einer Selbstverantwortungskultur erleichtern und die Zuversicht geben wird, sich bei diesem Vorhaben nicht beirren zu lassen. Wenn Sie Ihre Fragen in diesem Buch nicht wiederfinden, schicken Sie sie bitte an uns. Wir werden sie nach bestem Wissen beantworten. Wir wollen Ihren Erfolg beim Aufbau einer von Selbstverantwortung geprägten Kultur. Lassen Sie sich also von diesem Kursbuch – und von uns als Informationsquelle – den Weg weisen.

Viel Glück bei dieser wichtigen und anspruchsvollen Aufgabe! Wir sind überzeugt, dass sich die Mühe lohnt, denn durch Selbstverantwortung schaffen Menschen Erstaunliches.

Ken Blanchard   John Carlos   Alan Randolph

Einführung

Selbstverantwortung als Herausforderung

Ermutigung von Mitarbeitern zu selbstverantwortlichem Handeln war und ist eines der vielversprechendsten, aber zugleich auch am wenigsten verstandenen Führungskonzepte. In den achtziger Jahren als »Empowerment« vorgestellt, verkam dieses Konzept bald zu einem Schlagwort, das hohe Erwartungen hervorrief, in der Praxis aber wenig bewirkte. Wer hätte etwas gegen selbstverantwortliche Mitarbeiter einwenden können? Fragt man hochrangige Führungskräfte, ob sie sich Mitarbeiter wünschen, die gerne Verantwortung übernehmen, ein persönliches Interesse an den Belangen der Firma haben und bereit sind, sich engagiert für die Unternehmensziele einzusetzen, antworten diese natürlich mit Ja. Fragt man Mitarbeiter, ob sie wollen, dass man ihnen Wertschätzung entgegenbringt und Entscheidungsbefugnisse am Arbeitsplatz einräumt, und ob sie auf ihre Leistungen stolz sein möchten, lautet die Antwort natürlich ebenfalls Ja.

Im Grunde wollen Führungskräfte und Mitarbeiter das Gleiche. Warum ist es dann bloß so schwerig, Mitarbeiter zur Selbstverantwortung hinzuführen? Warum ist dieses Konzept so oft in Misskredit geraten? Die Antwort auf diese Fragen ist einfach und vielschichtig zugleich.

Das Konzept der Selbstverantwortung ist nicht an sich unzulänglich. Vielmehr fehlt meist das Verständnis für den Prozess, der von der herkömmlichen, hierarchisch orientierten Denkweise zu einer von eigenverantwortlichem Handeln geprägten Kultur führt.

Allzu viele Manager verstehen Selbstverantwortung nur als Ausstattung von Untergebenen mit Entscheidungsbefugnissen. Zu viele Mitarbeiter sehen Selbstverantwortung als Freibrief, tun und lassen zu können, was ihnen beliebt. In diesem Kursbuch erörtern wir, worum es bei der Entwicklung zur Selbstverantwortung im Wesentlichen geht: Unternehmen wollen Mitarbeiter zu mehr Leistung und Motivation coachen. Wir geben einen Überblick über den Entwicklungsprozess und die Fragen, denen Sie sich stellen müssen, wenn Sie eine von Selbstverantwortung geprägte Kultur in Ihrem Unternehmen aufbauen wollen.

Kapitel 1

Freisetzen von Mitarbeiterpotenzialen

Selbstverantwortung. Funktioniert das in Ihrem Team, in Ihrem Unternehmen, oder ist das einfach nur eine neue Managementmode von vielen? Wir sind überzeugt, dass Selbstverantwortung (ein Begriff, mit dem wir Einbeziehung von Teammitgliedern in Entscheidungsprozesse, unternehmerisches Denken, Verantwortungsbewusstsein, ein ureigenes Interesse an guten Ergebnissen und Stolz auf die eigenen Leistungen verbinden) eine wesentliche Voraussetzung ist für die Sicherung der Wettbewerbsfähigkeit von Unternehmen heute und in der Zukunft. Wenn Firmen in der neuen Geschäftswelt Erfolg haben wollen, müssen die Teammitglieder das Gefühl haben, dass sie ihren Job selbst mitgestalten und eine Schlüsselrolle im Betrieb spielen. Viele der erfolgreichsten und renommiertesten Firmen der Welt teilen diese Auffassung.

Warum sollten sich Unternehmen die Mühe machen, ihre Mitarbeiter zur Selbstverantwortung hinzuführen?

Eine Vielzahl externer Herausforderungen haben den Weg für die Veränderungen bereitet, die von allen Seiten auf Menschen und Unternehmen einstürmen. Erstens haben Kunden heute sehr hohe Erwartungen in Bezug auf Qualität, Preis und Service. Wenn ein Unternehmen ihre Bedürfnisse nicht erfüllen kann, wechseln sie einfach zu einem anderen. Zweitens müssen Firmen mit dem Druck ihrer Kunden so umgehen, dass sie immer noch Gewinn erwirtschaften. Es besteht stets die Gefahr, die Gewinnspannen so zu verkleinern, um Kundenwünschen entgegenzukommen, dass die Überlebensfähigkeit des Unternehmens gefährdet ist. Drittens führen die durch globalen Wettbewerb, Einführung neuer Technologien und Verlagerungen in den Kundeneinstellungen hervorgerufenen Veränderungen dazu, dass die Innovationen vom letzten Jahr heute selbstverständlich sind. Die Latte wird immer höher gelegt, und wenn Ihr Unternehmen und seine Beschäftigten nicht lernen, höher zu springen, wartet ein Konkurrent nur darauf, Ihren Platz einzunehmen. Viertens sind Arbeitnehmer heute ganz anders als früher. Sie verfügen über enormes Wachstums- und Entwicklungspotenzial, wollen aber auch unbedingt ihr Schicksal selbst in die Hand nehmen. Daher muss das Vertrauensverhältnis zwischen Teammitgliedern und -leitern ständig verbessert werden, damit Mitarbeiter in der Lage und willens sind, sich innerhalb eines bestimmten Freiraums nach besten Kräften und verantwortungsbewusst für die Belange des Unternehmens einzusetzen, und Führungskräfte Mitarbeiter eigenverantwortlich und selbstständig handeln lassen.

Der Aufbau einer Selbstverantwortungskultur ist keine leichte Aufgabe. Er verlangt ein Gleichgewicht zwischen Verantwortung und Freiheit. Sobald man sich aber für diesen Weg entschieden hat, gibt es im Grunde kein Zurück – es sei denn, man will sich selbst und alle anderen im Unternehmen zum Spielball des Wandels machen.

Die Arbeit mit unseren Kunden in den letzten Jahren hat uns gezeigt, dass sich die Beziehungen zwischen Arbeitgebern und Arbeitnehmern verändert haben. Loyalität dem Unternehmen gegenüber ist keine Garantie mehr für Arbeitsplatzsicherheit. Wer in den fünfziger Jahren eine Stelle bei einem Großkonzern annahm, hatte »für sein Lebtag ausgesorgt«. Gilt das auch heute noch? Natürlich nicht! Die größten Unternehmen haben am meisten Personal abgebaut. Aber Entlassungen garantieren nicht automatisch den Erfolg des Unternehmens. Wie lautet also die neue Arbeitgeber-Arbeitnehmer-Vereinbarung?

Auf die Frage, was sie von ihren Mitarbeitern heute erwarten, antworten Führungskräfte nahezu einstimmig: »Wir wünschen uns Problemlöser mit Eigeninitiative, die sich verhalten, als würde das Unternehmen ihnen gehören.« Das bedeutet im Klartext, dass sie sich *selbstverantwortliche* Mitarbeiter wünschen. Und was erwarten Teammitglieder von ihren Führungskräften? Auf diese Frage hören wir oft folgende Antwort: »Wir wollen ehrliche Informationen. Wir wollen die Wahrheit über den Zustand unserer Firma hören. Dann können wir uns darauf einstellen und zu einer Verbesserung der Situation beitragen. Außerdem wollen wir neue Fertigkeiten erwerben, die uns nicht nur bei unserem jetzigen Arbeitgeber helfen, sondern auch entsprechend vermarktet werden können, wenn wir uns nach einer anderen Stellen umsehen müssen.« Dies bedeutet unter dem Strich, dass sie in das Unternehmen einbezogen werden wollen, damit sie *selbstverantwortlich denken und handeln* können.

Was ist Selbstverantwortung?

In vielerlei Hinsicht haben Führungskräfte und Mitarbeiter also das gleiche Ziel: Selbstverantwortung. Im Grunde ist dies eine hochmoderne Methode, die einerseits Unternehmen den gewünschten strategischen Vorteil verschafft und andererseits Mitarbeitern die gewünschten Chancen eröffnet. Das Prinzip der Selbstverantwortung ist ein Ansatz, bei dem Mitarbeiter in gleicher Weise wie Führungskräfte Verantwortung übernehmen und damit über den Erfolg oder Misserfolg des Unternehmens entscheiden; wobei »Erfolg« heute so definiert ist, dass ein Unternehmen zugleich kundenorientiert, kosteneffektiv, schnell und flexibel sein und kontinuierlich besser werden muss.

Das Konzept der Selbstverantwortung kann allen Führungskräften (sofern sie zu einigen einschneidenden Veränderungen bereit sind) helfen, die Kenntnisse, Fähigkeiten, Erfahrungen und Motivation aller Menschen im Unternehmen optimal zu nutzen. Wer als Führungskraft seine Mitarbeiter zu selbstverantwortlichem Denken und Handeln hinführt, überträgt ihnen mehr Ergebnisverantwortung. Eines ist klar: *Ermutigung zur Selbstverantwortung sollte nicht mit Laisser-faire verwechselt werden.* Obwohl die Erwartungen an die Mitarbeiter hoch sind, begrüßen diese dennoch das Konzept der Selbstverantwortung, weil sie selbst Entscheidungen treffen, Verantwortung übernehmen und an ihren Aufgaben wachsen wollen. Bedauerlicherweise wissen zu wenige Manager und Mitarbeiter, wie sie eine Selbstverantwortungskultur schaffen können.

Mitarbeitern Vollmachten und Verantwortung für wichtige Geschäftsentscheidungen zuzuweisen ist zwar ein zentraler struktureller Aspekt der Selbstverantwortung, aber beileibe noch nicht die ganze Kunst – auch wenn manche Führungskräfte dies irrtümlicherweise zu glauben scheinen. *Selbstverantwortung ist vielmehr die Aktivierung der Kenntnisse, Erfahrungen und Motivationskraft, die bereits in den Mitarbeitern vorhanden sind, aber zu wenig genutzt werden.* In hierarchischen Organisationen, deren Führungspraktiken eher dem herkömmlichen autoritären Modell entsprechen, wird das Potenzial der Mitarbeiter nur teilweise – etwa zu 25 bis 30 Prozent – genutzt. Wir alle wissen, was geschehen würde, wenn ein Unternehmen die Kapazität seiner Maschinen nur zu 25 bis 30 Prozent auslastet. Es würde großen Schaden nehmen, und die Karriere seiner Manager wäre extrem kurz. Weshalb sollten wir eine derart niedrige Kapazitätsauslastung bei Mitarbeitern hinnehmen? Hinführung zur Selbstverantwortung hilft allen Führungskräften in allen Unternehmen dabei, die Leistungsfähigkeit ihrer Beschäftigten zu steigern.

Funktioniert Selbstverantwortung wirklich?

Die Frage ist berechtigt: Funktioniert das Konzept Selbstverantwortung wirklich? In einer von heftigem Wettbewerb geprägten Zeit muss jedes Unternehmen, das nicht bei niedrigeren Kosten und höherer Qualität schneller produzieren kann als seine globalen Wettbewerber, bald seine Pforten schließen. Die einen verlieren ihren Arbeitsplatz, den anderen wird eine größere Arbeitslast aufgebürdet. Auch Führungskräfte stehen unter Druck, da sie mit weniger Mitarbeitern und einer größeren Leitungsspanne mehr produzieren müssen. Genau deshalb funktioniert das traditionelle Managementmodell nicht mehr, in dem Vorgesetzte alles unter Kontrolle haben. Heute brauchen wir Lösungen, die die Aufgabe erleichtern, Ergebnisse mit weniger Ressourcen zu erreichen. Gleichzeitig streben Mitarbeiter Arbeitsplatzsicherheit und die Beteiligung an Entscheidungen an und wollen Leistungen erbringen, auf die sie stolz sein können. Wir sind davon überzeugt, dass das Konzept der Selbstverantwortung einen wesentlichen Beitrag zur Erfüllung dieser Anforderungen leisten kann.

In ihrem Buch *Employee Involvement and Total Quality Management* unterstützen Ed Lawler und seine Kollegen vom Center for Organizational Effectiveness der University of Southern California diese Schlussfolgerung.[1] Ihren Beobachtungen zufolge erzielen Unternehmen, die ihren Beschäftigten mehr Mitspracherechte und Verantwortung gewähren, höhere Umsatzrenditen (10,3 Prozent) als Firmen, deren Mitarbeiter nicht am Entscheidungsprozess beteiligt sind (6,3 Prozent). Einer unserer Kunden aus dem Lebensmitteleinzelhandel erlebte, wie im Laufe von acht Jahren sein jährliches Umsatzwachstum von 15 auf 26 Prozent kletterte, der Umsatz pro Niederlassung um 10 Prozent jährlich stieg, die Anzahl der Filialen um fast 100 Prozent zunahm und das Gesamtumsatzvolumen sich um fast 500 Prozent erhöhte. Einem Anbieter von Ingenieurleistungen gelang es, dank eines besseren Informationsaustauschs und eines Teamansatzes (zwei der Schlüsselbedingungen, die Voraussetzung für selbstverantwortliches Denken und Handeln sind) seine Kosten um 40 Prozent zu reduzieren, aber zugleich das hohe Qualitätsniveau seiner Leistungen zu erhalten. Das Konzept der Selbstverantwortung funktioniert tatsächlich – vorausgesetzt, Führungskräfte und Mitarbeiter nehmen die Mühen der Veränderung auf sich.

Eine Einzelhandelskette schaffte es mit dem Prinzip Selbstverantwortung, die Mitarbeiterfluktuation vom Branchendurchschnitt von 140 bis 220 Prozent auf 70 Prozent jährlich zu senken. Das liegt zwar immer noch über dem Niveau anderer Industriezweige, führt aber doch zu beträchtlichen Kosteneinsparungen. Zudem hat das Management festgestellt, dass weniger Mitarbeiter bei ihrem Ausscheiden schlecht über ihren Ex-Arbeitgeber reden. Eine typische Antwort eines ehemaligen Mitarbeiters im Einzelhandel lautet: »Die haben von mir erwartet, dass ich meine Seele verkaufe – und das für einen Hungerlohn.« Wenn Mitarbeiter dieses spezielle Unternehmen heute verlassen, sagen sie eher: »Für mich als Achtzehnjährigen gab es keinen besseren Job, um Berufserfahrungen zu sammeln. Ich werde noch lange als Kunde in diese Läden kommen.« Welches Fazit lässt sich aus dieser Geschichte ziehen? Das Unternehmen mag zwar immer noch Mitarbeiter schneller verlieren, als ihm lieb ist, doch gewinnt es dabei möglicherweise langjährige Kunden!

Wie schwierig ist der Übergang zur Selbstverantwortung?

Viele Unternehmen sprechen über die Selbstverantwortung von Mitarbeitern; praktiziert wird dieses Konzept aber nur von wenigen. Allzu viele Manager glauben, selbstverantwortliches Handeln werde sich schon »von selbst einstellen«, wenn sie und ihre Mitarbeiter dies nur wollen. Das ist keineswegs der Fall. Die Veränderungen sind zu grundlegend, und es müssen zu viele alte Gewohnheiten über Bord geworfen werden. Wer seine Mitarbeiter zur Selbstverantwortung hinführen will, muss verstehen, was wirklich hinter diesem Begriff steckt, die wichtigsten Handlungsschritte kennen und sich engagiert dafür einsetzen.

Lawler und seine Kollegen kamen zu dem Schluss, dass selbst Firmen, die sogenannte »Empowerment-Programme« initiiert haben, weniger als 20 Prozent ihrer Beschäftigten in die Entscheidungsfindung einbeziehen. Unseren Erfahrungen zufolge starten viele Unternehmen ein Programm zur Förderung der Mitarbeiterselbstverantwortung, nur um irgendwann den Veränderungsprozess wieder abzubrechen und der Meinung Vorschub zu leisten, es handle sich hier lediglich um die »Managementmode des Monats«.

Dass Selbstverantwortung »leichter gesagt als getan« ist, liegt in erster Linie daran, dass Vorgesetzte häufig glauben, es genüge, wenn sie »Teammitgliedern Entscheidungsbefugnisse gewähren oder den Auftrag erteilen, ihre Verhaltensweisen zu ändern«. Sie glauben, den Betroffenen damit Handlungsfreiraum zu geben. Zugleich bemerken sie oft eine mangelnde Bereitschaft ihrer Mitarbeiter, für die von ihnen getroffenen Entscheidungen geradezustehen. Mitarbeiter äußern zwar den Wunsch, Entscheidungen zu fällen und über ihr Engagement zu bestimmen, meinen aber, dass das Management ihnen Steine in den Weg legt, wenn sie diese Verantwortung tatsächlich wahrnehmen möchten. Die meisten Führungskräfte bieten unwillentlich nicht die richtige Mischung aus Wissen, Informationen, Macht und Belohnungen, welche die Voraussetzung für eine Kultur ist, in der Mitarbeiter eigenverantwortlich handeln können. Auch die Beschäftigen sind nicht ohne weiteres dafür gerüstet, sich der Herausforderung des selbstverantwortlichen Denkens und Handelns zu stellen. Sie glauben zwar häufig, dass sie dies wollen – bis sie erfahren, welche Veränderungen ihnen dabei tatsächlich abverlangt werden.

Ursache dieser Schwierigkeiten sind die fundamentalen Änderungen in der Denkweise, die bei Führungskräften und Mitarbeitern nötig sind. Das Konzept der Selbstverantwortung stellt viele der Grundannahmen über Unternehmen in Frage, die bisher unumstößliche Tatsachen waren. Die Denkweise, die einzelne Mitarbeiter und Unternehmen in der Vergangenheit zum Erfolg führte, verliert in einem von Selbstverantwortung geprägten Umfeld ihre Gültigkeit. Wenn ein Unternehmen seine Mitarbeiter zur Selbstverantwortung führen will, müssen sich Einstellungen, Überzeugungen, Vorgehensweisen und Beziehungen verändern.

Welche drei Schlüsselbedingungen sind Voraussetzung für die erfolgreiche Einführung einer Selbstverantwortungskultur?

In diesem Buch werden die Maßnahmen detailliert beschrieben, die ergriffen werden müssen, um den schwierigen Übergang zu einer Selbstverantwortungskultur zu meistern. Dazu kombinieren wir drei verschiedene Konzepte miteinander:

- Die drei Schlüsselbedingungen für die Einführung des Prinzips der Selbstverantwortung, die wir in unserem Buch *Management durch Empowerment*[2] vorstellten.
- Die drei Phasen des Veränderungsprozesses, die alle Teamleiter und -mitglieder bei der Einführung des Prinzips der Selbstverantwortung durchlaufen müssen.
- Situational Leadership® II: ein auf situationsbezogene Führung abzielendes Modell, das sich für Führungskräfte als wertvolle Hilfestellung in ihrem Umgang mit einzelnen Mitarbeitern, Teams oder Organisationseinheiten (Abteilungen, Geschäftsbereichen oder Gesamtunternehmen) erwiesen hat und auch den Teammitgliedern helfen kann, sich selbst zu managen.

Die drei Schlüsselbedingungen für die Selbstverantwortung

Die erste Schlüsselbedingung: Jeder muss Zugang zu allen Informationen haben

Die erste (und häufig missverstandene) Schlüsselbedingung für Selbstverantwortung ist das *Teilhabenlassen an Informationen*. Auch wenn es Sie überraschen mag: Als Führungskraft können Sie den Veränderungsprozess nicht in Gang setzen, indem Sie der Belegschaft einfach Ihr Bild der Selbstverantwortungskultur präsentieren. Vielmehr müssen Sie alle verfügbaren Informationen über das Unternehmen mit Ihren Mitarbeitern teilen. Wie wir von unseren Kunden und aus Untersuchungen erfahren haben, wird Selbstverantwortung von den Beschäftigten als eine weitere Managementmode abgetan, wenn ihnen die Informationen, die sie zum Verständnis der geschäftlichen Aktivitäten und Anforderungen benötigen, vorenthalten werden. Wenn Teamleiter bereit sind, Mitarbeiter an allen verfügbaren – positiven und negativen – Informationen teilhaben zu lassen, gewinnen sie allmählich das Vertrauen ihrer Beschäftigten, die dann den Eindruck gewinnen, dass sie einbezogen werden und das Management ihnen vertraut. Außerdem ist eigentlich klar (obwohl viele Manager das nicht zu wissen scheinen), dass Mitarbeiter ohne Informationen unmöglich verantwortlich handeln können. Sie können keine guten Geschäftsentscheidungen treffen, wenn sie nicht Zugang zu den gleichen Informationen haben, auf die sich ihre Vorgesetzten bislang bei solchen Entscheidungen stützten. Andererseits zwingen Informationen Mitarbeiter geradezu zu verantwortungsbewusstem Handeln. Informationszugang für alle verleiht dem Veränderungsprozess in Richtung Selbstverantwortung eine Dynamik, die wesentlich zu seinem Erfolg beiträgt.

Die zweite Schlüsselbedingung: Autonomie durch Abgrenzung

Selbstverantwortung bedeutet ein Minimum an vorgegebenen Strukturen. Doch – es mag paradox klingen – der Anstoß für die Schaffung einer Selbstverantwortungskultur verlangt zunächst mehr und nicht weniger Strukturen. Selbstverständlich sprechen wir hier nicht von den Strukturen der traditionellen Hierarchien. In einer Hierarchie soll die Struktur den Handlungsspielraum des Einzelnen einschränken. Regeln, Prozeduren, Richtlinien und Vorgesetzten-Untergebenen-Beziehungen geben Arbeitnehmern Aufschluss darüber, was sie tun oder was sie nicht tun dürfen. In einer auf Selbstverantwortung ausgerichteten Organisation erfüllen Strukturen einen anderen Zweck und haben eine andere Gestalt. Hier sollen sie für die Mitarbeiter den Freiraum für autonomes Handeln abstecken. In einer Selbstverantwortungskultur können solche Abgrenzungen in Form von Visionserklärungen, Kooperationszielen, Entscheidungsregeln und Leistungsmanagement-Partnerschaften erfolgen. Innerhalb des so definierten Terrains können die Teammitglieder bestimmen, was sie wie machen möchten. Je mehr sich das Prinzip der Selbstverantwortung durchsetzt, desto breiter und tiefer wird auch der strukturelle Freiraum, sodass Mitarbeiter mehr Kontrolle ausüben und Verantwortung übernehmen können.

Die dritte Schlüsselbedingung: Teams statt Hierarchien

Die dritte Schlüsselbedingung, die harmonisch mit den anderen beiden zusammenwirken muss, ist der allmähliche Ersatz der Zielsetzungen und Funktionen der alten Hierarchie durch selbstgesteuerte Teams. Viele der heute erforderlichen komplexen Geschäftsentscheidungen können nur wirksam sein, wenn viele unterschiedliche Menschen dazu einen Beitrag leisten. Auch die Umsetzung dieser Entscheidungen kann nur im Team die gewünschten Ergebnisse erzielen. *Faktisch können Teams in komplexen Situationen wirksamer arbeiten als Einzelpersonen.* Ein Team, in dem durch gemeinsame Anstrengungen Synergien erzielt werden, verfügt über mehr Wissen sowie Unterstützungsmechanismen für Mitarbeiter, die selbstverantwortlich handeln wollen. Selbstgesteuerte Teams sind aber nicht zu verwechseln mit partizipativen Teams, Qualitätszirkeln oder halbautonomen Arbeitsgruppen. Sie treffen Entscheidungen, setzen diese um und tragen auch Ergebnisverantwortung, anstatt nur einfach Empfehlungen vorzulegen. Aufgrund dieses völlig anderen Ansatzes müssen selbstverantwortliche Teams über einen längeren Zeitraum hinweg entwickelt werden, und Teamleiter müssen lernen, mit und in solchen Hochleistungsteams zu arbeiten.

Die drei Phasen auf dem Weg zur Selbstverantwortung

Der Prozess, der zu einer von Selbstverantwortung geprägten Kultur führt, ist voller Herausforderungen und kann nur mit entsprechender Einsatzbereitschaft durchgehalten werden. Wie bei allen Veränderungen von Gewohnheiten, Einstellungen und Verhaltensweisen, die zugleich Neuerungen im System und in der Organisation erfordern, sind auch hier viele Hochs und Tiefs vorprogrammiert. Es lassen sich drei Phasen unterscheiden, in denen jeweils ganz unterschiedliche Fragen, Emotionen und Erfordernisse berücksichtigt werden müssen.

Phase 1: Erste Orientierungsversuche

In dieser ersten Phase sehen die Angehörigen der Organisation das neue Konzept mit gemischten Gefühlen. Einerseits werden sich Mitarbeiter und Führungskräfte fragen, wohin diese Reise sie letztendlich führen wird und warum Veränderungen unbedingt erforderlich sind. Andererseits finden sie Gefallen an dem Gedanken, dass sie an ihrem Arbeitsplatz mehr Mitspracherecht haben werden und ihre vielfältigen Begabungen in ihren täglichen Aufgaben einsetzen können. Allerdings sind die Beteiligten in dieser Phase des Veränderungsprozesses noch recht naiv. Oberflächlich betrachtet halten sowohl Manager als auch Mitarbeiter das Prinzip Selbstverantwortung für interessant. Im Grunde ihres Herzens fürchten sie sich aber vor diesem Sprung ins Ungewisse und bezweifeln, dass das Topmanagement tatsächlich ein Umfeld schaffen will, in dem Mitarbeiter selbstverantwortlich denken und handeln sollen.

Phase 2: Desillusionierung und Entmutigung

Irgendwann sind die Beteiligten mit dem neuen Konzept vertraut genug, um zu erkennen, dass sie nicht wissen, wie sie ihre Ziele erreichen sollen. Dieses Gefühl der Unsicherheit stellt sich unter Umständen erst einige Monate nach Beginn des Veränderungsprozesses ein, wird aber irgendwann unweigerlich eintreten. Enttäuschung und Frustration sind dann unvermeidlich. Vermutlich fragen sich die Beteiligten, warum sie diesen Veränderungsprozess in Richtung Selbstverantwortung überhaupt in Angriff genommen haben. Führungskräfte befürchten möglicherweise, dass die Mitarbeiter nie die Herausforderung annehmen und selbstverantwortlich agieren werden. Gleichzeitig wachsen in den Beschäftigten die Zweifel, dass die Führung den Kurs in Richtung Befugniserweiterung halten wird. Im Grunde läuft dies darauf hinaus, dass Manager und Mitarbeiter sich desillusioniert fühlen und eine starke Führung benötigen, die ihnen den Weg weisen und sie ermutigen kann. Leider sind auch Topmanager meist nicht gegen diese Empfindungen gefeit und fragen sich oft entmutigt, was sie bisher auf den Weg gebracht haben, wie sie das Ziel, ihre Mitarbeiter zur Selbstverantwortung zu führen, endlich erreichen und was sie als nächstes tun sollen. Das Resultat ist oftmals ein echtes »Führungsvakuum«, das bei allen Beteiligten Ängste und Zweifel entstehen lässt. An diesem Punkt geben viele Unternehmen, Mitarbeiter und Manager auf. Das ist bedauerlich, denn diese Phase der Entmutigung ist ganz natürlich und Voraussetzung für die erfolgreiche Einführung einer Selbstverantwortungskultur.

Phase 3: Verinnerlichung und Verstärkung der Selbstverantwortung

Unternehmen, die auf Kurs bleiben, werden erleben, wie die Menschen in ihrer Organisation (Teamleiter, Teammitglieder und Topmanager) die neuen Gewohnheiten, Denk- und Verhaltensweisen einer Selbstverantwortungskultur verinnerlichen. Sie sehen allmählich das Licht am Ende des Tunnels. Diese neuen Gewohnheiten sind den Beteiligten aber noch nicht in Fleisch und Blut übergegangen. Mitarbeiter werden mit größerem Verantwortungsbewusstsein mit Managern in einem Teamumfeld zusammenarbeiten. Zugleich freunden sich Führungskräfte mit dem Gedanken an, ihre Verantwortung und ihre Macht mit Teammitgliedern zu teilen. Die Herausforderung für alle Beteiligten besteht nun darin, weiter an der vollständigen Umsetzung des Selbstverantwortungsgedankens zu arbeiten, ohne sich auf den bisher erreichten Lorbeeren auszuruhen. Die meisten Menschen im Unternehmen haben die neue Kultur akzeptiert, doch ist die Lernphase noch nicht abgeschlossen. Einige wenige haben noch Nachholbedarf, brauchen Unterstützung, Ermutigung und die klare Zielsetzung, das erwartete Niveau erreichen zu müssen. Jetzt ist die Zeit der Feinabstimmung, in der sich alle über das bereits Erreichte freuen sollten. Aber der Prozess ist noch nicht abgeschlossen, und die Teamleiter und -mitglieder wissen dies auch. Allerdings sehen sie jetzt die Ziellinie. Zu diesem Zeitpunkt wissen die meisten Mitarbeiter, worum es in der neuen Firmenkultur geht.

Situationsbezogene Führung

Wer eine Selbstverantwortungskultur aufbauen will, muss sich mit ganzer Kraft für dieses Ziel einsetzen. Dazu sind wirksame Führung und ein Aktionsplan erforderlich. Als Ausgangspunkt ist es hilfreich, sich Führung als Prozess der Beeinflussung vorzustellen. Jeder Versuch, das Verhalten eines anderen Menschen zu beeinflussen, um so die Unternehmensziele zu erreichen, ist eine Führungshandlung. Beim Übergang zu einem von Selbstverantwortung geprägten Umfeld spielt Führung nach Ansicht unseres Kollegen Drea Zigarmi in vier Bereichen eine entscheidende Rolle.

Der erste Bereich ist die Selbststeuerung. Ein Ziel der Selbstverantwortungsinitiative besteht darin, Menschen zu Leistung aus eigener Kraft anzuspornen. Anstatt zu warten, bis ihnen ein Vorgesetzter erklärt, was sie zu tun haben, erkennen sie vorausschauend, was nötig ist, und ergreifen selbstständig geeignete Maßnahmen. Der zweite Bereich betrifft Beziehungen auf individueller Ebene. In diesem Fall versuchen Führungskräfte, andere zu beeinflussen. Dabei kann es sich um direkt an sie berichtende Mitarbeiter, gleichrangige Kollegen oder Partner, Vorgesetzte oder auch Kunden handeln. Drittens findet Führung im Teamkontext statt. Heute stehen immer mehr Führungskräfte vor der Aufgabe, Menschen im Team oder in kleinen Gruppen von drei bis zwölf Mitgliedern beeinflussen zu müssen. Wenn das Team effektiv arbeiten soll, müssen die Teammitglieder sogar lernen, sich gegenseitig zu beeinflussen. Viertens findet Führung auf organisatorischer Ebene statt. Hier leitet eine Führungskraft das gesamte Unternehmen oder eine große Organisationseinheit, etwa einen Geschäftsbereich oder eine Fachabteilung wie zum Beispiel die Marketingabteilung. Der betreffenden Führungskraft sind dann einige in einem Team zusammengefasste Mitarbeiter direkt unterstellt, doch berichten diesen andere Beschäftigte. In diesem Kontext beeinflussen Führungskräfte also mehr als eine nachgeordnete Ebene der Organisationsstruktur.

Selbstverantwortlich handelnde Mitarbeiter müssen sich anders verhalten, als dies in einer hierarchischen Kultur gemeinhin der Fall ist. In vielerlei Hinsicht verlangt diese Verhaltensänderung die Aufgabe der Abhängigkeit von der Führung anderer und einen Übergang zur Autonomie bzw. Interdependenz zur externen Führung. Dazu müssen sich die traditionellen Managementparadigmen verlagern. Es ist nicht mehr Aufgabe von Führungskräften, das Verhalten anderer zu dirigieren, zu steuern und zu überwachen oder sie in ihren Bemühungen zu unterstützen, zu ermutigen und zu sekundieren. Vielmehr wird eine Situation angestrebt, in der das nötige dirigierende und sekundierende Verhalten von Einzel- und Teaminitiativen ausgeht. Das Modell der situationsbezogenen Menschenführung (Situational Leadership® II) bietet einen nützlichen Rahmen, um diesen Prozess zu verstehen und den richtigen Weg zu finden.[3]

Situational Leadership® II wurde ursprünglich für die Führung auf individueller Ebene entwickelt. Später wurde die Relevanz dieses Prinzips für die anderen drei Führungskontexte erkannt. Um Ihnen die ganze Bedeutung dieses einfachen, aber wirkungsvollen Modells und seinen Nutzen als Wegweiser beim Übergang von einer hierarchischen Organisation zu einer Selbstverantwortungskultur vor Augen zu führen, widmen wir ihm das ganze nächste Kapitel und erklären seine Wirkungsweise in allen vier Führungskontexten (Selbststeuerung, Führung auf individueller, Team- und Organisationsebene).

Der Aufbau dieses Buches

Im Mittelpunkt des *Kursbuchs Selbstverantwortung* steht die Frage, wie die drei Schlüsselbedingungen für die Einführung des Konzepts der Selbstverantwortung in jeder der drei Veränderungsphasen mit situationsbezogener Führung (siehe Kapitel 2) gekoppelt werden können. Wir sind uns bewusst, dass jedes Unternehmen und seine Mitarbeiter spezielle Probleme und eine einzigartige Entwicklung haben. Indem sich Führungskräfte mit jeder der drei Schlüsselbedingungen so auseinandersetzen, wie dies in jeder der drei Phasen des Veränderungsprozesses jeweils sinnvoll ist, werden sie in der Lage sein, spezifische Aktionspläne zu entwickeln, die auch zu Ergebnissen führen. Daher widmen wir diesem Thema neun Kapitel (Kapitel 3 bis 11). Wir werden in jedem Kapitel Fragen stellen, die wir zu den einzelnen Schlüsselbedingungen in der jeweiligen Phase des Veränderungsprozesses von Führungskräften und Mitarbeitern gehört haben, und dann verschiedene Antworten anbieten. Wir hoffen, damit auch einige Ihrer Fragen beantworten zu können. *Bei der Lektüre dieses Kursbuchs stellen Sie unter Umständen fest, dass einige der in der Beantwortung der Fragen vorgeschlagenen Schritte bei einzelnen Schlüsselbedingungen in den verschiedenen Phasen ähnlich, wenn nicht sogar identisch sind. Dies liegt daran, dass sich diese Probleme wie ein roter Faden durch das gesamte Projekt ziehen und mehr als einmal aufgegriffen werden müssen, wenn Veränderungen stattfinden sollen.*

Wir empfehlen Ihnen, das Buch durchzulesen, um sich einen Überblick über die Fragen zu verschaffen, die in den einzelnen Phasen des Veränderungsprozesses auftauchen. Verwenden Sie anschließend das Kursbuch als Handlungsbasis, indem Sie sich auf die Veränderungsphase konzentrieren, die Sie gerade durchlaufen, und sich die Maßnahmen genauer ansehen, mit denen Sie die jetzt anstehenden Probleme lösen können. Wenn Sie noch am Anfang des Prozesses stehen, sind die drei Kapitel im Abschnitt »Erste Orientierungsversuche« (Kapitel 3 bis 5) für Sie relevant. Haben Sie bereits die Phase der Desillusionierung erreicht, gehen Sie direkt zu den drei Kapiteln im Abschnitt »Desillusionierung und Entmutigung« (Kapitel 6 bis 8). Wenn Sie schließlich schon eine Zeit lang an der Ermutigung der Mitarbeiter zu mehr Selbstverantwortung arbeiten und meinen, die Ziellinie bereits erkennen zu können, konzentrieren Sie sich auf den letzten Teil, »Verinnerlichung und Verstärkung der Selbstverantwortung« (Kapitel 9 bis 11). In jeder Phase finden Sie in den entsprechenden Kapiteln Antworten auf Ihre zentralen Fragen, die Sie als Richtlinien für Ihren Aktionsplan nutzen können. Die Übersicht in Kapitel 12 schließlich fasst alle Punkte zusammen und hilft Ihnen so, den Überblick zu behalten und die Wechselwirkungen zwischen einzelnen Maßnahmen nicht aus den Augen zu verlieren.

Die Einführung einer von Selbstverantwortung geprägten Kultur ist mit großen Herausforderungen verbunden. Neben Hartnäckigkeit und einem Aktionsplan erfordert sie gründlich reflektierte, konkrete Maßnahmen. Wir sind überzeugt, dass dieses *Kursbuch* Ihnen einen detaillierten Planungsrahmen liefert, der Ihnen und den Menschen in Ihrer Organisation ermöglicht, die vielen deutlichen und befriedigenden Vorteile einer auf Selbstverantwortung beruhenden Kultur für sich zu nutzen. Treten wir also diese anspruchsvolle, aber lohnende Reise an, indem wir Ihnen im zweiten Kapitel das Modell der situationsbezogenen Führung (Situational Leadership® II) als übergeordneten Rahmen für das Verständnis des Prozesses und die Festlegung Ihrer Marschrichtung vorstellen.

Kapitel 2

Situationsbezogene Führung

Situationsbezogene Führung (Situational Leadership® II) ist ein wirkungsvolles und doch einfaches ereignisgesteuertes Modell zur Anpassung des Führungsverhaltens an unterschiedliche Situationen. In diesem Kapitel beschäftigen wir uns mit der Frage, wie dieses Modell sinnvoll als Wegweiser für die Entwicklung einer Selbstverantwortungskultur genutzt werden kann. Wie im vorhergehenden Kapitel erläutert, verläuft diese Entwicklung in drei Phasen: erste Orientierungsversuche, Desillusionierung und Entmutigung, Verinnerlichung und Verstärkung des Prinzips Selbstverantwortung. Während dieser Phasen müssen viele unterschiedliche Anliegen erkannt und in Angriff genommen werden, um das Ziel zu erreichen, selbstverantwortlich handelnde Mitarbeiter zu haben.

Ein vom US-Bildungsministerium an der University von Texas durchgeführtes Forschungsprojekt identifizierte sechs vorhersehbare, nacheinander auftretende Fragenkomplexe, die Menschen bei weitreichenden Veränderungen beschäftigen.[1] Während der ersten Phase (erste Orientierungsversuche) verlangen die Beteiligten Antworten auf *Informationsfragen* und *persönliche Fragen*. Sobald sie in Phase 2 (Desillusionierung und Entmutigung) eintreten, geht es um *Umsetzungs-* und *Auswirkungsfragen*. In der letzten Phase (Verinnerlichung und Verstärkung der Selbstverantwortung) zeigen die gestellten Fragen, dass das Ziel in greifbare Nähe gerückt ist, denn sie betreffen *Kooperation* und *Feinabstimmung*. Wenn sich ein Unternehmen mit diesen sechs Fragenkomplexen befriedigend auseinandersetzt, kann es eine Selbstverantwortungskultur aufbauen. Findet man aber keine Antworten auf diese Fragen, wird das Projekt in die Länge gezogen oder mündet im schlimmsten Fall in einer Katastrophe. Lassen Sie uns deshalb die Fragenkomplexe näher erläutern und beschreiben, wie Situational Leadership® II einen Rahmen zur Beantwortung dieser Fragen liefern kann.

1. Informationsfragen: *Welche Veränderungen sollen stattfinden? Warum sind sie erforderlich? Was stimmt am Status quo nicht?* Wer auf Informationen abzielende Fragen stellt, will nicht, dass man ihm die Veränderung *verkauft,* sondern möchte *aufgeklärt* werden. Mitarbeiter wollen zu diesem Zeitpunkt nicht hören, ob die Veränderungen positiv oder negativ sind. Zuerst einmal möchten sie sie verstehen.
2. Persönliche Fragen: *Wie werden sich die Veränderungen auf mich persönlich auswirken? Wie kann ich davon profitieren? Werde ich dadurch etwas gewinnen oder verlieren? Woher soll ich die Zeit für die Veränderungen nehmen?* Wer persönliche Fragen stellt, will wissen, ob er die zur Umsetzung der Veränderungen erforderlichen Fähigkeiten und Ressourcen besitzt.
3. Umsetzungsfragen: *Was soll ich als Erstes tun? Als Zweites? Als Drittes? Wie manage ich alle Details? Was passiert, wenn nicht alles wie geplant läuft? Wohin wende ich mich, wenn ich Hilfe brauche? Wie lange wird dieser Prozess dauern? Sind unsere Erfahrungen typisch?* Der Schwerpunkt von Menschen mit Umsetzungsfragen liegt auf den Einzelheiten, die sich aus der Realisierung der Veränderungen ergeben.
4. Auswirkungsfragen: *Lohnt sich die Mühe? Bringt die Veränderung auch Verbesserungen? Erzielen wir Fortschritte?* Menschen mit Auswirkungsfragen interessieren sich dafür, ob sich die Veränderung auszahlt. In dieser Phase wollen die Mitarbeiter vom Nutzen des Wandels überzeugt werden.
5. Kooperationsfragen: *Wer sollte sonst noch an diesem Prozess mitwirken? Wie können wir mit anderen arbeiten, sodass sie sich an unserem Vorhaben beteiligen? Wie informieren wir*

andere über unsere Initiative? Bei Kooperationsfragen wollen die Mitarbeiter wissen, wie sie ihre Tätigkeiten koordinieren und mit anderen zusammenarbeiten können. Sie wollen alle in die Initiative einbinden, weil sie davon überzeugt sind, dass sich die Neuausrichtung lohnen wird.

6. Feinabstimmungsfragen: *Wie können wir die Veränderungen noch weiter verbessern? Können wir unsere ursprüngliche Idee vervollkommnen?* Mitarbeiter, die Fragen zur Feinabstimmung stellen, richten ihr Hauptaugenmerk auf kontinuierliche Verbesserungen.

Um die Beteiligten dabei zu unterstützen, Antworten auf diese Fragen und Bedenken zu finden, ist es besonders hilfreich, mit der richtigen Kombination aus dirigierendem und sekundierendem Verhalten zu reagieren. Auf diese Weise werden nicht nur die Fragen beantwortet, sondern die Beteiligten auch auf die nächste Veränderungsphase vorbereitet. Wenn man nicht auf diese Anliegen eingeht, hindert man die Mitarbeiter daran, sich an dem Prozess zu beteiligen, und verzögert oder beendet ihn. Das Modell der situationsbezogenen Führung liefert einen Rahmen, den Manager und Mitarbeiter gleichermaßen nutzen können, um rechtzeitig die richtigen Maßnahmen zu treffen und somit die Weiterentwicklung des Prozesses sicherzustellen.

Kurzer Überblick über die situationsbezogene Führung

Das Modell der situationsbezogenen Führung (Situational Leadership® II) wurde entwickelt, um auf individueller, persönlicher Ebene durch wirksames Führungsverhalten Mitarbeitern zu ihrem höchstmöglichen Leistungsniveau zu verhelfen.[2] Dahinter steht der Gedanke, den jeweils richtigen *Führungsstil* (verschiedene Kombinationen von dirigierenden und sekundierenden Verhaltensweisen) auszuwählen, der zu dem *Entwicklungsstand* (verschiedene Kombinationen von Kompetenz und Engagement) des betreffenden Mitarbeiters hinsichtlich eines bestimmten Ziels oder einer spezifischen Aufgabe passt.

Wie aus dem nachstehenden Modell hervorgeht, lassen sich vier grundlegende Führungsstile mit vier Entwicklungsstufen in Einklang bringen. Der obere Teil der Grafik veranschaulicht die vier Führungsstile: S_1 – *Dirigieren* (stark dirigierendes und wenig sekundierendes Verhalten), S_2 – *Trainieren* (stark dirigierendes und stark sekundierendes Verhalten), S_3 – *Sekundieren* (stark sekundierendes und wenig dirigierendes Verhalten) und S_4 – *Delegieren* (wenig sekundierendes und wenig dirigierendes Verhalten). Diese Führungsstile passen zu den vier Entwicklungsstufen, die in der entsprechenden Skala im unteren Teil der Grafik gezeigt werden: E_1 (wenig Kompetenz und hohes Engagement), E_2 (einige Kompetenz und wenig Engagement), E_3 (hohe Kompetenz und schwankendes Engagement) und E_4 (hohe Kompetenz und hohes Engagement).

Das Ziel der Situational Leadership® II besteht darin, ein Umfeld zu schaffen, das dem Einzelnen ermöglicht, sich entlang der Entwicklungsskala durch den Entwicklungszyklus von Entwicklungsstand 1 (entwicklungsfähig) zu Entwicklungsstand 4 (entwickelt) zu bewegen. Der Manager setzt in jeder Stufe der Entwicklung *zu einem bestimmten Ziel oder einer spezifischen Aufgabe* einen auf den Entwicklungsstand des einzelnen Mitarbeiters abgestimmten Führungsstil ein. Wenn sich der Entwicklungsstand ändert, sollte auch der Führungsstil entsprechend angepasst werden. Es gibt nicht einen einzigen *optimalen* Führungsstil, da sich der Entwicklungsstand von einer Person zur anderen und von einer Aufgabe zur nächsten unterscheidet.

Entwicklungsstand und Führungsstile

Natürlich können viele Faktoren die Fertigkeiten der einzelnen Mitarbeiter beeinflussen. Auf eine Variable legt die situationsbezogene Führung allerdings ganz besonders viel Gewicht: den

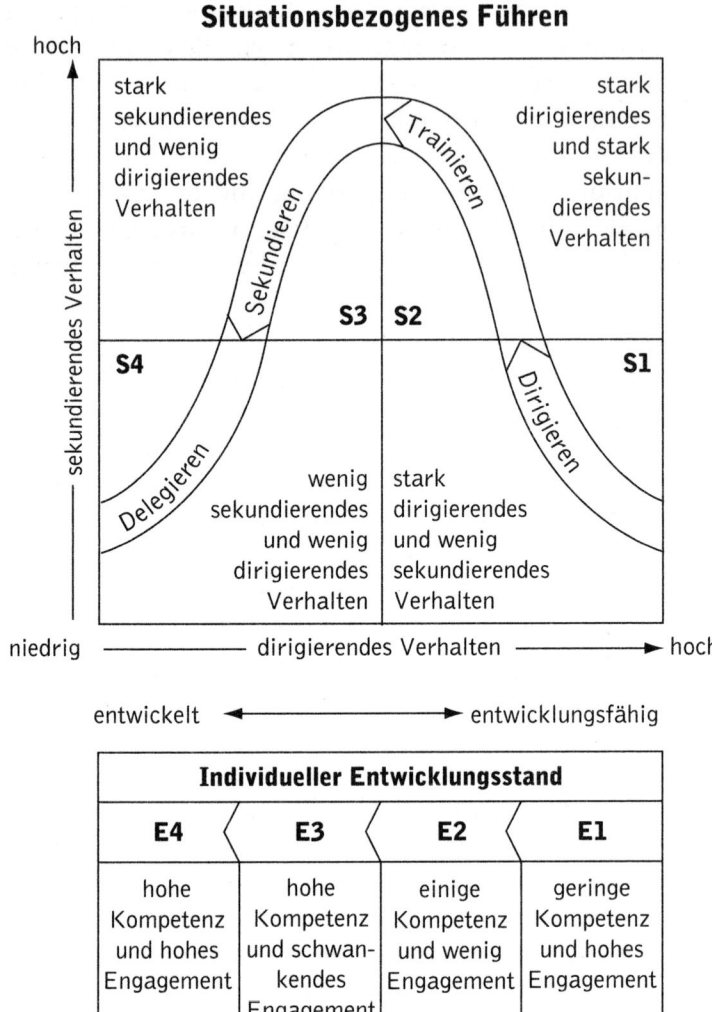

Nach: **Der Minuten-Manager: Führungsstile,** von Ken Blanchard, Patricia Zigarmi und Drea Zigarmi; S. 52, 70

Entwicklungsstand einer Person in Bezug auf ein bestimmtes Ziel oder eine bestimmte Aufgabe. Der jeweilige Entwicklungsstand besteht aus zwei Faktoren: Kompetenz und Engagement.

Kompetenz ergibt sich aus den Kenntnissen und Fertigkeiten, die ein Mitarbeiter mitbringt. Kompetenz lässt sich am besten durch bereits erbrachte Leistungen nachweisen. Sie kann im Laufe der Zeit jedoch durch entsprechendes dirigierendes und sekundierendes Verhalten gesteigert werden. Kompetenz erwirbt man durch Ausbildung, Übung und Erfahrung. Zur Erfahrung zählen bestimmte Fertigkeiten, die aus einer vorherigen Position übertragen werden können, beispielsweise Planungs- und Organisationsgeschick, Problemlösungsfähigkeit oder gute Kommunikationsfähigkeit. Diese Fähigkeiten sind allgemeiner Natur und unverzichtbar für viele verschiedene Aufgaben.

Engagement ist eine Kombination aus der Motivation einer Person und ihrem Selbstvertrauen in Bezug auf ein Ziel oder eine Aufgabe. Interesse und Begeisterung zeigen sich durch Aufmerksamkeit, Anteilnahme, Schwung, den Gesichtsausdruck und durch verbale Aussagen. Das Selbstvertrauen bestimmt, inwieweit eine Person sich eine bestimmte Aufgabe zutraut. Wenn die Motivation oder das Selbstvertrauen fehlen oder gering sind, wird das Engagement des oder der Betreffenden insgesamt als niedrig eingestuft.

Der Weg zu Spitzenleistungen ähnelt in weiten Strecken dem Weg zur Selbstverantwortung. Auch wenn Autonomie (also selbstverantwortliches Verhalten) das Ziel ist, haben Mitarbeiter spezifische Bedürfnisse, da ihre Kompetenz und ihr Engagement schwanken, bevor sie sich schließlich auf hohem Niveau einpendeln.

Um diesen sich wandelnden Bedürfnissen gerecht zu werden, können Manager und Mitarbeiter verschiedene Führungsstile einsetzen, die als unterschiedliche Kombinationen von dirigierenden und sekundierenden Verhaltensweisen beschrieben werden können. Bei *dirigierendem Verhalten* liegt der Schwerpunkt auf der Frage, *wie* eine Aufgabe erledigt wird. Beispielsweise gehört dazu, den Beteiligten zu sagen und zu zeigen, was sie wann tun sollen, und häufig Feedback zu den Ergebnissen ihrer Arbeit zu geben. Dirigierendes Verhalten ist eine wesentliche Voraussetzung für die Weiterentwicklung der Kompetenz anderer. *Sekundierendes Verhalten* konzentriert sich auf die Förderung der

Eigeninitiative anderer und auf die Beeinflussung der Einstellungen und Emotionen, die sie ihren Aufgaben gegenüber haben. Gute Beispiele für sekundierendes Verhalten sind Lob, Zuhören, Ermutigung und Beteiligung von Mitarbeitern an Problemlösungs- und Entscheidungsprozessen. Sekundierendes Verhalten ist die unabdingbare Voraussetzung für die Entwicklung des Engagements anderer.

Abgleichung von Führungsstil und Entwicklungsstand

Situational Leadership® II lehrt uns, wie man Mitarbeiter zum höchstmöglichen Leistungsniveau und zur Entwicklung ihrer Fähigkeiten anspornen kann, indem man ihnen die richtige Kombination von dirigierendem und sekundierendem Verhalten für den augenblicklichen Entwicklungstand bietet. Dahinter steht der Gedanke, dass bei wenig Kompetenz in Bezug auf eine Aufgabe (zum Beispiel selbstverantwortliches Handeln) ein hohes Maß an dirigierenden Verhaltensweisen erforderlich ist. Je höher die Kompetenz der oder des Betreffenden, desto weniger dirigierendes Verhalten ist nötig. Eine ähnliche Beziehung besteht zwischen Engagement und sekundierendem Verhalten. Wenn das Engagement für eine Aufgabe gering ist (beispielsweise in einer Phase der Entmutigung), müssen Führungskräfte und Kollegen viel sekundierendes Verhalten anbieten. Je mehr sich die Betreffenden für eine Aufgabe engagieren, desto weniger sekundierendes Verhalten ist erforderlich.

Dabei ist zu betonen, dass es viele Kombinationen von Kompetenz und Engagement gibt, die jeweils unterschiedliche Kombinationen von dirigierendem und sekundierendem Verhalten erfordern. Nehmen wir als Beispiel die vier Entwicklungsstufen, die den eingangs beschriebenen vier Führungsstilen des Modells zur situationsbezogenen Führung entsprechen.

Die meisten Menschen sind begeistert und lernwillig, wenn sie vor neuen Aufgaben stehen, in denen sie wenig oder gar keine Erfahrungen haben (E_1: wenig Kompetenz und hohes Engagement). So verhält es sich auch mit dem Konzept der Selbstverantwortung: Die Begeisterung ist da, aber die Beteiligten haben wenig Erfahrung mit diesem Konzept. Daher benötigen sie jetzt viel Anleitung (dirigierendes Verhalten), aber nicht allzu viel Unterstützung (sekundierendes Verhalten). Sie sind bereits begeistert, und die einzige Hilfestellung, die jetzt nötig ist, besteht darin, ihnen auf ihre Fragen zu erklären, was Selbstverantwortung bedeutet, und ihnen die erforderlichen Fähigkeiten beizubringen.

Nicht allzu lange nach Beginn des Veränderungsprozesses erleben die Beteiligten meist eine Phase der Enttäuschung. Das liegt daran, dass sich die Aufgabe als schwieriger oder zumindest anders entpuppt als erwartet. Jetzt hat ihre Kompetenz im Vergleich zum Beginn des Prozesses zwar zugenommen, ist aber immer noch nicht sehr hoch, und ihre Desillusionierung führt zu einem Rückgang des Engagements (E_2: geringe bzw. einige Kompetenz und rückläufiges bzw. wenig Engagement). In dieser Entwicklungsstufe brauchen die Beteiligten immer noch ein relativ hohes Maß an dirigierendem Verhalten, aber auch viel sekundierendes Verhalten. Letzteres kann sich direkt auf die Fragen beziehen, die sich aus ihrer Desillusionierung ergeben, während das dirigierende Verhalten weiterhin die Kompetenz der Mitarbeiter für die neue Aufgabe des selbstverantwortlichen Handelns steigern soll.

Allmählich erwerben die Mitarbeiter die Fähigkeiten, die sie für die neue Selbstverantwortungskultur benötigen. Leider sind die meisten Menschen dabei von Selbstzweifeln geplagt. Sie fragen sich, ob sie wohl *ohne fremde Hilfe* als mündige Mitarbeiter agieren können (E_3: schwankendes Engagement und mittlere bis hohe Kompetenz). In dieser Entwicklungsstufe ist dirigierendes Verhalten nicht mehr unverzichtbar, da sich die Beteiligten bereits recht gute Fähigkeiten angeeignet haben. Aber sie benötigen immer noch ein hohes Maß an Unterstützung bzw. sekundierendem Verhalten, da ihre Selbstzweifel und ihr mangelndes Selbstvertrauen ihre Fähigkeiten zum wirksamen Einsatz der neuen Fertigkeiten begrenzen.

Bei entsprechender Unterstützung werden sich diese Menschen im Laufe der Zeit zu autonom handelnden, selbstverantwortlichen Mitarbeitern weiterentwickeln (E_4: hohe Kompetenz und hohes Engagement für die Aufgabe). Dann haben sie das Ziel des selbstverantwortlichen Handelns erreicht. Sie benötigen jetzt kaum noch dirigierendes oder sekundierendes Verhalten, da sie und ihre Teamkollegen sich auf ihre Kompetenz und ihr Engagement verlassen können und die Anleitungs- und Unterstützungsaufgaben selbst übernehmen können.

Der Entwicklungszyklus

Neben dem Abgleich zwischen dem Führungsstil und dem Entwicklungsstand der Mitarbeiter hilft Situational Leadership® II auch, den Entwicklungszyklus bzw. den Fluss der Fragen, Bedürfnisse und geeigneten Führungsmaßnahmen zu verstehen, die sich während der Entwicklung einer Selbstverantwortungskultur ergeben. Wenn die Beteiligten mit dem für die jeweilige Stufe angemessenen dirigierenden und sekundierenden Verhalten unterstützt werden, steigen die Beteiligten von einer Entwicklungsstufe zur nächsten auf. Aus begeisterten Anfängern (1) werden desillusionierte Fortgeschrittene (2), die sich dann in fähige, zögernde Mitstreiter (3) und schließlich in eigenverantwortlich handelnde Spitzenkönner (4) verwandeln.

Die Grafik veranschaulicht diesen Entwicklungszyklus. Wir können ihn außerdem zu den Veränderungsphasen in Beziehung setzen, die wir im vorherigen Kapitel vorgestellt haben. Auf dem Weg durch die drei Veränderungsphasen (die auf dem Diagramm von rechts nach links aufsteigend dargestellt sind) durchlaufen wir im Grunde die ersten drei Entwicklungsstufen. Wird der richtige Führungsstil für jede einzelne Phase (bzw. Entwicklungsstufe) gewählt, können wir die Dynamik bis zur höchsten Entwicklungsstufe – der Selbstverantwortung – aufrechterhalten, sodass die Beteiligten hohe Kompetenz und hohes Engagement auf diesem Gebiet vorweisen können.

Der Entwicklungszyklus
mit Führungsstilen und Entwicklungsstufen

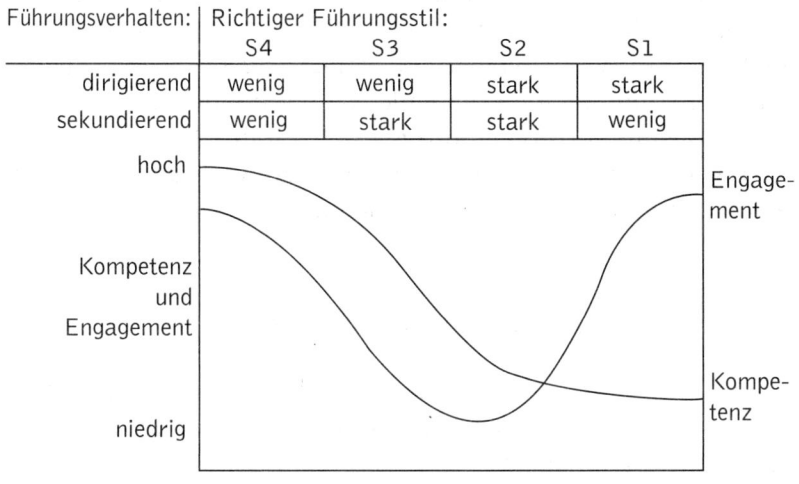

Führungsverhalten:	Richtiger Führungsstil:			
	S4	S3	S2	S1
dirigierend	wenig	wenig	stark	stark
sekundierend	wenig	stark	stark	wenig

Entwicklungs-stand	E4	E3	E2	E1
Veränderungs-phase	Ziel: selbst-verant-wortliches Handeln	Verinner-lichung und Verstär-kung der Selbstver-antwortung	Desillusio-nierung und Ent-mutigung	erste Orientie-rungs-versuche

Um den Übergang zu einer Kultur der Selbstverantwortung nicht zu verzögern oder sogar ganz zu verhindern, müssen die drei Phasen im Großen und Ganzen in der in der Grafik dargestellten Reihenfolge in Angriff genommen werden. Denn die Fragen der Beteiligten und ihr Entwicklungsfortschritt findet in der Regel in dieser Reihenfolge statt. Wendet man aber einen Führungsstil zum falschen Zeitpunkt an, kann dies zu Problemen führen. Überlegen Sie sich, was eine Führungskraft tun muss, um aus einem vom Konzept der Selbstverantwortung begeisterten Anfänger einen voll eigenverantwortlich handelnden

Spitzenkönner zu machen. Führungsstil 1 ist bei begeisterten Anfängern besonders hilfreich, und Führungsstil 4 eignet sich für Menschen, die bereits über das erforderliche Know-how und Selbstvertrauen verfügen, um ohne Aufsicht gute Leistungen zu erbringen. Welche beiden Führungsstile müssen Manager anwenden, bevor sie zu Führungsstil 4 gelangen? Die Antwort lautet natürlich: Führungsstil 2 und 3.

Das Problem dabei ist nur, dass die meisten Manager von einer Phase zur anderen nicht auf Kurs bleiben. Manche fangen nicht einmal mit Führungsstil 1 an, weil sie die in späteren Phasen angebrachten Führungsstile 3 und 4 vorziehen. Aber selbst Manager, die zunächst S_1 wählen (also den Beteiligten die neuen Aufgaben erst erklären, ihnen neue Fertigkeiten beibringen und die Leistung überwachen), kommen häufig vom Weg ab und schwenken plötzlich zu S_4 mit wenig dirigierendem und sekundierendem Verhalten um. Im Grunde wünschen sie ihren Mitarbeiter plötzlich nur noch »Viel Glück!«. Damit ist ein Scheitern vorprogrammiert, denn die Führungskraft begleitet die Beteiligten nicht durch die einzelnen Stufen, in denen verschiedene Fragen und Entwicklungsanforderungen auftauchen. Nach einem vielversprechenden Beginn müssen die Beschäftigten sich jetzt selbst überlegen, wie sie selbstverantwortlich handeln und mit der Enttäuschung fertig werden sollen, die ein natürlicher Teil dieses Veränderungsprozesses ist. Wenn der Aufbau einer Selbstverantwortungskultur erfolgreich verlaufen soll, müssen Manager ihren Mitarbeitern die ganze Zeit über Rückendeckung geben und sie zu dem Ziel hin lenken, autonom zu handeln und die neu erworbenen Fähigkeiten effektiv einzusetzen.

Einsatz der situationsbezogenen Führung zur Selbst- und Teamsteuerung

Einer der größten Vorteile der situationsbezogenen Führung als Rahmen für den Übergang zur Selbstverantwortung ist, dass dieses Modell zur individuellen und kollektiven Selbststeuerung sowie in Beziehungen zwischen Teamleitern und Teammitgliedern eingesetzt werden kann. Das Prinzip der Selbstverantwortung ist ein kollegialer Prozess, der Teammitglieder und Teamleiter (die in der hierarchischen Kultur als Vorgesetzte und Untergebene bezeichnet wurden) zu Partnern macht. Eine solche Partnerschaft kann nur funktionieren, wenn alle Beteiligten Zugriff auf die gleichen Analyseinstrumente haben. Der Teamleiter sollte die Teammitglieder in die Analyse ihrer Bedürfnisse einbeziehen. Umgekehrt gilt, dass Teammitglieder beim Auftreten von Problemen ihre eigenen Bedürfnisse diagnostizieren und in angemessenem Umfang dirigierendes und sekundierendes Verhalten verlangen können.

Situationsbezogene Führung auf individueller Ebene

Welche Probleme entstehen können, wenn nur einer der Partner das Modell der Situational Leadership® II versteht, zeigt das folgende Beispiel. Nehmen wir an, eine Managerin hat vor kurzem dieses Konzept kennen gelernt und beginnt nun, es am Arbeitsplatz einzusetzen. Mit Hilfe des Modells erkennt sie, dass einer ihrer Mitarbeiter über genügend Kompetenz und Engagement für seine Tätigkeit mit den zugehörigen vielfältigen Aufgaben verfügt. Daraufhin beschließt die Managerin, Führungsstil 4 (wenig sekundierendes und wenig dirigierendes Verhalten) einzusetzen. Sie überlässt den Kollegen also sich selbst und greift ihm nur selten mit dirigierendem oder sekundierendem Verhalten unter die Arme. Wie wird sich das Teammitglied, das nicht mit der situationsbezogenen Führung vertraut ist, Ihrer Meinung nach fühlen? Völlig allein gelassen! Es fragt sich vielleicht: »Was habe ich bloß falsch gemacht? Warum bekomme ich meine Chefin nicht mehr zu Gesicht?«

Nehmen wir einen anderen Mitarbeiter, der ebenfalls an diese Managerin berichtet. Die Managerin stuft diesen Kollegen als enthusiastisch, aber unerfahren ein. Durch Anwendung des Modells kommt sie zu dem Schluss, dass die betreffende Person viel dirigierendes Verhalten benötigt. Daher geht sie jeden Tag zu diesem Mitarbeiter, gibt ihm Ratschläge und verfolgt seine Leistung ganz genau. Wie wird sich der Kollege Ihrer Ansicht nach fühlen, wenn er noch nie etwas von situationsbezogener Führung gehört hat? Als würde man ihm misstrauen! Er fragt sich dann unter Umständen: »Warum schaut sie mir ständig auf die Finger?«

Was geschieht nun, wenn sich diese beiden Kollegen eines Tages im Gang treffen? Der erste Mitarbeiter sagt: »Ich frage mich, was mit meiner Chefin los ist. Ich sehe sie so gut wie gar nicht mehr.« Darauf erwidert sein Kollege: »Ich weiß ganz genau, was sie treibt: Sie hängt dauernd in meinem Büro herum, um mir nachzuspionieren.«

In diesem Fall hat der Prozess der kollegialen Kooperation versagt. Selbst wenn beide Diagnosen der Managerin richtig sind, legen die Teammitglieder den zugehörigen Führungsstil falsch aus – denn es mangelt an Kommunikation. Im Laufe der Jahre haben wir festgestellt, dass Situational Leadership® II kein Konzept ist, das man einfach auf Menschen anwenden kann. Vielmehr muss es gemeinsam mit ihnen umgesetzt werden. Diese Erkenntnis veranlasste Ken Blanchard, Susan Fowler Woodring und Laurie Hawkins dazu, das Konzept der situationsbezogenen Selbststeuerung (Situational Self Leadership) zu entwickeln.[3]

Dieses Konzept ist für einzelne Leistungsträger gedacht, kann jedoch von allen Mitgliedern einer Organisation angewandt werden, die von anderen geführt werden müssen. Es hilft den Beteiligten, die Kombination von dirigierendem und sekundierendem Verhalten zu bestimmen, die sie benötigen, um eine spezifische Aufgabe zu erfüllen oder ein bestimmtes Ziel (zum Beispiel selbstverantwortliches Handeln) zu erreichen. Der Schwerpunkt liegt dabei auf der Frage, welchen Führungsstil die Betreffenden ihrer persönlichen Ansicht nach *benötigen*, um ihre Aufgaben gut zu erfüllen. Wenn alle Teammitglieder und Teamleiter mit dem Konzept der Situational Leadership® II vertraut sind, können sie gemeinsam die Bedürfnisse der Teammitglieder diagnostizieren und sich auf den Führungsstil einigen, den der

Teamleiter in der jeweiligen Stufe des Selbstverantwortungsprozesses anwenden muss.

Situationsbezogene Führung auf Teamebene

Auch auf Teamebene kann Situational Leadership® hilfreich sein. *Ein Team ist hier definiert als zwei oder mehr Personen, die zusammenarbeiten müssen, um eine gemeinsame Zielsetzung zu erreichen, und gemeinsam für das Ergebnis verantwortlich sind.* Wie wir in der dritten Schlüsselbedingung (Teams statt Hierarchien) erläutern werden, sind selbstverantwortliche Arbeitsteams die Antwort auf die heutigen Anforderungen an Innovation, Qualität, Service, Produktivität und Kundenzufriedenheit. Die Arbeit in solchen autonomen Teams erfordert neue Kenntnisse und Fertigkeiten, die in den meisten Organisationen in der Vergangenheit nicht gefördert wurden. Je mehr Zeit Mitarbeiter in Teams verbringen und je mehr sie sich in verschiedenen Teamkontexten bewegen, desto mehr wird von ihnen erwartet, dass sie sich Spezialkenntnisse und besondere Fertigkeiten aneignen, die sie zu produktiven Mitgliedern eines Teams machen.

Zu den von allen Teammitgliedern verlangten Kenntnissen und Fertigkeiten gehört es, zu erkennen und zu verstehen, was sich in einem Team zu einem bestimmten Zeitpunkt abspielt, und dann auf eine Art und Weise zu intervenieren, die dem Team weiterhilft. Genau hier setzen die Arbeiten von Ken Blanchard, Don Carew und Eunice Parisi-Carew an, die Situational Leadership® II mit Teamentwicklungskonzepten verknüpft haben.[4] Auch sie konzentrieren sich auf dirigierende und sekundierende Verhaltensweisen, anhand derer die einzelnen Führungsstile definiert wurden. Auf dieser Basis entwickeln sie ein Diagnosemodell, das die möglichen Führungsstile in Beziehung zu den Bedürfnissen setzt, die Teams in den vier vorhersagbaren Etappen ihres Entwicklungsprozesses haben.

Die vier Phasen, die Teams auf dem Weg zur Selbstverantwortung durchlaufen, ergeben sich aus den beiden zentralen Varia-

blen, die das Pendant zu Kompetenz und Engagement auf Teamebene sind. Die erste Variable ist die *Produktivität*: die Fähigkeit
eines Teams, zusammenzuarbeiten und Ergebnisse zu erzielen.
Die zweite Variable ist die *Arbeitsmoral*. Sie wird definiert als
Motivation, Selbstvertrauen und Zusammenhalt des Teams.

Stufe 1: Orientierung

In dieser ersten Stufe (Orientierung), die der ersten Phase im auf
Selbstverantwortung abzielenden Veränderungsprozess entspricht (Erste Orientierungsversuche), sind die meisten Teammitglieder der Ansicht, dass sich das Konzept der Selbstverantwortung gut anhört. Daher sind sie auch recht stark an einer
Mitarbeit im Team interessiert. Allerdings beginnen sie ihre Tätigkeit oft mit unrealistisch hohen Erwartungen. So glauben sie
in vielen Fällen, dass das Team auf der Stelle bevollmächtigt und
in der Lage sein wird, alle Entscheidungen zu treffen, die für die
Teammitglieder relevant sind. Diese Erwartungen gehen mit gewissen Befürchtungen einher: Die Beteiligten fragen sich, wie
die Teammitglieder wohl zusammenpassen, inwieweit sie anderen trauen können und was von ihnen verlangt werden wird. Sie
sind sich auch nicht sicher, welche Normen, Rollen, Ziele und
zeitlichen Vorgaben einzuhalten sind. Nach den Grundsätzen
der situationsbezogenen Führung benötigen Teams in dieser ersten Phase viel dirigierendes und wenig sekundierendes Verhalten, wenn den Bedürfnissen der Teammitglieder nachgekommen
werden soll. Zu den typischen Verhaltensweisen auf dieser Stufe
gehören die Erarbeitung eines klaren Ziels für das Team, die Definition eindeutiger Rollen für die Teammitglieder und die Vermittlung von Teamfähigkeit. In der Regel sind dies Aufgaben
der Teamleiter, doch sollten sie sich nicht dagegen sperren, einzelnen Teammitgliedern die Möglichkeit zu geben, mit dirigierendem Verhalten einzugreifen.

Stufe 2: Unzufriedenheit

Die zweite Stufe der Teamentwicklung (Unzufriedenheit) ist das Gegenstück zur zweiten Phase im Veränderungsprozess (Desillusionierung und Entmutigung). Das Team hat nun einige Erfahrungen gesammelt, doch lässt seine Arbeitsmoral nach, da die Teammitglieder eine Diskrepanz zwischen ihren anfänglichen Erwartungen und der Realität wahrnehmen. Die Schwierigkeiten bei der Erfüllung ihrer Aufgabe und bei der Zusammenarbeit führen zu Verwirrung und Frustration und zu wachsender Unzufriedenheit hinsichtlich der Abhängigkeit vom Teamleiter. Die Teammitglieder beginnen, negativ aufeinander zu reagieren; es bilden sich Untergruppierungen, die zu einer Polarisierung des Teams führen können. Der Zusammenbruch der Kommunikation und mangelnde Problemlösungsfähigkeit führen zu einer Abnahme des Vertrauens. Die Produktivität nimmt zwar unter Umständen langsam zu, wird jedoch von den Funktionsstörungen im Team beeinträchtigt. Offensichtlich benötigt das Team nach wie vor viel dirigierendes, aber auch schon sekundierendes Verhalten. Mögliche Ansätze seitens des Teamleiters oder der Mitglieder, aus dieser Situation herauszukommen, sind die Bewusstmachung des Ziels, die Vermittlung von Fähigkeiten zur Konfliktlösung, aktives Zuhören, Abfragen der Beiträge aller Mitglieder und Würdigung kleinerer Teamerfolge.

Stufe 3: Integration

Die dritte Teamentwicklungsstufe (Integration) entspricht der dritten Stufe im Veränderungsprozess (Verinnerlichung und Verstärkung der Selbstverantwortung). Nachdem die in der Phase der Unzufriedenheit aufgetretenen Probleme in Angriff genommen und gelöst wurden, steigt die Arbeitsmoral wieder. Das Geschick bei der Erfüllung von Aufgaben und die fachlichen Fähigkeiten nehmen zu. Dadurch erhöht sich die Produktivität des Teams. Optimismus oder sogar Euphorie sind die Folge. Das Verständnis und das Engagement für die Werte, die

Position und die Ziele des Teams nehmen zu. Vertrauen und Zusammenhalt werden stärker, und die Kommunikation wird zunehmend offener und aufgabenorientierter. Die Teammitglieder sind bereit, Verantwortung und Kontrollbefugnisse zu teilen. Sie schätzen die unterschiedlichen Eigenschaften ihrer Teamkollegen. Es entwickelt sich ein »Wir-Gefühl«. Da sich diese neu entstandenen Gefühle des Vertrauens und des Zusammenhalts noch nicht gefestigt haben, vermeiden die Teammitglieder unter Umständen Konflikte, um das positive Klima nicht zu gefährden. Diese Konfliktscheu kann den Fortschritt verlangsamen und zu weniger wirksamen Entscheidungen führen. Jetzt benötigen die Teammitglieder von ihren Kollegen mehr sekundierendes und zugleich weniger dirigierendes Verhalten. Sie können zusammenarbeiten, zögern aber noch, all ihre Fähigkeiten einzubringen. In dieser Phase ist ein Führungsverhalten hilfreich, das die volle Beteiligung aller Teammitglieder und die Teilung der Ergebnisverantwortung sicherstellt, die Funktionsweise des Teams untersucht, um Hindernisse aus dem Weg zu räumen, und unterschiedliche Meinungen zu den Teamaufgaben ermutigt und würdigt.

Stufe 4: Produktion

Diese letzte Phase in der Teamentwicklung entspricht dem Endstadium der vollständigen Selbstverantwortung. In dieser Phase sind sowohl die Produktivität als auch die Arbeitsmoral hoch und verstärken sich gegenseitig. Die Teammitglieder sind stolz darauf, einem so leistungsstarken Team anzugehören. Der Schwerpunkt liegt primär auf der Leistung. Die Position und die Ziele des Teams sind klar. Der Standard ist hoch, und die Teammitglieder bemühen sich nicht nur um eine Erfüllung der Vorgaben, sondern um kontinuierliche Verbesserungen. Sie vertrauen auf ihre Fähigkeit, gemeinsam Leistungen zu erbringen und Hindernisse aus dem Weg zu räumen. Sie sind stolz auf ihre Arbeit und genießen es, zusammen zu arbeiten. Sie kommunizieren offen und nehmen Führungsaufgaben gemeinsam wahr. Gegenseitiger Respekt und Vertrauen sind die Norm. Das Team entwickelt sich ständig weiter und kann sich flexibel neuen Herausforderungen stellen.

Situationsbezogene Führung und der Veränderungsprozess in Richtung Selbstverantwortung

Zu Beginn dieses Kapitels beschrieben wir sechs Fragenkomplexe, die auf dem Weg zur Selbstverantwortung beantwortet werden müssen. Zum Abschluss wollen wir Ihnen zeigen, wie neuere Arbeiten von Ken Blanchard, Patricia Zigarmi und Drea Zigarmi zum Thema Situational Leadership® II und Veränderungen als Richtschnur dienen zu können, um diese Fragenkomplexe jeweils beantworten zu können.[5] Wie bereits erörtert, passen die vier grundsätzlichen Führungsstile aus dem Modell der situationsbezogenen Führung (mit jeweils unterschiedlichem Schwerpunkt) zu den Entwicklungsbedürfnissen und Veränderungsphasen des Prozesses hin zur Selbstverantwortung. Die Diskussion zum Selbstmanagement zeigt, wieso eine Partnerschaft zwischen dem Teamleiter und jedem einzelnen Teammitglied wünschenswert ist. Es wird außerdem deutlich, dass die Phasen, die Teams auf dem Weg zur Selbstverantwortung durchlaufen müssen, mit dem richtigen Führungsstil für jede einzelne Entwicklungsstufe gelenkt werden können. Im letzten Teil dieses Kapitels beschäftigen wir uns mit der Frage, wie dieser Entwicklungszyklus auf die sechs Fragenkomplexe im Veränderungsprozess angewandt werden und somit einen alles umfassenden Handlungsrahmen liefern kann. All diese Elemente sind in der Grafik dargestellt (auch in diesem Fall verläuft der Entwicklungsbogen von rechts nach links). Wie können nun die vier Führungsstile bei der Beantwortung der sechs Fragenkomplexe des Veränderungsprozesses helfen?

Der Entwicklungszyklus mit Führungsstilen, Teamentwicklungsstufen und Fragenkomplexen

Führungsverhalten:	Richtiger Führungsstil:			
	S4	S3	S2	S1
dirigierend	wenig	wenig	stark	stark
sekundierend	wenig	stark	stark	wenig

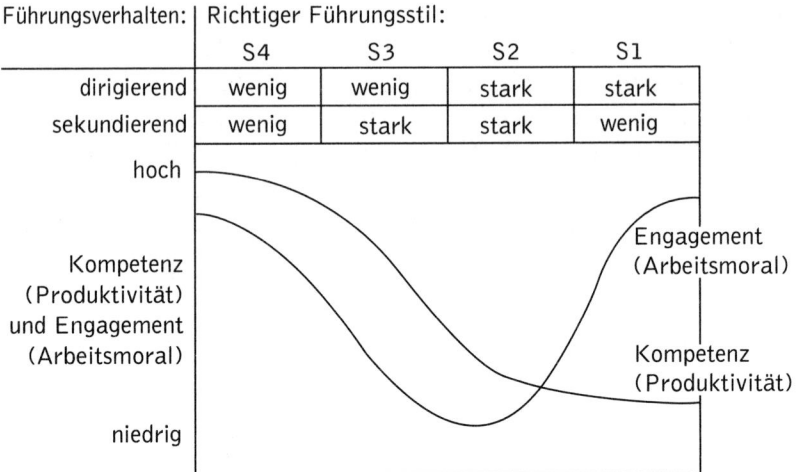

hoch

Kompetenz
(Produktivität)
und Engagement
(Arbeitsmoral)

niedrig

Engagement
(Arbeitsmoral)

Kompetenz
(Produktivität)

Entwicklungs-stand	E4	E3	E2	E1
Veränderungs-phase	Ziel: selbstverantwortliches Handeln	Verinnerlichung und Verstärkung der Selbstverantwortung	Desillusionierung und Entmutigung	erste Orientierungsversuche

Feinabstimmungsfragen
Kooperationsfragen
Auswirkungsfragen
Umsetzungsfragen
persönliche Fragen
Informationsfragen

Informationsfragen: Führungsstil 1

In der ersten Veränderungsphase (Erste Orientierungsversuche) verfügen die Beteiligten kaum über Kenntnisse und Fertigkeiten für den Veränderungsprozess (Produktivität, Kompetenz), doch ihre Arbeitsmoral ist in der Regel sehr hoch. Menschen haben Informationsbedürfnisse. Sie wollen wissen: Worum geht es bei diesen Veränderungen? Was werden wir anders machen? Dirigierendes Verhalten ist für sie jetzt wichtiger als sekundierendes Verhalten. Teamleiter sollten in dieser Situation folgende Maßnahmen ergreifen:

- Feststellung der gewünschten Ergebnisse und Definition eines gemeinsamen Bilds für einen erfolgreichen Wandel hin zur Selbstverantwortung;
- Vorstellung eines Aktionsplans, um die Lücke zwischen der Realität und der idealisierten Vorstellung der Mitarbeiter von der Selbstverantwortungskultur zu schließen;
- Teilhabenlassen an Informationen, die aufzeigen, wo das Unternehmen heute steht und in welche Richtung es sich bewegen wird;
- Vorbereitung kleiner Experimente und Pilotprojekte; ein glaubwürdiges Vorbild sein;
- Bereitstellung von Informationen, die es den Mitarbeitern ermöglichen, ihre eigenen Schlußfolgerungen zu ziehen.

Persönliche Fragen: Mischung aus Führungsstil 1 und 2

Je mehr Kenntnisse die Beteiligten erwerben, desto mehr wird ihnen die Tatsache bewusst, dass neue Fertigkeiten verlangt werden. Der Wandel beginnt ihnen Angst einzujagen. Sie wollen wissen: Wie werden sich die Veränderungen auf mich persönlich auswirken? Kann ich selbstverantwortlich handeln? Dirigierendes Verhalten spielt für sie nach wie vor eine wichtige Rolle, doch brauchen sie auch mehr sekundierendes Verhalten. Führungskräfte sollten in dieser Situation:

- Foren einrichten, in denen Teammitglieder aussprechen können, was ihnen auf dem Herzen liegt;
- die Teammitglieder ermutigen und ihr Selbstvertrauen stärken;
- den Teammitgliedern erklären, warum die Veränderungen wichtig sind, und über die Vision, die Ziele und die Erwartungen des Unternehmens eine einheitliche Botschaft vermitteln;
- Ressourcen bereitstellen, die Antworten auf persönliche Fragen geben: Zeit, Geld, Managementunterstützung, klare Ziele und Erwartungen;
- Chancen für den Erwerb neuer Fertigkeiten bieten, die selbstverantwortliche Mitarbeiter besitzen müssen.

Umsetzungsfragen: Führungsstil 2

In der zweiten Veränderungsphase (Desillusionierung und Entmutigung) erkennen die Beteiligten, dass sie nicht nur neue Fähigkeiten erwerben müssen, sondern diese auch effektiv und letztendlich selbstständig einsetzen müssen. Sie beginnen sich zu fragen, wie lange dieser Veränderungsprozess dauern wird und auf welchen Plänen die Reise zur Selbstverantwortung beruht. Zu diesem Zeitpunkt haben sie unter anderem folgende Fragen: Wie verhalte ich mich selbstverantwortlich? Was soll ich als Erstes, Zweites und Drittes tun? Bei der Beantwortung dieser Fragen benötigen sie weiterhin sowohl dirigierendes als auch sekundierendes Verhalten. Teamleiter müssen jetzt:

- Leistungsplanung, Leistungsverfolgung und Feedback den bisherigen Veränderungen anpassen;
- eine Vorstellung davon vermitteln, wie lange dieser Veränderungsprozess dauern sollte und ob das Team sich bereits auf dem Weg zum Erfolg befindet;
- durch Schulungen und Coaching den Beteiligten vor Augen führen, wie die Veränderungen umgesetzt werden können;
- ehrlich auf die gestellten Fragen antworten;
- kleine Etappensiege feiern, Fortschritte würdigen und die

Freude und den Optimismus bezüglich des Wandels gemeinsam auskosten.

Auswirkungsfragen: Mischung aus Führungsstil 2 und 3

Wenn sich die zweite Veränderungsphase dem Ende zuneigt, wird den Beteiligten erstmals bewusst, welcher Nutzen der Einsatz der neuen Fähigkeiten bringt. Sie glauben jetzt stärker an ihren Erfolg. Sie wollen wissen: Kommen wir auf dem Weg zur Selbstverantwortung voran? Können wir unseren bisherigen Fortschritt messen? Nun benötigen sie weniger dirigierendes, aber mehr sekundierendes Verhalten, damit sie sich bewusst machen können, dass sie Fortschritte erzielen. Teamleiter und Teammitglieder müssen:

• Informationen und Erfolgsstories sammeln und austauschen;
• Zeremonien und Veranstaltungen einführen, die die Veränderungen fest in der Unternehmenskultur verankern;
• in Zusammenarbeit mit den Teammitgliedern die Abteilung so umstrukturieren, dass selbstverantwortliches Handeln unterstützt wird;
• Barrieren und Hindernisse für die Umsetzung aus dem Weg räumen und Problemlösungen erleichtern;
• die Beteiligten ermutigen, in ihren Bemühungen und ihrem Wunsch, das Ziel der Selbstverantwortung zu erreichen, nicht nachzulassen.

Kooperationsfragen: Führungsstil 3

Wenn die letzte Etappe im Veränderungsprozess (Verinnerlichung und Verstärkung der Selbstverantwortung) erreicht ist, sehen die Beteiligten deutlich, dass sich ihre Bemühungen auszahlen. Daher wollen sie diese positive Wirkung auf andere ausdehnen. Sie haben immer mehr Ideen, die sie mit anderen teilen wollen. Ihre Frage lautet nun: Wer sollte noch an unseren Bemühungen um Selbstverantwortung mitwirken? Sie benötigen jetzt kaum noch dirigierende Verhaltensweisen, müssen aber weiter durch sekundierendes Verhalten ermutigt werden, ihre neuen Fähigkeiten für selbstverantwortliches Handeln einzusetzen. In dieser Phase sollten Teammitglieder und Teamleiter:

- Verbindungen zwischen dem Selbstverantwortungsprozess und anderen Initiativen im Unternehmen herstellen;
- Teamarbeit und Interaktion mit anderen Teams fördern;
- Leistungssteigerungen des Teams loben;
- alle Beteiligten ermutigen, sich noch größeren Herausforderungen zu stellen.

Feinabstimmungsfragen: Mischung aus Führungsstil 3 und 4

Die Ziellinie ist jetzt in Sicht. Die Beteiligten wissen, wie man selbstverantwortlich handelt und in einem autonomen Team arbeitet. Jetzt stellen sie unter anderem folgende Fragen: Können wir neue Herausforderungen und bessere Ansätze für unsere Tätigkeit finden? Können wir vom bisher Geleisteten noch mehr profitieren? Sie brauchen jetzt zunehmend weniger dirigierendes und sekundierendes Verhalten. Teammitglieder und Teamleiter müssen:

- kontinuierliche Verbesserungen und Innovationen unterstützen;
- einander ermutigen, den Status quo immer wieder in Frage zu stellen;
- einander anspornen, die Wissens- und Erfahrungspotenziale jedes einzelnen Teammitglieds voll auszuschöpfen.

Wenn sich die Teammitglieder dem Ziel der Selbstverantwortung nähern, müssen andere Teammitglieder und der Teamleiter nur wenig dirigierendes oder sekundierendes Verhalten einsetzen. Da das Ziel erreicht wurde, gehen Lenkung und Unterstützung von den Teammitgliedern und dem Teamleiter als kollegial kooperierende Einheit aus. Autonome, mit selbstverantwortlichen Mitarbeitern besetzte Teams können alle Beteiligten zu mehr Leistung und Motivation coachen. Die einzige Frage, die noch offen bleibt, lautet: Wie können wir sicherstellen, dass die Selbstverantwortungskultur blüht und gedeiht?

Zusammenfassung

Wie wir gesehen haben, ist es für den Veränderungsprozess hin zur Selbstverantwortung hilfreich, die Fragen ernst zu nehmen, die von den Beteiligten in den einzelnen Phasen gestellt werden. Eine Koppelung dieser Fragenkomplexe mit dem Modell der situationsbezogenen Führung führt zu einem nützlichen, übergeordneten Rahmen für Aktionspläne, die Führungskräften und Teammitgliedern helfen können, das Ziel der Selbstverantwortung zu erreichen. Dieser Rahmen liefert das Wissen um die Herausforderungen des Veränderungsprozesses und um angemessene Reaktionen. Wir wenden ihn auf die drei in *Management durch Empowerment* vorgestellten Schlüsselbedingungen und auf die drei Phasen des Veränderungsprozesses an. In den nächsten neun Kapiteln werden wir diese Matrix aus Schlüsselbedingungen und Veränderungsphasen nutzen, um konkrete Fragen aufzugreifen, die uns zu diesem Prozess gestellt wurden. Ferner werden wir klare Maßnahmen für die jeweiligen Phasen im Veränderungsprozess erarbeiten. Eine Selbstverantwortungskultur kann nicht einfach proklamiert werden. Um die Herausforderungen zu meistern, die einem auf dem Weg zu diesem Ziel begegnen, braucht man einen Aktionsplan. Den wollen wir gemeinsam erarbeiten. Wir beginnen dabei mit Phase 1, Erste Orientierungsversuche.

Phase 1

Erste Orientierungsversuche

Da Selbstverantwortung durch Freisetzung der in den Mitarbeitern versteckten Potenziale zu erstaunlichen Ergebnissen führt, wollen Manager wissen, wie sie dieses Ziel erreichen können – und das möglichst vorgestern. Leider dauert dieser Prozess aber ein klein wenig länger. In der ersten Phase sind alle gespannt und ein wenig ängstlich und wissen herzlich wenig darüber, wie Selbstverantwortung das Verhalten der Mitarbeiter verändert. Nach den Grundsätzen der situationsbezogenen Führung muss in dieser Phase durch dirigierendes Verhalten eine klare Richtung vorgegeben werden, um die natürliche, aber naive Begeisterung der Beteiligten in die richtigen Bahnen zu lenken. Viele Fähigkeiten müssen erlernt werden, und unmissverständliche Führung ist eine unabdingbare Voraussetzung für die Erfüllung der Bedürfnisse der Teammitglieder.

In diesem Abschnitt konzentrieren wir uns auf die ersten Orientierungsversuche. Wir werden der Frage nachgehen, wie jede der drei Schlüsselbedingungen für Selbstverantwortung dazu beitragen kann, die ersten Herausforderungen zu meistern. Dabei werden wir Fragen stellen, die Führungskräfte in diesem Zusammenhang oft vorbringen, und in kurzen Absätzen eine oder mehrere Antworten darauf geben. Darüber hinaus werden wir durch Beispiele auf praktische Erfahrungen von Unternehmen mit dem Selbstverantwortungsprozess eingehen. Zunächst befassen wir uns mit der Schlüsselbedingung Informationsaustausch, weil diese am leichtesten den Prozess ins Rollen bringt. Danach beschäftigen wir uns mit den beiden anderen Schlüsseln zur Selbstverantwortung: Autonomie durch Abgrenzung und Teams als Ersatz für Hierarchien. Denken Sie in diesem Zusammenhang daran, dass der Erfolg einer Selbstverantwortungsinitiative von der Erfüllung aller drei Schlüsselbedingungen abhängt. Wenden wir uns nun also dem Informationszugang als dem entscheidenden ersten Schritt in diesem Prozess zu.

Kapitel 3

Die erste Schlüsselbedingung: Zugang zu allen Informationen

Immer wieder stellen uns Führungskräfte und Teammitglieder die gleiche Frage: »Das Prinzip der Selbstverantwortung hört sich phantastisch an, aber wie macht man das? Wo sollen wir anfangen?« Wenn wir ihnen erklären, dass sie als erstes Informationen mit Mitarbeitern teilen müssen, protestieren Manager häufig: »Aber das können wir doch nicht machen!« Die Mitarbeiter dagegen reagieren so: »Was meinen Sie damit? Wir haben doch noch nie viele Informationen bekommen. Warum sollte sich jetzt daran etwas ändern?« Solche Antworten führen uns zur ersten Frage, mit der wir uns in diesem Zusammenhang beschäftigen müssen.

Warum ist der Zugang zu allen Informationen der entscheidende erste Schritt auf dem Weg zur Selbstverantwortung?

1. Der Grund dafür ist ganz einfach und vielschichtig zugleich. Wenn Sie wollen, dass Ihre operativen Mitarbeiter die Verantwortung für gute Geschäftsentscheidungen übernehmen, müssen Sie ihnen die gleichen Informationen geben, wie sie Manager zur Verfügung haben, um gute geschäftliche Entscheidungen zu treffen. *Ohne Informationen können Menschen keine guten Geschäftsentscheidungen treffen* und sind nicht bereit, in einem solchen Vakuum das Risiko einer Entscheidung einzugehen. *Doch Menschen, denen Informatio-*

nen an die Hand gegeben werden, sind geradezu gezwungen, das Risiko von Geschäftsentscheidungen nach bestem Wissen und Gewissen auf sich zu nehmen.

2. Wenn wir wollen, dass Mitarbeiter die Verantwortung für wichtige Entscheidungen übernehmen, müssen wir ihnen das Gefühl geben, dass sie dem Management und dem Unternehmen vertrauen können. In hierarchischen Systemen wird die Einhaltung von Regeln oft mehr belohnt als gutes Urteilsvermögen. Wenn sich daran nichts ändert, wird das Gerede über Selbstverantwortung lediglich als Unternehmenslüge abgetan. Die Menschen werden sich fragen: »Was passiert, wenn ich eine schlechte Entscheidung treffe, dabei aber in gutem Glauben und nach bestem Wissen handele?« Wenn die Menschen die Konsequenzen ihres Handelns fürchten (also den Führungskräften nicht trauen), werden sie nicht bereit sein, die mit Geschäftsentscheidungen verbundenen Risiken einzugehen. Es ist sicherer, untätig zu bleiben und diese Entscheidungen anderen zu überlassen. Selbstverantwortliches Handeln wird dadurch unmöglich. Lassen Sie uns aber einmal darüber nachdenken, wie man am besten in einem Unternehmen Vertrauen aufbaut. Wir haben aus Erfahrung gelernt, dass ein Teilhabenlassen an Informationen die wirksamste und einfachste Möglichkeit ist, um das Vertrauensverhältnis zu verbessern. Wenn die Manager bereit sind, die Macht zu teilen, die mit Informiertheit einhergeht, verstehen die Mitarbeiter, dass sie wirklich in den Kreis der Entscheidungsträger aufgenommen werden. Dies gilt insbesondere für die Weitergabe vertraulicher Informationen. (Mehr zur Art der Informationen später.)

3. Ein weiterer Grund dafür, warum allgemeiner Informationszugang beim Übergang zur Selbstverantwortung so wichtig ist, ist der Lenkungsbedarf in den ersten Phasen des Veränderungsprozesses sowohl auf individueller als auch auf kollektiver Ebene. Auf die Frage, ob sie gerne in einem selbstverantwortlichen Umfeld arbeiten möchten, antworten die meisten Mitarbeiter ohne zu Zögern mit Ja. Fragen wir sie dann aber, wie viel

Erfahrung sie mit einer von Selbstverantwortung geprägten Kultur haben, stellt sich häufig heraus, dass sie wenig oder gar nichts davon wissen. In der Terminologie der situationsbezogenen Führung (Situational Leadership® II) bedeutet dies, dass *die meisten Menschen in den Veränderungsprozess zur Selbstverantwortung als begeisterte Anfänger* (Entwicklungsstufe 1) *einsteigen.* Sie freuen sich darauf, eigenverantwortlich geschäftliche Entscheidungen zu treffen, verfügen aber noch nicht über die dafür nötigen Kenntnisse, Erfahrungen oder Informationen. Sie brauchen Führungskräfte, die ihnen durch stark dirigierendes Verhalten den Weg in die richtige Richtung weisen. Wenn sie diese Führung nicht erhalten, sollten sie sich dank der situationsbezogenen Selbststeuerung zumindest sicher genug fühlen, um Informationen und Richtungsvorgaben zu verlangen, die sie für ihre ersten Schritte auf dem Weg zum Selbstverantwortung benötigen.

Gleiches gilt für Mitarbeiter, die in Teams arbeiten. Wenn sie zu selbstgesteuerten Arbeitsgruppen werden sollen, müssen sie mit der Orientierungsphase beginnen, in der sie viel dirigierendes Verhalten benötigen, um sich die nötigen Informationen und Fähigkeiten aneignen zu können. Insbesondere muss geklärt werden, in welcher Beziehung das Team zur Vision, zum Zweck und zu den Wertvorstellungen des Unternehmens steht.

4. Ein letzter Grund, weshalb der Zugang aller zu Informationen eine so wichtige Voraussetzung für selbstverantwortliches Handeln ist, hat mit unseren Erörterungen zum Verhältnis zwischen situationsbezogener Führung und Veränderungen in Kapitel 2 zu tun. Gleichgültig, um welche Veränderungen es sich handelt, zunächst muss dem hohen Informationsbedarf der Beteiligten Rechnung getragen werden. Teilhabenlassen an Informationen hilft dabei, Fragen wie diese zu beantworten:

- Welche Veränderungen werden stattfinden, und warum sind sie nötig?
- Was stimmt an der gegenwärtigen Situation im Unternehmen nicht?

- Was genau muss sich ändern, und mit welchen Resultaten müssen wir rechnen?
- Wie sehr und wie schnell müssen wir uns verändern?

Die Beantwortung solcher Informationsfragen in der ersten Phase des Veränderungsprozesses unterstützt die Beteiligten bei der positiven Bündelung ihrer Energien. Der nun angewandte, fokussierende Führungsstil S_1 (Dirigieren) zeigt den Menschen im Unternehmen, welche Ergebnisse gewünscht werden, und gibt ihnen eine reale Vorstellung davon, wie eine von eigenverantwortlichem Handeln geprägte Kultur aussieht.

Wir wollen uns nun einigen Fragen zuwenden, die Führungskräfte zu Beginn des Veränderungsprozesses in Richtung Selbstverantwortung zum Thema Informationsaustausch stellen.

Wie kann der Informationsaustausch die Fragen der Mitarbeiter zu Beginn des Veränderungsprozesses beantworten?

1. Wenn man den Beteiligten entsprechende Informationen an die Hand gibt, verstehen sie, weshalb die Veränderungen nötig sind. Ihre Einstellung lautet nicht mehr: »Wir müssen uns verändern, weil dies jemand von uns verlangt.« Vielmehr sagen sie: »Wir müssen uns verändern, weil wir einige Probleme haben, die sich auf uns alle negativ auswirken und daher gelöst werden müssen.« Mit entsprechenden Informationen werden die Menschen verstehen, wie die Leistung des gesamten Unternehmens, der Abteilungen und sogar der einzelnen Mitarbeiter verbessert werden muss, um die Wettbewerbsfähigkeit der Organisation zu steigern. Dies motiviert die Beschäftigten, ihr Wissen und ihre Erfahrungen für solche Verbesserungen einzusetzen.

2. Ersparen Sie sich einen Fehler, den viele Firmen begehen, wenn sie Selbstverantwortung einzuführen versuchen: Zeich-

nen Sie nicht als Erstes für Ihre Mitarbeiter die Vision einer selbstverantwortlichen Organisation, in der sich besser arbeiten lässt. Die Mitarbeiter mögen darauf anfangs zwar positiv reagieren, doch werden sie bald nicht mehr die richtigen Schwerpunkte setzen, weil die Vision für sie nicht greifbar genug ist. Denken Sie daran, dass die Beteiligten zunächst Antworten auf Informationsfragen haben wollen. *Sie wollen noch nichts über den Nutzen und die potenziellen Konsequenzen der Veränderungen hören. Zukunftsbilder von selbstverantwortlichem Handeln und seinen Vorteilen überzeugen sie nur in Verbindung mit Informationsaustausch.* Als Erstes wollen die Menschen wissen, was am Status quo nicht in Ordnung ist und was warum geändert werden muss. Zugang zu Informationen bereitet den Boden für den Wandel.

Ein Kabelfernsehbetreiber begann seinen Vorstoß in Richtung Selbstverantwortung mit einer Vision des Unternehmens und seiner Zukunft. Die Unternehmensleitung begann, die neue Vision ordnungsgemäß von oben nach unten auf allen Hierarchiestufen zu kommunizieren. Binnen kurzem traten jedoch Probleme auf. Die Mitarbeiter akzeptierten das neue Zukunftsbild nicht. Stattdessen hatten sie zahllose Fragen zu den Beweggründen und den konkreten Auswirkungen der neuen Vision für sie persönlich. Schon bald wurde deutlich, dass die Menschen Informationen benötigten, wenn sie partnerschaftlich an der Verwirklichung der Vision arbeiten sollten; sie wussten schlicht und einfach zu wenig beziehungsweise vertrauten dem Management nicht genug, um Beiträge zur Formulierung der Vision zu leisten. Sie reagierten mit »Was soll denn das Ganze?« oder »Was für eine Nummer versuchen die da oben jetzt wieder abzuziehen?« Als die Geschäftsleitung davon überzeugt werden konnte, den Mitarbeitern Zugang zu Informationen über Leistung, Marktanteil und Probleme des Unternehmens zu geben, machte der Prozess echte Fortschritte. Die Mitarbeiter fühlten sich jetzt als Teil der Vision, nicht nur als Zuschauer. Außerdem steigerte die Weitergabe von Informationen die Glaubwürdigkeit der Führungskräfte, da sie bereit waren einzugestehen, dass ihre Taten nicht immer mit ihren Worten übereinstimmten. Die Ehrlichkeit der Manager und ihre Bereitschaft zum uneingeschränkten Informationsaustausch motivierte die Mitarbeiter, zur Verbesserung der Unternehmensleistung beizutragen.

3. Führungskräfte sollten in einer Hinsicht vorsichtig sein: Sie dürfen keinesfalls Fehlinformationen verbreiten. Die weitergegebenen Informationen müssen ein realistisches Bild der Unternehmenssituation zeichnen. Wenn Sie bestimmte Fakten herausfiltern, mindern Sie damit lediglich das durch genaue Informationen erreichbare Vertrauen und Ihre eigene Glaubwürdigkeit. Mit anderen Worten: Sagen Sie, was Sache ist. Versuchen Sie nicht, schlechte Nachrichten zu verbergen oder gute Nachrichten zu sehr auszuschmücken. Interessant ist in diesem Zusammenhang eine Übung aus *Management durch Empowerment.*

> Fragen Sie Mitarbeiter an der Basis, wie viel von jeder Mark, die das Unternehmen einnimmt, nach Abzug aller Kosten ihrer Meinung nach als Gewinn übrigbleibt. Ihre Schätzungen werden Sie höchstwahrscheinlich überraschen. Wir haben Werte zwischen 30 und 50 Prozent gehört, während die wahre Zahl wohl eher bei 5 Prozent liegt. Diese Übung veranschaulicht den Mitarbeitern, wie groß ihr Informationsbedarf und wie wichtig ihre Handlungsweise ist. Sie erkennen, dass das Unternehmen einen Umsatz von 20 Mark erwirtschaften muss, wenn sie eine einzige Mark verschwenden, und dass Verschwendung demnach Gehaltserhöhungen und andere gewünschte Ergebnisse in Frage stellen kann. Das lässt die Beschäftigten aufmerksam werden. Wenn ihnen klar ist, dass Geld auf vielerlei Weise »verschwendet« werden kann, erhalten die Mitarbeiter an der vordersten Front allmählich Antworten auf zwei ihrer Fragen: »Was ist falsch am Status quo?« und »Warum müssen wir uns verändern?«

Welche Informationen benötigen selbstverantwortlich handelnde Mitarbeiter, um zu einer Verbesserung der Unternehmensleistung beizutragen?

1. Mitarbeiter und Führungskräfte auf allen Ebenen der Organisation müssen die wahren Ziele und die Funktionsweise des Unternehmens kennen. Sie müssen darüber aufgeklärt werden, wie ihre Organisation ihr Geld verdient, wie hoch die Aufwendungen sind und wie sie einen Gewinn erwirtschaftet. Zeigen Sie ihnen das Betriebsergebnis, die Gewinn-und-Ver-

lust-Rechnung, die Kapitalflussrechnung und die Bilanz nicht nur für das Gesamtunternehmen, sondern auch für den Geschäftsbereich beziehungsweise den Standort, an dem sie arbeiten. Diese Informationen müssen allen verständlich gemacht werden. Während der Anfangsphasen besteht daher unter Umständen noch relativ viel Erklärungsbedarf.

2. Sagen Sie Ihren Mitarbeitern alles über das Unternehmen und seine finanzielle Situation. Zeigen Sie ihnen, wie man Bilanzen, Gewinn-und-Verlust-Rechnungen und Mittelherkunfts- und Mittelverwendungsrechnungen liest. Fragen Sie sich ferner in Ihrer Eigenschaft als Führungskraft, welche Informationen Sie benötigen, um die Aktivitäten der Firma zu verstehen und gute Geschäftsentscheidungen treffen zu können. Stellen Sie Ihren Mitarbeitern dann ähnliche Informationen zu Verfügung. Beispielsweise könnten für Sie Ausschussquoten, Lagerumschlag und Kundenreklamationen wichtig sein. Zeigen Sie den Beschäftigten dann, welche Beziehung zwischen den Ergebnissen in diesen wichtigen Bereichen und ihren Aufgaben bestehen und wie sie durch selbstverantwortliches Handeln (und bessere Leistungen) diese Zahlen positiv beeinflussen können.

Eine sinnvolle Taktik besteht darin, Mitarbeitern zu erklären, wie die Zahlen zu verstehen sind, und mit ihnen dann einige hypothetische Szenarien durchzuspielen, damit sie erkennen, wie sich ihr Handeln auf diese Größen auswirkt. Beispielsweise könnten Sie über Ausschusskosten sprechen und dann fragen, was geschehen würde, wenn die Ausschussquote von 5 auf 7 Prozent steigt. Welche Folgen hätte dies für den Gewinn? Wie würde sich umgekehrt eine Verringerung der Ausschussquote von 5 auf 4 Prozent auf das Ergebnis auswirken? Mit Hilfe solcher Übungen erkennen die Beschäftigten, wie ihre Tätigkeit die Unternehmensleistung beeinflussen kann. Sie beginnen auch zu verstehen, weshalb sie verantwortungsbewusst handeln müssen, indem sie ihr Wissen und ihre Erfahrungen für gute Geschäftsentscheidungen und Vorschläge zur Verbesserung ihrer eigenen Leistung nutzen.

3. Mitarbeiter in allen Teilen der Organisation müssen über *vertrauliche* Daten zur Unternehmensleistung informiert und

aufgeklärt werden, wenn sie gegenüber dem Unternehmen Vertrauen und Interesse aufbauen sollen. Wenn ihnen das Management Zugang zu realistischen (positiven und negativen) Informationen gibt, fangen die Beschäftigten an, sich auf dieser Basis ehrgeizige Ziele zu setzen, um das von den Zahlen gezeichnete Bild zu verbessern. Als Führungskräfte müssen Sie hier aber Geduld beweisen, da der Abschied vom hierarchischen Denken einige Zeit dauert und Teamleitern und Teammitgliedern Rückendeckung geboten werden muss. Dazu ein Beispiel:

In *Management durch Empowerment* beschrieben wir eine leicht modifizierte Variante dieses praktischen Beispiels. Ein amerikanischer Informationsdienstleister richtete ein Call Center ein, an das sich Kunden mit Fragen zur Abrechnung wenden konnten. Nachdem die Agenten in diesem Zentrum ein halbes Jahr lang teilweise hochkomplexe Anfragen beantwortet hatten, teilte man ihnen mit, ihre Reaktionszeit betrage im Schnitt vier Tage. Ferner wurde ihnen gesagt, dass die durchschnittliche Reaktionszeit in der Branche bei circa zwei Tagen liege. Mit diesen Informationen und dem für Verbesserungen nötigen Verantwortungsbewusstsein waren die Mitarbeiter im Call Center in der Lage, innerhalb von vier Wochen ihre Reaktionszeit auf zwei Tage zu verkürzen. Damit waren sie jedoch noch nicht zufrieden. Sie glaubten, noch besser werden zu können, und bemühten sich, die Anfragen noch schneller zu beantworten. In den nächsten drei Monaten gelang ihnen bei 98 Prozent der Anfragen eine weitere Reduzierung ihrer Reaktionszeit auf vier Stunden. Vier Stunden statt vier Tage, nur weil die Beschäftigten Informationen erhielten und eine Referenzgröße (der Branchendurchschnitt) ihnen ein realistisches Bild vermittelte! Informationsaustausch kann bei der Motivation von Mitarbeitern zu selbstverantwortlichem Handeln geradezu Wunder wirken.

4. Sorgen Sie auch dafür, dass Mitarbeitern neben finanziellen Daten weitergehende Informationen zur Verfügung gestellt werden, zum Beispiel über den Anteil der pünktlich erbrachten Leistungen, über Fehlzeitenquoten, Kundenlob und -reklamationen, Durchlaufzeiten, individuelle und kollektive

Ziele, Kundenkontakte und Ergebnisse von Kundenumfragen. Ferner sollten Mitarbeiter Zugang zu Informationen über den Leistungsstand ihrer Abteilung haben: Qualität der Zusammenarbeit mit anderen Abteilungen, Engagement für das Gesamtunternehmen, alle Informationen aus Umfragen zur Mitarbeiterzufriedenheit, Maßnahmen des Managements in Konfliktsituationen, Nachfolgeplanung, Schulungspläne und alle anderen Daten, mit deren Hilfe sich Führungskräfte einen Einblick in das Geschäft verschaffen. Wenn Mitarbeiter gute Geschäftsentscheidungen treffen sollen, müssen sie über die gleichen Informationen verfügen wie Manager. Obwohl Sie nicht alles sofort offen legen müssen, sollten Sie unverzüglich damit beginnen, Ihre Mitarbeiter an Informationen teilhaben zu lassen.

Warum fällt es Managern schwer, Mitarbeiter an Informationen über das Unternehmen teilhaben zu lassen?

1. Führungskräfte meinen häufig, die Informationen, die ihnen zur Verfügung stehen, seien zu vertraulich oder zu komplex für die operativen Mitarbeiter. Versetzen Sie sich hier bitte einmal in deren Lage. Was würden Sie empfinden, wenn Ihnen jemand verbal oder durch sein Handeln zu verstehen gibt, dass »diese Informationen für Sie zu vertraulich oder zu komplex sind«? Sie würden glauben, dass man Sie nicht für vertrauenswürdig genug hält, um Ihnen diese Daten an die Hand zu geben, oder für zu dumm, um sie zu verstehen – oder beides zugleich. Dieses Gefühl ermutigt nicht zu selbstverantwortlichem Handeln. Wir schlagen vor, dass Sie zunächst mehr Informationen weitergeben, als dies in der Vergangenheit der Fall war. Nicht unbedingt alle Informationen auf einmal, sondern einfach nur etwas mehr. Beobachten Sie, was dann geschieht. Es wird Sie sicherlich positiv überraschen, wie verantwortungsbewusst Ihre Mitarbeiter mit diesen »vertraulichen Informationen« umgehen werden.

Das Beispiel eines Unternehmens aus dem Lebensmitteleinzelhandel zeigt deutlich, was passieren kann, wenn Vorgesetzte Mitarbeitern vertrauliche Informationen vorenthalten. Jeden Monat klapperten die Gebietsleiter die einzelnen Läden ab und verkündeten den Geschäftsführern und ihren Mitarbeitern: »Der Umsatz liegt weit unter dem Standard, der Schwund weit darüber.« Das sollte die Beschäftigten zu Leistungsverbesserungen anspornen. Die Sache hatte nur einen Haken: Niemand kannte den Standard oder erhielt wirkliche Informationen zur Leistungsmessung. Die Beschäftigten zogen aus dieser Situation nur eine Lehre: Sie suchten sich einen anderen Arbeitgeber. Ganz anders verhielt sich ein anderes Unternehmen aus der gleichen Branche. Jeden Monat mussten die Geschäftsführer den Bezirksdirektoren in einer Sitzung, an der alle Mitarbeiter teilnahmen, die Gewinn-und-Verlust-Rechnung erklären. Die Teamleiter und -mitglieder mussten jeden Vorfall erläutern, der den Standard übertraf oder hinter ihm zurückblieb. Alle kannten die relevanten Referenzgrößen und wussten, wie die Leistung gemessen wurde. Wenn ein Ansatz in einem Geschäft gute Resultate erbrachte, musste ihn der Geschäftsführer außerdem den Mitarbeitern und Managern anderer Läden erklären. Das Engagement und die Selbstverantwortung der Beschäftigten unterschied sich deutlich vom eingangs erwähnten Unternehmen – ebenso wie die Firmenleistung.

2. Wenn Sie Ihre Einstellung zur Weitergabe von Informationen ändern wollen, sollten Sie über folgende Fragen nachdenken: Warum sollten Ihre Mitarbeiter vertrauliche Informationen an die Konkurrenz verraten? Sie wissen, dass ihr Job in Gefahr sein könnte, wenn das Unternehmen Kunden verliert. Warum sollten sie ihren Arbeitsplatz aufs Spiel setzen? Wenn Sie sich Sorgen machen, dass Ihre Mitarbeiter nicht verstehen, warum Ihr Unternehmen so viel Geld verdient, denken Sie an die Übung, in der die Beschäftigten den Nettogewinn schätzen sollten. Sie glauben vielleicht ohnehin schon, dass das Unternehmen höhere Gewinne einfährt, als es tatsächlich der Fall ist. Sicherlich können Sie ihnen begreiflich machen, warum es für die Anteilseigner erforderlich ist, als Lohn für das eingegangene Risiko einen Gewinn zu erwirtschaften. Wenn Sie Angst davor haben, Ihre Kunden könnten erfahren, dass Sie mit den Produkten und Dienstleistungen, die Sie an

sie verkaufen, einen Gewinn machen, verschließen Sie Ihre Augen vor der Realität! Die Kunden wissen bereits, dass Sie nicht aus reinem Altruismus in diesem Geschäft tätig sind, und auch sie glauben unter Umständen, dass Ihr Gewinn höher ist als tatsächlich. Was schadet es also, wenn sie erfahren, wie die Realität aussieht? Auch Ihre Wettbewerber haben bereits eine recht gute Vorstellung von der Rentabilität Ihrer Firma. Schließlich arbeiten sie ja in der gleichen Branche und kennen die Kosten und Gewinnspannen ebenso gut wie Sie. Also können Sie diese Informationen ruhig weitergeben. Wenn Sie andere nicht an den Informationen teilhaben lassen, gehen Sie nämlich ein viel größeres Risiko ein.

3. Wenn Sie alle im Unternehmen an Informationen teilhaben lassen, können Sie davon weitaus mehr profitieren, als wenn Sie Informationen horten. Wenn Sie Informationen zunächst in kleinen Rationen weitergeben, werden Sie erleben, wie das Verantwortungsbewusstsein und die Eigeninitiative Ihrer Mitarbeiter wachsen. Sie werden auch sehen, wie ihr Vertrauen in das Management zunimmt. Beides wird dazu führen, dass sich die Teammitglieder wie Partner und Miteigentümer des Betriebs fühlen und die Informationen zur Verbesserung der Unternehmensleistung nutzen. Bald werden Sie auch die positiven Ergebnisse erleben, die die Teammitglieder mit ihren Problemlösungsfähigkeiten erreichen. Wenn Mitarbeiter Sie dann um weitere Informationen bitten, wird es Ihnen weniger ausmachen, ihnen diese zu geben. Dieser Kreislauf wird sich fortsetzen, sofern Sie es nur zulassen. Sie liefern den Beschäftigten Informationen. Ihre Mitarbeiter nutzen diese für selbstverantwortliches Handeln und bitten Sie dann um weitere Informationen. Die geben Sie ihnen, woraufhin die Beschäftigten erneut verantwortlich handeln. Auf diese Weise gelangen Sie zu einer von selbstverantwortlichem Handeln geprägten Kultur.

Eine amüsante Geschichte veranschaulicht, wie Mitarbeiter Probleme lösen können, an denen sich Manager oft die Zähne ausbeißen, sofern sie über Informationen verfügen. Ein exklusiver Country Club stand vor dem Problem, dass viele seiner Mitglieder das in der Dusche bereitgestellte (zugegebenermaßen recht gute) Shampoo mit nach Hause nahmen. Der Präsident des Clubs hatte bereits alle möglichen Alternativen in Erwägung gezogen, um dem ein Ende zu bereiten, aber noch keine Lösung gefunden, mit der er die Mitglieder nicht beleidigen würde. Schließlich erzählte er einem Mitarbeiter, der für den Umkleidebereich zuständig war, von diesem Problem. Dieser antwortete: »Machen Sie sich keine Sorgen. Das wird nicht wieder vorkommen.« Der Präsident war verblüfft. Der Mitarbeiter fuhr fort: »Das ist ganz einfach. Ich werde die Deckel der Shampooflaschen abschrauben. Niemand wird ein Shampoo ohne Deckel mit nach Hause nehmen wollen!«

Welche Informationen haben Mitarbeiter heute und welche fehlen ihnen?

1. Es ist sinnvoll, eine Liste der verschiedenen Informationen zu erstellen, die Ihren Mitarbeitern derzeit zur Verfügung stehen, und diese mit den Informationen zu vergleichen, zu denen Manager auf unterschiedlichen Ebenen des Unternehmens Zugang haben. Dann sollten Sie sich fragen: Welche Informationen fehlen den Beschäftigen noch, die sie für verantwortliche Geschäftsentscheidungen bräuchten? Anders ausgedrückt: Zu welchen Informationen sollten die Mitarbeiter an der Basis unbedingt sofort Zugang erhalten? Und wie werden Sie ihnen beibringen, wie sie diese nutzen können?

2. Spielen Sie unbedingt alle Möglichkeiten durch. Ganz sicher fallen Umsatzzahlen, Kosten, Gewinne, Ausschussquoten, Abfall, Versandmengen, Qualitätsmaßstäbe und andere Faktoren in die Kategorie der weiterzugebenden Informationen. Es kann aber auch sinnvoll sein, den Beschäftigten mitzuteilen, wie Prämien für Führungskräfte errechnet werden, wie das Gewinnbeteiligungsprogramm funktioniert oder wie verschiedene Finanzkennzahlen kalkuliert und verwendet werden. Ihr Ziel ist, Ihre Mitarbeiter auf den gleichen Informationsstand zu bringen, auf dem Sie sich befinden, damit sie auf dieser Basis selbstverantwortliche Entscheidungen treffen können.

In unserem eigenen Unternehmen, The Ken Blanchard Companies, legen wir Wert darauf, monatlich Umsätze, Gewinnmargen und Rentabilitätskennziffern offen zu legen. Alle Mitarbeiter im Innen- und Außendienst haben per Internet Zugang zu unseren wöchentlichen Umsatzzahlen, aufgeschlüsselt nach Geschäftsbereichen, Regionen und einzelnen Vertriebsmitarbeitern. Da die Beschäftigten ständig Zugriff auf diese Vergleichswerte haben und mit dem Gewinnbeteiligungsplan des Unternehmens vertraut sind, können sie durch verantwortliches Handeln dem Unternehmen bei der Erreichung seiner Ziele helfen und sich zugleich persönlich eine Gewinnbeteiligung sichern. Natürlich macht es einige Mühe, diese Informationen allen zugänglich zu machen, doch lohnt sich das mit Sicherheit.

Wie sollten die Informationen im Unternehmen zugänglich gemacht werden?

1. Manche Manager überfordert die Vorstellung, dass sie *alle* relevanten Informationen, die sie bei unternehmerischen Entscheidungen nutzen, an Mitarbeiter weitergeben sollen. Sie können die Sache anfangs ruhig langsam angehen. Sie müssen nicht alle Daten sofort allen zugänglich machen. Es kann sogar hinderlich für eine wirksame Entscheidungsfindung sein, die Mitarbeiter mit Informationen zu überschwemmen. Überstürzen Sie nichts. Geben Sie Ihren Mitarbeitern erst einmal einige der wichtigsten Informationen, die Ihnen als Führungskraft zur Verfügung stehen. Vergewissern Sie sich, dass allen beigebracht wird, wie man relevante Informationen findet, interpretiert und versteht. Diskutieren Sie mit den Experten aus Ihrem Informationsdienst (oder Ihrer EDV-Abteilung), wie man diese Informationen allen Beschäftigen leicht zugänglich machen könnte. Angesichts der heute verfügbaren technischen Möglichkeiten gibt es eigentlich keinen Grund, warum Mitarbeiter nicht in allen Teilen der Organisation auf die gleichen Informationen zugreifen sollten, es sei denn, die Führungskräfte bestehen auf der hierarchischen Auffassung, dass man Mitarbeitern Informationen über ihr Unternehmen

nicht anvertrauen darf. Wir sollten vielleicht hinzufügen, dass die Beschäftigten schnell mangelndes Vertrauen als Grund sehen werden, wenn man ihnen Informationen vorenthält, die in anderen Teilen der Organisation verfügbar sind.

2. Achten Sie darauf, dass Ihre Pläne nicht so ambitioniert sind, dass nicht einmal Sie selbst daran glauben. Mitarbeiter und Manager an der Basis werden nur die Augen verdrehen, weil sie wissen, dass so etwas niemals funktionieren wird und dass Sie als Führungskraft einen so ehrgeizigen Plan nicht durchziehen können. Überhäufen Sie die Beschäftigten nicht von einem Tag zum anderen plötzlich mit Informationen. Dadurch leisten Sie nur Enttäuschung, Verärgerung und sogar Misstrauen Vorschub. Weitaus besser ist es, klein anzufangen und die Initiative dann allmählich auszuweiten.

Einige Unternehmen nehmen bei der Erläuterung finanzieller Informationen die private Finanzsituation ihrer Mitarbeiter als Ausgangspunkt, da dies für nahezu alle eingängig ist. Wir alle müssen unsere Einnahmen und Ausgaben durchrechnen und Investitionsentscheidungen treffen, beispielsweise ob wir ein Haus kaufen oder nicht. Auf der Basis dieser vertrauten Szenarien können Sie Ihren Beschäftigten die Grundlagen der Finanzbuchhaltung Ihres Unternehmens und darüber hinaus einige Fertigkeiten in Sachen Finanzen vermitteln, die für sie persönlich wertvoll sein könnten.

Welche Informationen können Sie ohne Bedenken unverzüglich Ihren Mitarbeitern zur Verfügung stellen?

1. Erwarten Sie nicht von sich selbst oder anderen Führungskräften, von Anfang an in der Lage zu sein, alle möglichen Informationen an die Beschäftigten weitergeben zu können. Die meisten Manager haben während ihrer gesamten beruflichen Laufbahn in einem Umfeld gearbeitet, in dem Informationen vom Management wie ein Schatz gehütet und unter keinen Umständen den Mitarbeitern preisgegeben wurden. Wir sollten nicht unterschätzen, wie schwer es sein wird, die Bücher für die Mitarbeiter zu öffnen. Wir empfehlen Ihnen, sich an-

fangs auf Grundsätzliches wie Kosten und Umsatz zu beschränken und dann allmählich zu detaillierteren, komplexeren und vertraulicheren Informationen überzugehen. Sagen Sie den Beschäftigten, was es kostet, ein Stück Ihres Produkts herzustellen oder eine Dienstleistung für einen Kunden zu erbringen. Denken Sie auch daran, dass Ihre Beschäftigten möglicherweise während ihres gesamten Arbeitslebens nicht erwartet hatten, dass ihnen das Management viele Informationen an die Hand gibt. Sie müssen sich erst an den Gedanken gewöhnen, dass sie jetzt über Informationen verfügen, die sie zu verantwortlichem Handeln zwingen. Sie können jetzt nicht mehr am Abend nach Hause gehen und ihre Arbeit vergessen. Sie werden zu Partnern, weil sie jetzt über die gleichen Informationen verfügen wie die Manager. Teamleiter und -mitglieder müssen gemeinsam lernen, immer mehr Informationen auszutauschen und zu berücksichtigen – und diese Informationen werden noch dazu immer komplexer und vertraulicher.

2. Wir haben bereits darauf hingewiesen, dass Sie Informationen nicht filtern bzw. nur gute Neuigkeiten oder weniger heikle Informationen weitergeben dürfen. Es ist aber durchaus in Ordnung, wenn man anfangs die für Mitarbeiter zugänglichen Informationen in gewisser Weise beschränkt, bis sich beide Parteien daran gewöhnt haben, in einem Umfeld mit verbessertem Informationsfluss zusammenzuarbeiten. Die Weitergabe bestimmer Informationen kann durch rechtliche Bestimmungen, zum Beispiel Aktiengesetze, verboten sein – dies bleibt auch bei ansonsten sehr hohem Informationsaustausch so. Wenn es legitime Gründe dafür gibt, Mitarbeitern bestimmte Informationen nicht frei zugänglich zu machen, müssen Sie unbedingt erklären, warum die Beschäftigten keinen Zugriff auf diese Daten haben. Achten Sie dabei darauf, dass Sie sich nicht aus lauter Unsicherheit hinter Regelungen verstecken, die gar nicht wirklich zutreffen. Es ist besser, wenn Sie Ihre Vorbehalte und Ihren Wunsch, im Laufe der Zeit Ihre Einstellung zu ändern, frühzeitig offen aussprechen.

Wenn Informationen nicht an Unternehmensfremde weitergegeben werden dürfen, müssen Sie die Mitarbeiter davon in Kenntnis setzen und erklären, warum es wichtig ist, dass sie diese Informationen vertraulich behandeln. Diese Ehrlichkeit trägt viel zu einem partnerschaftlicheren Verhältnis zwischen Teamleitern und Teammitgliedern bei.

3. Wenn Sie die Einstellung Ihrer Mitarbeiter ändern und ihnen ermöglichen wollen, mehr Verantwortung zu übernehmen und unternehmerisches Denken zu entwickeln, müssen auch Sie selbst Ihre Einstellung ändern. Möglicherweise müssen Sie sogar mit gutem Beispiel vorangehen, da Sie in den Augen der Beschäftigten die Macht besitzen, die ihnen fehlt. Außerdem haben Sie ja im Gegensatz zu den Mitarbeitern Zugang zu Informationen. Sie müssen also unter Umständen einfach auf gut Glück eine Vorreiterrolle spielen, bis der Informationsaustausch zu selbstverantwortlichem Handeln der Teammitglieder und zu partnerschaftlicher Zusammenarbeit mit Teamleitern und sogar der Geschäftsleitung führt. Wenn Sie Ihren Mitarbeitern Zugang zu Informationen verschaffen, hat das einen weiteren Vorteil, den Sie ebenfalls für sich nutzen sollten: Ihre Beschäftigten werden im Gegenzug auch Ihnen weitergehende Informationen zur Verfügung stellen. Mitarbeiter haben Zugang zu Informationen, die Führungskräfte normalerweise niemals zu Gesicht bekommen. Wenn der wechselseitige Informationsaustausch funktioniert, verläuft er in alle Richtungen: nach unten, nach oben, horizontal und diagonal. Dann können alle Mitglieder der Organisation von besseren Informationen und dem daraus resultierenden Wissen profitieren.

Ein amüsantes Beispiel veranschaulicht die Bedeutung des Informationsaustauschs mit Mitarbeitern. Wir wurden als Berater in ein Werk im Süden der USA gerufen, in dem die Mitarbeiterfluktuation bei den Arbeitern fast 100 Prozent jährlich betrug. Wir sagten: »Wir möchten mit den Leuten aus dem Bereich sprechen, in dem die Fluktuation am stärksten ist.« Darauf erwiderte der Werksleiter: »Was wollen Sie denn von denen? Die kündigen ohnehin alle.«

Wir antworteten: »Ach, irgendwie haben wir das Gefühl, dass wir von ihnen etwas Wichtiges erfahren könnten.« Widerstrebend arrangierte der Manager ein Treffen. Als wir mit den Arbeitern in der Fabrik sprachen, erfuhren wir, dass sie sich zwar nicht bewusst waren, dass die Fluktuation bei 100 Prozent lag, aber sehr wohl den Grund dafür kannten. Sie erklärten: »Sechs Monate im Jahr ist es hier unten unerträglich heiß. Die Temperatur beträgt oft über 40 Grad. Wir versuchen seit Jahren, die Schichtführer auf dieses Problem aufmerksam zu machen, aber sie hören einfach nicht auf uns.« Wir gingen also zurück zur Werksleitung und empfahlen eine bessere Klimaanlage. Nachdem sie installiert war, fiel die Mitarbeiterfluktuation auf 12 Prozent. Die Werksleitung hielt uns für Genies, und die Arbeiter fragten sich, warum in aller Welt es so lange gedauert hatte, ein derart offensichtliches Problem zu lösen. Diese Geschichte hört sich vielleicht etwas weit hergeholt an, doch sieht die Realität in vielen Unternehmen vermutlich nicht viel anders aus. Wie steht es da mit Ihrer Firma?

Wie kann man sofort mit dem Informationsaustausch beginnen?

1. Probieren Sie viele verschiedene Mechanismen aus, um den Mitarbeitern Zugang zu Informationen über die Leistung des Unternehmens oder des Standorts zu gewähren.

In einer ganzen Reihe von Unternehmen haben wir gesehen, dass in der Kantine Tafeln mit den wichtigsten Leistungsmessgrößen ausgehängt und täglich oder wöchentlich aktualisiert werden. Andere Firmen halten jeden Monat Betriebsversammlungen ab, um Informationen über relevante Statistiken vorzustellen, zu erläutern und Fragen zu beantworten. Einige ermutigen sogar ihre Mitarbeiter, die Finanzdaten ihrer Abteilung für den laufenden Monat zu präsentieren. Wieder andere Betriebe mit eher technologischer Ausrichtung stellen diese Informationen in ihr E-Mail-System ein; manche bieten sogar Fragemöglichkeiten an und liefern dann die Antworten per E-Mail. Auch Abteilungsgesprächsrunden, interne Fokusgruppen oder Teamfrühstücke, in denen der Teamleiter als Koch und Moderator fungiert, sind beliebte Methoden. Ziele können über Bildschirmschoner, Aufkleber für die Stoßstange, Beilagen zur Gehaltsabrechnung, Magazine für Partner von Mitarbeitern und Familienforen kommuniziert werden.

Ganz gleich, welche Methode Sie wählen, vergewissern Sie sich, dass Sie möglichst aktuelle Informationen weitergeben. Geben Sie den Umsatz, die Versandzahlen, den Ausschuss von gestern bekannt. Sorgen Sie auch dafür, dass Informationen so klar wie möglich sind, aber erwarten und gestatten Sie Fragen – vor allem in den ersten Phasen des Prozesses, in denen Ihre Mitarbeiter die Finanzdaten erst noch verstehen lernen müssen.

2. Lassen Sie alle neuen Mitarbeiter bereits am ersten Tag an den Informationen teilhaben, ganz gleich, ob sie aus einer anderen Abteilung zu Ihnen versetzt wurden oder neu zum Unternehmen gestoßen sind.

> Wir kennen ein Unternehmen, das seine Bilanz und seine Gewinn- und-Verlust-Rechnung allen neu rekrutierten Mitarbeitern vorlegt. Die Daten und ihre Bedeutung werden erklärt, und den »Neuen« wird mitgeteilt, dass die Teammitglieder dafür verantwortlich sind, die Zahlen in diesen Finanz- und Leistungsübersichten positiv zu beeinflussen.

3. Denken Sie daran, dass Sie ein Gleichgewicht herstellen müssen: Einerseits müssen Sie Informationen zugänglich machen und erläutern, andererseits müssen Sie klarstellen, dass jeder Mitarbeiter Ergebnisverantwortung trägt. Machen Sie unmissverständlich deutlich, dass Teammitglieder die Informationen verstehen und auf dieser Basis auf positive Ergebnisse für das Unternehmen hinarbeiten müssen.

Zu welcher Informationsebene sollten Mitarbeiter Zugang haben – Daten zum Unternehmen, zum Standort oder zur Abteilung?

1. Diese Frage ist von zentraler Bedeutung. Ist es besser, den Mitarbeitern Informationen über die Unternehmensleistung auf Konzernebene zu geben (Ergebnis je Aktie, Konzernumsatz, Konzerngewinnspanne etc.), oder sollten sie eher etwas

über den Standort erfahren, an dem sie tätig sind (z. B. Stückzahl der von diesem Werk ausgelieferten Produkte, Ausschussquote der Fabrik, Umsatz des Standorts)? *Entscheidend ist hier, Informationen über die Aspekte weiterzugeben, die Mitarbeiter aktiv beeinflussen können.* Die Leistung des Gesamtkonzerns können sie nur indirekt beeinflussen. Direkt wirkt sich ihre Arbeit nur auf die Leistung ihres eigenen Werks aus. Daher sind Informationen über diese Organisationseinheit hilfreicher, um das Verantwortungsbewusstsein der Mitarbeiter zu wecken.

2. Beginnen Sie damit, Mitarbeiter über die Faktoren und die relevanten Daten zu informieren, die von der Standortleitung zur Leistungsbeurteilung herangezogen werden. Für welche Faktoren sind die Werksleiter verantwortlich (zum Beispiel Materialabfall, Überstunden, Versandmengen)? Für die gleichen Faktoren müssen nun auch die übrigen Mitarbeiter des Standorts Verantwortung übernehmen. Daher müssen sie Informationen erhalten, die es ihnen ermöglichen, diese Faktoren zu beeinflussen. Sobald Mitarbeiter Zugang zu den Zahlen haben, anhand derer die Leistung des Standorts gemessen wird, können sie selbstverantwortlich handeln und dann auch zur Verantwortung gezogen werden. Jetzt kann das Management von den Beschäftigten allmählich erwarten, dass sie die Leistung des Standorts verantwortungsbewusst beeinflussen. Tatsächlich werden die Teammitglieder nun auch an Problemlösungen mitwirken und Anregungen dafür geben, wie diese Zahlen positiv beeinflusst werden können. Denken Sie daran, dass jede Zahl, die Sie Ihren Mitarbeitern vorenthalten, von ihnen nur schwer beeinflusst werden kann – und faktisch werden sie dazu auch wenig motiviert sein.

3. Hilfreich ist es auch, den Mitarbeitern Informationen an die Hand zu geben, die ihren Standort oder ihr Unternehmen mit anderen ähnlichen Standorten oder Unternehmen vergleichen. Dies hilft ihnen, die internen Informationen besser zu verstehen. Wenn Sie den Beschäftigten mitteilen, dass die Ausschussquote in diesem Werk etwa 1,5 Prozent beträgt,

hört sich das in ihren Ohren vielleicht ganz gut an. Wenn Sie aber zugleich darauf hinweisen, dass die Ausschussquoten ähnlicher Werke bei nur 0,75 Prozent liegen, erscheinen diese Zahlen plötzlich in einem ganz anderen Licht. Das wird die Beschäftigten motivieren, Maßnahmen zur Leistungsverbesserung zu ergreifen. Damit soll nicht etwa der Wettbewerb zwischen den Standorten geschürt werden, sondern den Mitarbeitern eine klarere Vorstellung von ihrem wahren Leistungsstand und ein Anreiz für Verbesserungen gegeben werden.

Wie sieht das Verantwortungsbewusstsein aus, das durch die Weitergabe von Informationen geweckt werden soll?

1. Wir wollen unseren Mitarbeitern an der Basis das Gefühl geben, dass sie durch selbstverantwortliches Handeln die Leistungszahlen positiv beeinflussen können. Wir wollen in ihnen die gleiche Selbstverantwortung wecken, die Führungskräfte in der Regel aufweisen. Dazu müssen Mitarbeiter über die gleichen Informationen verfügen, die Manager bei wichtigen Geschäftsentscheidungen nutzen. Wenn Mitarbeiter Zugang zu solchen Informationen erhalten, hört man von ihnen häufig Aussagen wie diese: »Ich wusste gar nicht, dass das Leistungsniveau in unserem Werk so niedrig ist«, oder »Ich hätte nie gedacht, dass meine Arbeit die Qualität unserer Produkte und unsere Gewinnspanne so unmittelbar beeinflusst.« Ein besserer Wissensstand wird die Fähigkeit der operativen Mitarbeiter zu selbstverantwortlichem Handeln nachhaltig verbessern.

2. Vergessen Sie nicht, dass Sie dieses Ergebnis nur erreichen können, wenn Sie den Mitarbeitern beibringen, wie sie die bereitgestellten Informationen interpretieren können. Sie können den Beschäftigten nicht einfach Daten über das Leistungsniveau des Standorts (Gewinn-und-Verlust-Rechnung oder Kosteninformationen) in die Hand drücken und erwar-

ten, dass sie diese verstehen. Sie müssen ihnen die Grundlagen der finanziellen Aspekte erläutern, die mit der Leitung *Ihres* Unternehmens verbunden sind.

> Ein Verpackungsunternehmen konzipierte eine originelle Methode, um seinen Beschäftigten auf der Grundlage eines von den Managern entwickelten Spiels ökonomisches Basiswissen zu vermitteln. Alle Grundlagen der Unternehmensführung wurden den Beschäftigten mit diesem Spiel in nur einem Tag nahe gebracht: Wie erwirtschaftet dieses Unternehmen einen Gewinn? Welche Kosten müssen berücksichtigt werden? Welche Gewinnspanne kann erzielt werden, und welche Faktoren wirken sich auf diese Margen aus? Wie lange dauert es, bis sich Investitionen amortisieren? Wie kann man ein Unternehmen mit Hilfe von Finanzkennziffern analysieren? Was ist eine Gewinn-und-Verlust-Rechnung?

Sobald die Beteiligten die Grundlagen verstehen, können Sie ihnen in Informationsforen, zum Beispiel einer Betriebsversammlung, weitergehende Kenntnisse vermitteln. Hier können Fragen und Antworten in beide Richtungen gestellt werden, sodass es zu einem echten Dialog kommt. In diesen Sitzungen können Sie auf das zurückgreifen, was Mitarbeiter über die Analyse ihres Standorts oder ihrer Abteilung in Ihrem Unternehmen gelernt haben.

3. Wenn Sie das Verantwortungsbewusstsein aufbauen wollen, das zu einer Kultur der Selbstverantwortung gehört, ist es sinnvoll, den Mitarbeitern im operativen Bereich in einer der ersten Informationssitzungen folgende Fragen zu stellen:

> »Was könnten Sie Ihrer Meinung nach besser machen, wenn Sie mehr Informationen der Art zur Verfügung hätten, wie sie heute vorgestellt wurden? Gibt es weitere Informationen, die Sie als nützlich erachten würden? Falls ja, welche?« Fragen Sie außerdem die Mitarbeiter, wie sie diese Informationen nutzen würden, um die genannten Leistungszahlen positiv zu beeinflussen. Drehen Sie dann den Spieß um: »Über welche Informationen verfügen Sie, die Ihren Kollegen oder der Geschäftsleitung helfen könnten, effektiver zu arbeiten? Wie könnten wir diese Informationen sinnvoll und rechtzeitig austauschen?«

In ihrem Buch *Gung Ho!* stellen Ken Blanchard und Sheldon Bowles einen sinnvollen Bezugsrahmen für die Wechselwirkung zwischen Informationsaustausch und Selbstverantwortung vor.[1] Anhand der Geschichte von Peggy Sinclair und Andy Longclaw decken die Autoren drei »Geheimnisse« auf, wie man Mitarbeiterteams in jedem Unternehmen auf Höchstform bringen kann. Die Tabelle zeigt diese drei Geheimnisse und ihre wesentlichen Elemente.

Das erste Geheimnis, die *Erkenntnis des Eichhörnchens*, zeigt, was für eine durchschlagende Wirkung es haben kann, wenn man Mitarbeitern vor Augen führt, dass ihre Arbeit über die Gewinnerzielung hinaus für das Unternehmen wertvoll ist. Informationsaustausch ist eine wesentliche Voraussetzung, wenn Sie den Beteiligten die Konsequenzen ihrer Arbeit über das Tagesgeschäft hinaus veranschaulichen wollen. Es besteht zudem ein direkter Bezug zum zweiten Geheimnis, der *Bauart des Bibers*. Hier geht es im Wesentlichen darum, Mitarbeitern das Gefühl zu geben, die Erreichung ihrer Ziele steuern zu können. Mit entsprechenden Informationen stellt

Die drei Geheimnisse aus Gung Ho!

Erkenntnis des Eichhörnchens	Bauart des Bibers	Geschenk der Gans
Wir wissen, dass wir die Welt besser machen.	Ein Spielfeld mit klaren Abgrenzungen.	Lob muss rechtzeitig, einfühlsam, vorbehaltlos und enthusiastisch erfolgen.
Alle arbeiten auf ein gemeinsames Ziel hin.	Gedanken, Gefühle, Bedürfnisse und Träume werden respektiert, angehört und im Handeln berücksichtigt.	Nicht nur Endresultate, sondern auch Etappensiege sollten gewürdigt werden.
Werte lenken alle Pläne, Entscheidungen und Handlungen.	Wir fühlen uns leistungsfähig, aber auch herausgefordert.	$E = mg^2$: Enthusiasmus gleich Mission mal Geld und Glückwünsche

Adaptiert aus: **Gung Ho!** von Ken Blanchard und Sheldon Bowles, S. 170-176 sich dieses Gefühl der Kontrolle und Verantwortlichkeit ein. Das dritte Geheimnis, das *Geschenk der Gans*, dreht sich um die Frage, wie Menschen einander ermutigen können, damit sie Fortschritte auf dem Weg zu ihren Zielen machen. Auch in diesem Falle zeigt die Bereitstellung von Informationen den Beteiligten ihren Fortschritt im richtigen Licht, sodass das Lob der Kollegen als aufrichtig und nicht als leeres Kompliment empfunden werden kann.

Wie sollte sich ein selbstverantwortliches Unternehmen verhalten, wenn Mitarbeiter mit diesen neuen Informationen Fehler machen, aber ihr Bestes versuchen?

1. Sie müssen den Mitarbeitern zu verstehen geben, dass es in einem selbstverantwortlichen Unternehmen positiv gewertet wird, wenn man handelt, selbst wenn man dabei Fehler macht. Aus Fehlern kann man lernen, sie sind Möglichkeiten zum Ausprobieren neuer Ideen und nicht die Gelegenheit, Fehlschläge zu bestrafen. In allzu vielen Fällen haben wir erlebt, wie die guten Leistungen von Mitarbeitern, selbst wenn sie in einem neuen, fehleranfälligen Bereich arbeiten, als selbstverständlich erachtet werden. Wenn ihnen jedoch ein Fehler unterläuft, werden sie gnadenlos an den Pranger gestellt. Eine Organisation, die sich auf dem Weg zur Selbstverantwortung befindet, kann sich diese Strategie des »Laisser-faire mit großem Knüppel« nicht leisten. Sie muss nicht nur Risikofreude fördern, sondern die Beteiligten auch ermutigen, aus Fehlern zu lernen, damit diese nicht wiederholt werden. Vor allem in dieser frühen Phase des Veränderungsprozesses sind Strafaktionen unangebracht. Lernende, die bestraft werden, werden nicht die gewünschten Fähigkeiten erwerben. Stattdessen lernen sie, wie man der Person aus dem Weg geht, die ihnen helfen könnte, besser zu werden, und dass man möglichst wenig Veränderungen anstreben sollte, um kein Risiko einzugehen. Nur

durch Fehler können Mitarbeiter letztlich selbstverantwortliches Handeln lernen.

> In einer unserer Lieblingsgeschichten aus *Management durch Empowerment* lässt ein Unternehmen überall im Betrieb Plakete mit dem Satz »FELER sind wichtig« aufhängen. Damit soll die klare Botschaft vermittelt werden, dass Fehler im Unternehmen positiv gesehen werden. Sie werden als Möglichkeit verstanden, neue Informationen über erfolgreiche und erfolglose Ansätze zu erwerben und auszutauschen. Wenn keine »Feler« gemacht werden, probiert niemand neue Ideen aus oder nimmt die mit positiven Veränderungen verbundenen Risiken auf sich. Das Unternehmen sieht Fehler als Chance zum Erwerb neuer Erkenntnisse, und dies geht aus dem Plakat deutlich hervor.

2. Ihr Umgang mit Fehlern kann entweder Misstrauen säen oder das in einer von Selbstverantwortung geprägten Organisation erforderliche Vertrauen aufbauen.

> In einem Industriebetrieb begrüßten die Mitarbeiter den neuen Firmenchef bei der ersten Betriebsversammlung in Regenhüten, Regenmänteln und Gummistiefeln – obwohl draußen die Sonne schien. Vertrauen war ein so seltenes Pflänzchen in diesem Unternehmen, dass sich niemand von dieser Sitzung nützliche Informationen erhoffte. Daher hatten sich alle für einen erneuten »kalten Guss« der Unternehmensleitung gewappnet. Durch offene Weitergabe von positiven und negativen Informationen und Kooperation mit den Mitarbeitern im Falle von Fehlern (anstelle von Strafaktionen) wurde diese missliche Lage allmählich verbessert. Das Ergebnis waren herausragende Unternehmensergebnisse.

Wie Sie mit den Fehlern umgehen, die Menschen in den frühen Etappen des Übergangs zur Selbstverantwortung unweigerlich machen, sagt viel über die wahren Beweggründe hinter der Initiative zur Bevollmächtigung von Mitarbeitern in Ihrem Unternehmen aus. Lassen Sie sich nicht dazu hinreißen, Ihre Enttäuschung über diese Fehler an Mitarbeitern auszulassen, die in gutem Glauben auf eine von Selbstverantwortung geprägte Kultur hinarbeiten.

Eine Einzelhandelskette dachte sich eine interessante und
kungsvolle Reaktion auf Fehler aus. Die Teammitglieder \
ben sie so: »Wenn uns Fehler unterlaufen, macht uns uns
nicht etwa zur Schnecke, sondern fragt: ›Auf welchem ges‹
chen Grund beruhte Ihre Entscheidung oder Maßnahme?‹ ..enn
ein Kollege zeigen kann, dass die Entscheidung logisch und gründlich durchdacht war oder dass ihm dabei die Belange des Unternehmens am Herzen lagen, wird der Chef den Betreffenden stets unterstützen und ihm helfen, aus seinem Fehler zu lernen.«

3. Andererseits sollte nicht nur aus *Fehlern* gelernt werden. Sorgen Sie auf jeden Fall dafür, dass neue Maßnahmen mit positi-
ver Wirkung, die die Bereitschaft der Mitarbeiter zur Übernahme von Ergebnisverantwortung zeigen, anerkannt und
gewürdigt werden. In den Frühphasen der Entwicklung hin
zur Selbstverantwortungskultur müssen auch noch so kleine
Veränderungen honoriert werden, wenn sie signalisieren,
dass Menschen die Verantwortung für die Beeinflussung des
Leistungsniveaus übernehmen. Diese Anerkennung ermutigt
die anderen Beschäftigten, ähnliche Maßnahmen zu ergreifen
und selbstverantwortlicher zu handeln. Auch im weiteren
Verlauf des Veränderungsprozesses sollten Sie sich keineswegs davor scheuen, Menschen dabei zu »erwischen, wie sie
etwas richtig machen«. Wenn Sie Lernerfolge und erste Anzeichen eines verantwortungsvollen Umgangs mit Informationen würdigen, werden Sie erleben, wie der Veränderungsprozess in Richtung Selbstverantwortung an Fahrt gewinnt.

Fazit

Wir haben viele Anregungen und Antworten zu Fragen angeboten, die bei den ersten Orientierungsversuchen häufig zum
Thema Informationszugang für alle Mitarbeiter gestellt werden.
Bevor wir uns dem nächsten Kapitel zuwenden, möchten wir
nochmals betonen, dass Teilhabe an Informationen für sich genommen Ihre Mitarbeiter noch nicht zu selbstverantwortlichem

Handeln motivieren wird. Alle drei Schlüsselbedingungen müssen in dynamischer Interaktion genutzt werden. Wir werden daher im nächsten Kapitel der Frage nachgehen, wie Autonomie durch Abgrenzung in der ersten Phase des Veränderungsprozesses hilfreiche Dienste leisten kann.

Kapitel 4

Die zweite Schlüsselbedingung: Autonomie durch Abgrenzung

Sobald der Informationsaustausch den Veränderungsprozess in Gang gesetzt hat, indem er das Gefühl der Teilhabe an den Belangen des Unternehmens und das Verantwortungsbewusstsein der Beschäftigten verbessert, ist es unbedingt erforderlich, den Handlungsrahmen für die Selbstverantwortungskultur abzugrenzen. Die meisten Menschen begrüßen Selbstverantwortung zunächst begeistert und wollen gute Entscheidungen treffen, doch verstehen sie nicht hundertprozentig, wie sie das tun sollen. Wie das Modell der situationsbezogenen Führung (Situational Leadership® II) zeigt, folgt auf die erste positive Reaktion rasch viel Frustration und/oder Apathie, wenn es keinen klar abgesteckten Rahmen für das erwartete selbstverantwortliche Handeln gibt. Bevor wir auf die Frage eingehen, welche Grenzen wann, wo und wie gezogen werden sollten, ist es sinnvoll, wenn wir uns zunächst die Tragweite dieses Veränderungsprozesses in Richtung Selbstverantwortung vor Augen führen.

Welche Unterschiede bestehen zwischen einer hierarchischen und einer von Selbstverantwortung geprägten Kultur?

1. Als Einstieg ist eine Übung sinnvoll, die den Beteiligten verdeutlicht, welcher »Bruch mit der Vergangenheit« mit dem Übergang zu einer Selbstverantwortungskultur verbunden ist. Die Menschen müssen die Tragweite dieses Wechsels von ei-

ner hierarchischen zu einer von Selbstverantwortung geprägten Firmenphilosophie erkennen, und diese Übung kann ihnen dabei helfen.

Zeigen Sie Ihren Mitarbeitern eine Liste von Begriffen, die in der Regel in einer hierarchischen Kultur verwendet werden, sowie das jeweilige Pendant in der Selbstverantwortungskultur.

Hierarchische Kultur	Selbstverantwortungskultur
Planung	Visionsbildung
Anweisungs- und Kontrollorientierung	partnerschaftliche Leistungserbringung
Überwachung	Selbstbeobachtung
Reaktionsfähigkeit des Einzelnen	Teamverantwortung
Pyramidenstrukturen	abteilungsübergreifende Strukturen
Workflowprozesse	Projekte
Vorgesetzte	Coaches/Teamleiter
Untergebene	Mitarbeiter/Teammitglieder
partizipative Führung	autonome Teams
Befolgen von Anweisungen	unternehmerisches Denken
Gehorsam	gutes Urteilsvermögen

Initiieren Sie eine Diskussion über die Einstellungen und Verhaltensweisen, die zu den in der jeweiligen Kultur gebrauchten Begriffen passen. Meistens wird eine hierarchische Kultur so beschrieben: Die Arbeitnehmer tun, was man ihnen sagt, vermeiden Fehler, scheuen sich vor Verantwortung, beobachten ihren Chef ganz genau, versuchen, Probleme anderer in die Schuhe zu schieben, und konkurrieren mit anderen im Unternehmen. Dagegen ergreifen die Beschäftigten in einer Selbstverantwortungskultur die Maßnahmen, die sie für notwendig erachten, gehen Risiken ein, lernen aus ihren Fehlern, übernehmen freiwillig Verantwortung, überprüfen ihre eigene Arbeit, suchen Problemlösungen, wissen, wann Regeln gebrochen werden müssen, und arbeiten kollegial mit anderen im Unternehmen zusammen. Diese Übung zeigt ganz deutlich, welch großer Unterschied zwischen einer hierarchischen und einer von Selbstverantwortung geprägten Kultur besteht.

Nach dieser Übung stellen wir in der Regel noch folgende Frage: »Wer muss sich verändern, damit sich Ihr Unternehmen auf eine Selbstverantwortungskultur zubewegt – Manager oder Mitarbeiter?« Die Antwort lautet natürlich: Beide Seiten müssen sich verändern, weil ansonsten der Übergang zur Selbstverantwortung ins Stocken gerät bzw. ganz zum Erliegen kommt. Außerdem können Sie davon ausgehen, dass sowohl Teamleiter als auch Teammitglieder viel zu wenig Erfahrung mit dem Konzept der Selbstverantwortung haben, um es von einem Tag auf den anderen umsetzen zu können.

2. Leider sind schon allzu viele Selbstverantwortungsprogramme gescheitert, weil die Geschäftsleitung zu dem Schluss kommt, dieses Konzept höre sich gut an, und einfach verkündet, dass im Unternehmen jetzt selbstverantwortliches Handeln angesagt sei. Die Mitarbeiter an der Basis freuen sich darüber, dass sie jetzt auch bei der Arbeit »ihr Gehirn einschalten« dürfen, wissen aber nicht, wie sie sich in einer Selbstverantwortungskultur verhalten sollen. In der Terminologie der situationsbezogenen Führung befinden sie sich in Entwicklungsstufe 1 (hohes Engagement, aber wenig Kompetenz in Bezug auf die anstehende Aufgabe). Wenn sie in Teams arbeiten, befinden sie sich in der ersten Phase der Teamentwicklung (Orientierung). In beiden Fällen brauchen sie eigentlich viel dirigierendes Verhalten, bekommen aber von ihren Managern wenig Richtungsvorgaben oder Rückendeckung für den Wandel, da diese selbst oft nicht genau wissen, was sie tun sollen, um den Veränderungsprozess zur Selbstverantwortung voranzutreiben. In dieser Situation wird der Schwarze Peter häufig dem mittleren Management zugeschoben, doch handelt es sich hier in Wahrheit um ein Problem, das die Führungsspitze lösen muss. Topmanager dürfen nicht einfach nur einen Wandel zur Selbstverantwortungskultur verkünden und dann von der Bildfläche verschwinden. Vielmehr müssen sie die mittlere

Führungsebene dabei unterstützen, auf individueller und Teamebene den passenden Führungsstil einzusetzen, indem sie die Grenzen ziehen, die die Voraussetzung für eine erfolgreiche Umsetzung des Selbstverantwortungsgedankens sind. Außerdem müssen sie die Energien der Mitarbeiter auf der Unternehmensebene in die richtigen Bahnen lenken, indem sie sicherstellen, dass gute Entscheidungen bei Mitarbeitern auf allen Ebenen gewürdigt werden. Darüber hinaus müssen Topmanager mit kontinuierlichem dirigierendem und zusätzlichem sekundierendem Verhalten dafür sorgen, dass das Unternehmen auf Kurs bleibt, wenn einzelne Mitarbeiter oder ganze Teams die Phase der Desillusionierung erreichen.

3. Wie aus der eingangs beschriebenen Übung hervorgeht, können sich zwei verschiedene Szenarien entwickeln, wenn nicht von Anfang an klare Abgrenzungen vorgenommen werden. Erstens könnte Chaos ausbrechen, da Mitarbeiter sich die Freiheiten nehmen, die ihrer Meinung nach Selbstverantwortung mit sich bringt. Dies führt rasch zum Scheitern der Initiative, und die Geschäftsleitung schwenkt zur »Schadensbegrenzung« um. Dadurch setzt sich die hierarchische Kultur mit ihrem »Laisser-faire mit großem Knüppel« fort, was wiederum den Schluss nahelegt, dass es sich bei der Selbstverantwortung um ein fehlerhaftes Konzept handelt. Eine zweite Reaktion ist allerdings sehr viel typischer: Die Teammitglieder sind eher skeptisch und verhalten sich nicht anders als früher. Sie halten Selbstverantwortung einfach nur für die neueste Managementmode, die schon bald passé sein wird. Führungskräfte legen dies als Untätigkeit aus und kommen auch in diesem Fall zu dem Schluss, dass mit dem Konzept der Selbstverantwortung grundsätzlich etwas nicht stimmt. Wir wissen aus Erfahrung, dass sich Manager in allen Teilen des Unternehmens überlegen müssen, wie sie auf dem Weg von einer hierarchischen zu einer von Selbstverantwortung geprägten Kultur selbst zu Teamleitern werden können, die den Kompetenz- und Engagementbedürfnissen der Teammitglieder gerecht werden, ihre Informationsfragen beantworten

und die entstehenden Probleme in Bezug auf Produktivität und Arbeitsmoral der Teams lösen.

4. Die Reaktionen »Chaos« oder »Stillhalten« sind auf die mangelnden Kenntnisse vom Konzept der Selbstverantwortung zurückzuführen und auf die mangelnde Übung, in einem Umfeld zu arbeiten, das Mitarbeiter zu selbstverantwortlichem Handeln anregen soll. Für die meisten Menschen ist Selbstverantwortung ein völlig neuer Begriff, und ihre Wissenslücken müssen geschlossen werden, wenn sie dieses Ziel jemals erreichen sollen. Dabei spielen Abgrenzungen eine wichtige Rolle.

Nach dieser Beschreibung der paradoxen Situation, dass Autonomie nur durch neue strukturelle Grenzen als Richtschnur für das Handeln geschaffen werden kann, wollen wir uns nun den spezifischeren Fragen zuwenden, die vor allem in der ersten Veränderungsphase auftreten können. Bitte berücksichtigen Sie dabei, dass der Zweck von Abgrenzungen in einer von Selbstverantwortung geprägten Umgebung (im Gegensatz zur Hierarchie) nicht etwa ist, die Handlungsmöglichkeiten der Mitarbeiter einzuschränken, sondern im Gegenteil Freiräume schaffen soll, innerhalb deren die Beschäftigten klar definierte Verantwortung übernehmen können.

Warum sind klare Abgrenzungen in dieser frühen Phase hilfreich?

1. Ein wichtiger Grundsatz situationsbezogener Menschenführung lautet, dass es leichter ist, die Zügel zu lockern als anzuziehen. Auf dem Weg zur Selbstverantwortungskultur scheint es auf den ersten Blick nahe zu liegen, eher weniger als mehr Struktur anzubieten. Da jedoch nur wenige Menschen Erfahrungen in einem von Selbstverantwortung geprägten Umfeld gesammelt haben, mündet dieser Versuch in der Regel in einer Katastrophe. Wenn sich ein Fehlschlag abzeichnet und die Geschäftsleitung eine strengere Gangart einschlägt und Gren-

zen zu diktieren beginnt, werden sich die Mitarbeiter dagegen sträuben, selbst wenn diese Abgrenzungen sinnvoll sind.

2. Wir raten Führungskräften stets, dass es anfangs besser ist, Mitarbeiter zu viel statt zu wenig zu beaufsichtigen, vor allem wenn die Führungskräfte selbst noch nicht sicher sind, wie viel Kontrolle nötig ist. Der Grund: Wenn Mitarbeiter besser sind, als Sie erwartet hatten, und Sie Richtungsvorgaben und Strukturen lockern, werden sie darauf positiv reagieren. Sie werden sich darüber freuen, dass Sie ihre Kenntnisse und wachsende Fähigkeit zum selbstverantwortlichen Handeln bemerkt haben. Daher wird im Modell der situationsbezogenen Führung empfohlen, in den frühen Phasen des Veränderungsprozesses mit Führungsstil 1 (viel dirigierendes und wenig sekundierendes Verhalten) zu beginnen und dann zu Führungsstil 2 und 3 (viel dirigierendes und viel sekundierendes Verhalten bzw. wenig dirigierendes und viel sekundierendes Verhalten) überzuwechseln, bevor man Führungsstil 4 (wenig dirigierendes und wenig sekundierendes Verhalten) einführt, der am besten zum angestrebten Ziel der Selbstverantwortungskultur passt.

Welche Abgrenzungen sind in dieser frühen Phase erforderlich und besonders wirksam?

1. Sie müssen unbedingt zwischen Grenzen in einer Hierarchie und Grenzen in einem von Selbstverantwortung geprägten Umfeld unterscheiden. Mit den Grenzen in einer Hierarchie sind die meisten von uns vertraut. Sie zeigen uns, was wir nicht tun dürfen. Mit anderen Worten: Sie schränken unser Verhalten ein. Denken Sie beispielsweise an das berühmte »Abzeichnen«: Mitarbeiter müssen Unterschriften von Vorgesetzten einholen, bevor sie tätig werden dürfen. Die Grenzen in einer Selbstverantwortungskultur hingegen sollten klären, welche Maßnahmen und Entscheidungen Teammitglieder übernehmen dürfen. Diese Grenzen lenken und fördern also ein verantwortungsbewusstes Verhalten seitens der Beschäftigten. Eine klare Maßgabe wie beispielsweise »Entgegenkommen

den Kunden gegenüber« dient als Richtschnur für das Handeln, hindert aber die Teammitglieder nicht daran, selbst zu entscheiden, welche Maßnahmen in einer bestimmten Situation die geeigneten sind. Diesen philosophischen Unterschied müssen Teammitglieder und Teamleiter unbedingt verstehen. Denken Sie darüber nach, welche Leistungen die Mitarbeiter erbringen müssen, vermitteln Sie eindeutig Ihre Erwartungen und gewähren Sie dann den nötigen Freiraum, damit sie unter Einsatz ihrer Talente diese Ziele erreichen können. Diesem Zweck dienen Abgrenzungen in der ersten Phase des Veränderungsprozesses in Richtung Selbstverantwortung.

2. Sie müssen unbedingt klarstellen, dass die Teammitglieder nicht alle Entscheidungen für das Unternehmen treffen werden – vor allem nicht zu Beginn des Veränderungsprozesses. Als Neulinge auf diesem Gebiet (was die meisten von uns sind) glauben Teammitglieder und Teamleiter bisweilen irrtümlich, selbstverantwortliches Handeln sei gleichbedeutend mit einem Mitspracherecht bei *allen* Unternehmensentscheidungen. Umgekehrt befürchten Topmanager, dass sie die Kontrolle verlieren, wenn sie den Mitarbeitern alle Entscheidungen überlassen bzw. stets am Entscheidungsprozess beteiligen. Wenn die Mitarbeiter im Laufe der Zeit herausfinden, dass sie nicht alle Entscheidungen treffen dürfen, fühlen sie sich meist hintergangen und beginnen am Prinzip der Selbstverantwortung zu zweifeln. Häufig halten sie dies dann für eine weitere Taktik des Managements, die nur dazu dienen soll, ihnen noch mehr Arbeit aufzubürden. Daher muss der Umfang der Entscheidungsbefugnisse unbedingt von vornherein klargestellt werden, um das verantwortliche Handeln der Beschäftigten in die richtigen Bahnen zu lenken und zugleich auch das durch Informationsaustausch aufgebaute Vertrauen nicht zu gefährden.

3. Anfangs sollten Sie sich zunächst auf zwei Entscheidungskategorien konzentrieren: strategische und operative Entscheidungen. Sie müssen klarstellen, dass strategische Entscheidungen auch weiterhin von der Unternehmensleitung getroffen wer-

den. Das Topmanagement entscheidet auch in Zukunft über die zu bedienenden Märkte, die anzubietenden Produkte und Dienstleistungen, Preise und Gewinnspannen, den Produkt- und Dienstleistungsmix, Finanzierungskonzepte etc. Teammitgliedern werden dagegen operative Entscheidungen anvertraut, wobei der Schwerpunkt zunächst auf weniger komplexen Entscheidungen liegt und sich dann zunehmend auf schwierigere Themen verlagert. So könnten Mitarbeiter anfangs gebeten werden, Entscheidungen zur Arbeitsplatzsicherheit, zur Instandhaltung und Wartung sowie zur Messung der Arbeitsqualität und Kundenzufriedenheit im konkreten Kontext ihrer Tätigkeit zu treffen.

4. Erklären Sie den Beschäftigten, in welchem Geschäftsfeld Ihr Unternehmen tätig ist und welchen Geschäftszweck Sie neben der Erwirtschaftung eines Gewinns und einer Rendite für die Aktionäre verfolgen. Wie erfüllen die Produkte und/oder Dienstleistungen des Unternehmens die Bedürfnisse der Kunden? Geben Sie den Mitarbeitern einen Überblick, der ihnen die Bedeutung und den Sinn ihrer Arbeit vor Augen führt. Es ist für die Beschäftigten hilfreich zu verstehen, wo sie sich selbst in diesem übergeordneten Zusammenhang befinden. Anders ausgedrückt: Welcher kleine Teil des Gesamtbildes entfällt auf sie? Wie passen die einzelnen Puzzlesteine des Unternehmens zusammen, und welches ist ihr Teil in diesem Puzzle? Eine Reihe von Veranstaltungen, in denen die Mitarbeiter Fragen zur Klärung der Vision stellen und Vorschläge vorbringen können, ist ein sehr effektiver Weg, um allen im Betrieb ein sinnvolles Zukunftsbild zu zeigen und zwischen Vorgesetzten und Untergebenen einen Dialog in Gang zu setzen, der sie in Teamleiter und Teammitglieder verwandeln wird.

Der Geschäftsleitung eines Energieversorgers bereitete die Kosteneindämmung großes Kopfzerbrechen, da ihre Branche sich auf dem Weg in die Deregulierung befand. Sie erklärte allen Beschäftigten unmissverständlich, dass Kostenreduzierungen Priorität hätten.

Als Fernmeldetechniker, Kundendienstmitarbeiter und andere Mitarbeitergruppen nachzufragen begannen, worum es eigentlich bei dieser Kosteneindämmung gehe, klärten die Führungskräfte sie darüber auf, wie sich »Kostenkontrolle« konkret auf ihren jeweiligen Arbeitsplatz auswirkte. Dank detaillierter Richtlinien begannen die Mitarbeiter in allen Teilen des Unternehmens die Kosten zu beeinflussen und erhebliche Einsparungen für das Unternehmen zu realisieren.

5. Sobald den Mitarbeitern im ersten Schritt auf dem Weg zu mehr Selbstverantwortung mehr Informationen an die Hand gegeben wurden, sind sie auch bereit, die Vision des Unternehmens kennen zu lernen und zu verstehen. Dazu müssen sie sich mit dem Geschäftszweck beziehungsweise der Mission des Unternehmens, seinen Werten und seinem Image vertraut machen. Wie James Collins und Jerry Porras in ihrem bekannten Buch *Visionary Companies* erläutern, müssen Firmen zur Sicherung ihres langfristigen Überlebens eine grundsätzliche Philosophie entwickeln, die bestimmte Kernwerte und -ziele festlegt.[1] Natürlich ist für den Aufbau einer solchen Philosophie, an der sich Menschen, Pläne und Maßnahmen orientieren, über die reine Festlegung hinaus erforderlich, dass alle Mitarbeiter im Unternehmen sich mit ihr identifizieren können. In ihrem Buch *Die neue Management-Ethik* erläutern Ken Blanchard und Michael O'Connor, wie das Topmanagement in einem Top-Down-Prozess diese Werte vermitteln muss.[2] Die Führungsspitze muss bei der Definition der Unternehmensziele, der Wertvorstellungen und des Images einer durch Selbstverantwortung charakterisierten Organisation eine Vorreiterrolle spielen. Danach werden in allen Teilen des Unternehmens Gruppen gebildet, die Feedback liefern, Fragen stellen, geeignete Veränderungen vornehmen und für Engagement werben sollen. Wie die nachstehende Abbildung zeigt, handelt es sich bei diesem Schritt in erster Linie um eine wertorientierte Bottom-up-Ergänzung zu dem oben erwähnten Top-Down-Prozess.[3] Mitarbeiter in allen Organisationseinheiten werden gebeten, ihre eigene Vision für das Unterneh-

men zu formulieren. Die nächste Aufgabe besteht darin, die unterschiedlichen Visionen zusammenzuführen. Sobald die Vison klar definiert ist, muss sie in der aktuellen Unternehmensrealität verankert werden. Wenn das Unternehmen seine Mitarbeiter zu mehr Selbstverantwortung führen will, ist die gegenwärtige Firmenkultur vermutlich hierarchisch. Schließlich müssen Strategien entwickelt werden, die für Mitarbeiter und Organisation eine Brücke zwischen der augenblicklichen Realität und der Zukunftsvision schlagen können.

6. Sobald Einigung über Unternehmensziele, Wertvorstellungen und Image erzielt wurde, muss ein einheitliches und klares Engagement in der gesamten Organisation sichergestellt werden. Um dies zu erreichen, ist ein Kommunikationsprozess notwendig, in dem Topmanager die Kernwerte vorstellen, die das Verhalten des Einzelnen, der Teams und der Organisation lenken sollen. Sie sollten auch zeigen, wie Unternehmensziele, Werte und Image ihr eigenes Verhalten bestimmen, und darauf hinweisen, dass auch von allen übrigen Mitarbeitern erwartet wird, dass sie ihr Verhalten an diesen Werten ausrichten. Die einheitliche Ausrichtung von Werten, Verhaltens- und Vorgehensweisen ist hier von entscheidender Bedeutung. Es ist natürlich immer gut, wenn Topmanager den Anfang machen und als Vorbilder fungieren. Auf jeder Ebene der Organisation muss ein sichtbares Belohnungs- und Sanktionssystem das gewünschte Verhalten verstärken. Andernfalls werden die Mitarbeiter die Wertedeklaration für eine Lüge der Geschäftsleitung halten. Darüber hinaus müssen die kommunizierten Werte auch mit der durch Informationsaustausch und andere Maßnahmen vermittelten Botschaft übereinstimmen. Welchen Eindruck bekommen die Mitarbeiter wohl, wenn Kostenkontrolle zu den erklärten Zielen des Unternehmens gehört und der Firmenchef einige Tage, nachdem Entlassungen vorgenommen wurden, in einem neuen Sportwagen vorfährt, den die Beschäftigten für einen Firmenwagen halten werden, selbst wenn dies nicht der Fall ist?

Eine überzeugende Grundphilosophie

ist proaktiv	ist zukunftsorientiert	inspiriert

dreht sich um »fantastische« Leistungen

stellt eine Herausforderung dar

appelliert an hohe Werte spricht emotional und intellektuell an

Entwicklung durch einen wechselseitigen Prozess

An Werten orientierter Top-Down-Prozess

Topmanagement:

1. Unternehmensziele, Werte und
   Image festlegen

2. Unternehmensziele, Werte und
   Image im gesamten Unternehmen kommunizieren

3. Gruppen um Feedback,
   Veränderungen bitten    **An Werten orientierter
   Bottom-Up-Prozess**

   1. Team-/Einzelvisionen
      entwickeln

   2. Visionen in alle Richtungen
      abstimmen

   3. Visionen in der heutigen
      Realität verankern

   4. Strategien als Brückenschlag
4. Feinabstimmung zur    zur Realität entwickeln
   endgültigen Erklärung

5. Unterstützungsmaßnahmen
   kommunizieren und erklären

W. L. Gore & Associates gehört zu den Unternehmen, die klare Werte als Richtschnur für das Verhalten ihrer Beschäftigten angeben. Vier Kernwerte dienen in dieser Firma als Basis für alle Entscheidungen und Maßnahmen. Die Einhaltung dieser Werte wird von Mitarbeitern auf allen Ebenen erwartet. Es handelt sich dabei um vier einfache, aber wirkungsvolle Verhaltensrichtlinien:

1. *Fairness:* Setzen Sie sich für die Einhaltung der Grundsätze der Fairness ein.
2. *Versprechen:* Halten Sie Ihre Versprechen stets ein.
3. *Freiheit:* Wachsen Sie über Ihren derzeitigen Aktionsrahmen hinaus.
4. *Wasserspiegel:* Ein Leck über dem Wasserspiegel lässt das Schiff nicht sinken.

Der mit dem Wort »Wasserspiegel« umschriebene Wert spielt bei der Entwicklung zur Selbstverantwortung eine zentrale Rolle. Mitarbeiter von W. L. Gore & Associates können und sollen eigenständige Entscheidungen treffen, solange sie über dem Wasserspiegel liegen. Dagegen können Entscheidungen darunter das Unternehmen finanziell oder im Hinblick auf wichtige Geschäftsbeziehungen in Gefahr bringen und das Schiff untergehen lassen.

W. L. Gore & Associates nutzt diese Kernwerte seit mehr als 30 Jahren zur Sicherung seiner Rentabilität und erwirtschaftet auf dieser Basis einen Jahresumsatz von über 2 Milliarden Dollar.

Ein Gegenbeispiel, das den Unterschied zwischen Worten und Taten veranschaulicht, lieferte eine Einzelhandelskette, die Ehrlichkeit und Integrität zu zentralen Werten erklärte. In den Geschäften tauchte aber zur Mittagszeit gelegentlich ein hochrangiger Manager auf und verlangte vom Geschäftsführer, er solle ein frisches Sandwich als »nicht mehr verkäuflich« kennzeichnen, damit er es verspeisen könne. Das war Betrug – und alle Mitarbeiter wussten das!

Ab wann sollten wir Abgrenzungen nutzen, um den Weg zur Selbstverantwortung zu weisen?

1. Sobald Mitarbeiter wichtige Unternehmensinformationen erhalten und die damit verbundene Verantwortung tragen, müssen klare Grenzen gezogen werden. Die Mitarbeiter werden wissen wollen, wie sie diese neuen Informationen interpretieren und in der Praxis nutzen sollen. Sie werden fragen,

welche Gegenleistungen von ihnen für den Zugang zu neuen Informationen verlangt werden.

2. Wie bereits erläutert, bereitet der Informationsaustausch den Boden für ein neues Verantwortungsbewusstsein seitens der Mitarbeiter und für ein verbessertes Vertrauensverhältnis zwischen Teammitgliedern und Teamleitern. Im Gegensatz zu einer hierarchischen Organisation brauchen die Mitarbeiter Richtlinien, um verantwortungsvoll mit den ihnen anvertrauten Informationen umgehen zu können. Nur dann kehren keine chaotischen Zustände ein und wird deutlich, dass in einer Selbstverantwortungskultur Untätigkeit keine akzeptable Verhaltensweise ist.

Ein Dienstleistungsunternehmen startete die Initiative für eine von Selbstverantwortung geprägte Organisation mit dem Versuch, eine Vision für eine neue Unternehmenskultur zu formulieren. Als dieser Prozess im Sande verlief, stimulierten ihn die Führungskräfte neu, indem sie den Mitarbeitern Informationen über das Unternehmen und seinen rückläufigen Marktanteil gaben. Durch diesen Informationsaustausch entstanden Verantwortungsbewusstsein und Vertrauen: Die Mitarbeiter begannen aus eigenem Antrieb zu fragen, wie sie zu einer Verbesserung der Situation beitragen könnten. Im Grunde lief das auf eine Bitte nach Richtlinien oder Strukturen hinaus. Als die Führungsspitze daraufhin nochmals ihre Vision präsentierte, die Verbesserungsziele klarstellte und Wege zur Gewinnung von Marktanteilen durch Qualitätssteigerungen in den operativen Abläufen diskutierte, erhielten die Beschäftigten eine greifbare Vorstellung von den in sie gesetzten Erwartungen. Jetzt waren sie auch in der Lage, selbstverantwortlich zu handeln und die Probleme des Unternehmens anzupacken.

Gibt es arbeitsbezogene Abgrenzungen, die in der Frühphase einer Selbstverantwortungskultur herangezogen werden sollten?

1. Neben den übergeordneten, längerfristigen Abgrenzungen, die sich aus Unternehmenszielen, Werten und Vision ergeben, müssen Sie auch Grenzen ziehen, die den Mitarbeitern von

ihrer Art her vertraut sind. Hier bieten sich als Ausgangspunkt vor allem Leistungsvorgaben für die Beschäftigten an. Allerdings sollte die Zielfestlegung jetzt ein kooperativer Prozess sein, der im Dialog zwischen Führungskräften und Mitarbeitern abläuft. Anweisungen sind nie so effektiv wie einvernehmlich festgelegte Ziele. Damit die gewählten Ziele auch nützlich, sinnvoll und motivierend sind, sollten jeweils fünf Schlüsselfragen beantwortet werden, die mit dem Akronym »SMART« umschrieben werden können:

S = Spezifisch: »Was werde ich tun?«
M = Motivierend: »Welchen Vorteil habe ich davon?«
A = Ausführbar: »Ist das Ziel realistisch?«
R = Relevant: »Warum tue ich das?«
T = Transparent: »Wie werde ich den sukzessiven Fortschritt messen?«

Da die Zielfestsetzung kollegial zwischen Teammitgliedern und Führungskräften erfolgen muss, sollte nach einer Diskussion auch Einigung darüber erzielt werden können, wie Mitarbeiter und Leiter zusammenarbeiten werden, um die vereinbarten Einzelziele zu erreichen. Hilfreich sind dafür insbesondere eine Leistungspartnerschaft, die Kenntnis der Grundsätze der situationsbezogenen Selbststeuerung seitens der Mitarbeiter sowie die der situationsbezogenen Menschenführung seitens ihrer Manager. Teammitglieder müssen dabei in der Lage sein zu beurteilen, welche Anforderungen sie an das Management haben, um die Aufgabe erfüllen zu können. Dann legen sie zusammen mit den Teamleitern fest, welcher Führungsstil gewählt werden muss, um den Teammitgliedern bei der Erreichung des betreffenden Ziels behilflich zu sein.

Die Budgetplanung ist ein interessantes Beispiel dafür, wie durch klare Zielesetzung und eindeutige Arbeitsbeziehungen das erwünschte Ergebnis erreicht werden kann. Wenn das Budget angepasst werden muss, erklärt das Management den Beschäftigten nicht nur, wie viel sie einsparen müssen, sondern auch, welche Posten sich dafür anbieten: Schulungs- und Reisekosten sind beliebte Sparkandidaten, Stromkosten eher weniger. Ein Unternehmen setzte in seinem Ansatz das Prinzip kooperativer Ziele und Problemlösungen besonders konsequent um. Bei Engpässen im Budget wurden den Mitarbeitern detaillierte Informationen vorgelegt. Die Führungskräfte erklärten beispielsweise:»In diesem Quartal laufen die Geschäfte nicht so gut. Wir müssen daher unsere Kosten um 4 Prozent reduzieren, wenn wir die Budgetvorgaben einhalten wollen. Was schlagen Sie vor?« Die Beschäftigten konnten in erstaunlich vielen Fällen mit Ideen für Kosteneinsparungen und Umsatzsteigerungen aufwarten, die das Management niemals in Erwägung gezogen hätte. So schlugen sie beispielsweise neue Versandmethoden vor, um Eilzuschläge zu vermeiden, oder empfahlen Nachfragen beim Kunden zum Erhalt der Sendungen als Möglichkeit, weitere Kundenwünsche zu identifizieren und so zusätzlichen Umsatz für das Unternehmen zu generieren. Die Teammitglieder kannten die Ziele und entwickelten unternehmerisches Denken, um Lösungen zu finden.

2. Ein weiteres wirksames Instrument zur klaren Definition von Verantwortlichkeiten und Prioritäten ist der von John Carlos und seinen Kunden entwickelte *Top Ten Planer*.[4] Dabei handelt es sich im Wesentlichen um eine strukturierte Methode zum Abgleichen der Ziele, die einzelne Mitarbeiter für wichtig halten, mit den Zielen, die ihre Chefs für die betreffende Person für wichtig halten. Dabei müssen die Angestellten aufschreiben, was ihrer Meinung nach ihre zehn wichtigsten Aufgaben sind. Auch ihre Vorgesetzten erstellen eine solche Liste. Dann werden beide Listen verglichen und entsprechend abgestimmt. Dieser Prozess ist in zweifacher Hinsicht hilfreich. Erstens führt die Zielabgleichung zu effizienter Arbeit an den richtigen Aufgaben. Zweitens trägt der damit verbundene Dialog zur Vertrauensbildung zwischen Teammitgliedern und Managern bei und motiviert die Beschäftigten, auf die vereinbarten Ziele hinzuarbeiten.

Wenn wir den *Top Ten Planer* zum ersten Mal bei unseren Kunden einsetzen, führt dies zu einem interessanten Lernprozess. Es besteht häufig eine Diskrepanz zwischen dem, was die Mitarbeiter für ihre dringlichsten Tagesaufgaben halten, und dem, was der Chef von ihnen erwartet. Oft stimmen die beiden Listen nur zu 25 bis 30 Prozent überein. Diese mangelnde Kongruenz führt im Unternehmen zu etlichen Problemen und spiegelt die unangenehme Erfahrung der Mitarbeiter wider, für etwas verantwortlich gemacht zu werden, von dem sie gar nicht wussten, dass es zu ihren Aufgaben gehöre. Punkte, die auf der Liste des Mitarbeiters, nicht aber auf der des Chefs erscheinen, können reine Zeitvergeudung sein. Es kann sich aber auch um Aufgaben handeln, die eigentlich in die Liste des Vorgesetzten aufgenommen werden sollten. Andererseits führen Punkte, die der Chef, aber nicht der Mitarbeiter in seiner Liste aufschreibt, zu Enttäuschungen und Ressentiments seitens der Führungskräfte. Wenn Teamleiter und Teammitglieder sich in einer Diskussion auf eine gemeinsame Zehn-Punkte-Liste einigen, kann dies zu deutlichen Produktivitätsfortschritten führen und die für eine Selbstverantwortungskultur nötige Verantwortungsbereitschaft fördern.

3. In dieser frühen Phase des Veränderungsprozesses fällt es den Mitarbeitern oft noch schwer, Ziele zu identifizieren. Dennoch können sie auf der Basis der neuen Informationen und ihrer beruflichen Erfahrungen und Kenntnisse durchaus mit einigen guten Ideen für mögliche Ziele aufwarten, die zu Leistungssteigerungen und zur Erreichung von Unternehmenszielen und -visionen beitragen. Wir wissen aus Erfahrung, dass Mitarbeiter, die durch sinnvolle Arbeit gute Ergebnisse erzielen, mehr Selbstwertgefühl entwickeln und folglich auch eher bereit sind, mehr Verantwortung zu übernehmen. Bemühungen in diese Richtung lohnen sich also mit Sicherheit. Entweder ergeben sich daraus gute Ideen (auch wenn Sie anfangs möglicherweise hartnäckig nachfragen müssen), die als Anreiz für selbstverantwortliches Verhalten dienen können, oder weniger erfolgreiche Ideen werden zur sinnvollen Lernerfahrung für Mitarbeiter und Manager. Führungskräfte können erläutern, weshalb ein vorgeschlagenes Ziel keine entscheidende Rolle spielt oder nicht zwingend aus den vorgelegten Informationen folgt, und so das Team fachlich weiterbilden und die soziale Kompetenz des

Leiters fördern. Beides hilft auf dem Weg zur Selbstverantwortung.

In einer Spedition wurde jede Abteilung gebeten, ein oder zwei Ziele aufzuschreiben, die zu einer Verbesserung der Finanzlage des Unternehmens beitragen könnten. Daraus ergaben sich viele motivierende Denkanstösse. Die Beschäftigen waren engagiert, weil sie das Gefühl hatten, an einer übergeordneten Aufgabe mitzuwirken. Im Rechnungswesen lag der Schwerpunkt ihrer Ziele auf Genauigkeit, der Durchlaufzeit von Forderungen und der Verarbeitungseffizienz. Die Lkw-Fahrer legten Ziele für niedrigeren Kraftstoffverbrauch, geringere Unfallquoten und bessere Fahrzeugwartung fest. Durch Informationsaustausch konnten sie Basiswerte für jede Größe bestimmen, Verbesserungsvorschläge formulieren und dann die Verantwortung für das Erreichen dieser Vorgaben übernehmen. Anfangs wurden zuweilen unrealistische Ziele oder Vorgaben für unwichtige Punkte beschrieben, doch im Laufe der Zeit lernten die Mitarbeiter mit Hilfe der Führungskräfte, wie man sinnvolle Ziele vorgibt. Diese Mitwirkung an der Lösung der Probleme im Unternehmen führte zu einer sehr hohen Motivation.

Welche neuen Fertigkeiten müssen sich Mitarbeiter für eine Selbstverantwortungskultur aneignen?

1. Wie bereits angesprochen, benötigen selbstverantwortlich handelnde Mitarbeiter ganz andere Fertigkeiten als ihre Kollegen, die in einem hierarchischen Umfeld arbeiten. In einer von Selbstverantwortung geprägten Organisation müssen die Menschen lernen, weitaus mehr Verantwortung zu übernehmen und sich in stärkerem Maße selbst zu managen. Daher ist Weiterbildung ein integraler Bestandteil des Übergangs zu einer Selbstverantwortungskultur. Weiterbildung ist dann ein erklärtes Ziel, keine fakultative Option mehr. Manager, die Qualifizierungsmaßnahmen nicht unterstützen (indem sie beispielsweise Mitarbeiter in allerletzter Minute aus Schulungskursen abziehen) oder sich gegen die in Seminaren vermittelten Verhaltensweisen sperren, müssen durch Coaching zu einer Änderung ihrer *eigenen* Einstellungen und Verhaltensweisen veranlasst werden. Aussagen wie diese sind bei

Führungskräften nicht akzeptabel: »Seminare sind gut und schön, aber im richtigen Leben hier am Arbeitsplatz werden die Dinge so gemacht, wie ich es sage!« Wenn ein Unternehmen seine Mitarbeiter zu selbstverantwortlichem Handeln bringen möchte, müssen Schulungen zur Anwendung neuer Fähigkeiten in den Tagesaufgaben führen. Dazu sind Anstrengungen vor, während und nach dem Seminar nötig.

In einem auf Internetserver spezialisierten Unternehmen, in dem wir einige Schulungskurse durchführten, wirkten die Seminarteilnehmer recht gelangweilt. Wir fragten nach dem Grund. Die Antwort lautete: »Wir sind hier, weil wir einen Nachweis brauchen, dass wir an einem Kundenserviceprogramm teilgenommen haben.« Daraufhin fragten wir: »Müssen Sie denn nichts anders machen, wenn Sie zurück an Ihren Arbeitsplatz kommen?« Die Teilnehmer sagten: »Nein, wir müssen nur belegen, dass wir hier waren!« Uns lag es auf der Zunge zu sagen: »Na schön, Sie haben sich bereits in die Liste eingetragen, was beweist, dass Sie hier waren. Dann können Sie jetzt ja gehen.« Stattdessen begannen wir mit der Gruppe zu erörtern, was geschehen könnte, wenn sie einige der vorgestellten Ideen tatsächlich in die Praxis umsetzen würden. Dies führte zu einer fruchtbaren Diskussion, aber der Schulungskurs war weniger effektiv, als er hätte sein können.

In der Erziehung zur Selbstverantwortung sind ganz andere Schulungsmaßnahmen erforderlich als in obigem Beispiel. Die Mitarbeiter müssen bereits vor Beginn des Seminars wissen, weshalb sie teilnehmen und und welche Lernfortschritte von ihnen erwartet werden. Nach dem Kurs müssen Führungskräfte nachfragen: »Wie können Sie dieses Wissen an andere weitergeben, und wie können wir Ihre neuen Fähigkeiten am Arbeitsplatz nutzen?« Der wichtigste Aspekt in diesem Zusammenhang ist die Verantwortung des Mitarbeiters für den Lern- und Veränderungsprozess. Ohne diese Verantwortung bleibt der Übergang zur Selbstverantwortung reines Wunschdenken.

2. Besonders wichtig ist es, die Mitarbeiter darin auszubilden, mit den neuen Informationen, die sie nun erhalten, sinnvoll

umzugehen. Wenn sie Geschäftsinformationen interpretieren und nutzen sollen, müssen man ihnen zunächst beibringen, was diese Informationen bedeuten. Sie müssen über die Grundlagen des Rechnungswesens und Bewertungsgrößen für die Effektivität eines Industrie- oder Dienstleistungsunternehmens aufgeklärt werden. Wenn Mitarbeiter nicht wissen, wie solche Informationen zu lesen sind, werden sie ihnen natürlich nichts nützen. Schlimmer noch: Sie können ihr Vertrauen in das Unternehmen und die Führungsspitze noch weiter erschüttern.

> Ein Lebensmittelhersteller erteilte der örtlichen Universität den Auftrag, seinen Mitarbeitern während der Arbeitszeit betriebswirtschaftliches Basiswissen zu vermitteln. Die Dozenten kamen einmal wöchentlich ins Werk, um die Arbeiter in die Grundlagen von Rechnungs- und Finanzwesen, Ökonomie, Produktionswirtschaft und Qualitätswesen einzuführen. Diese Vorträge wurden durch Diskussionsrunden ergänzt, deren Gegenstand vom Topmanagement vorgestellte tatsächliche Unternehmensdaten waren.

3. Als neue Partner im Geschäftsprozess müssen Mitarbeiter auf allen Organisationsebenen auch lernen, wie ihr spezielles Unternehmen seine Geschäfte betreibt. Sie müssen verstehen, wie Umsatz und Gewinn in den üblicherweise von der Geschäftsleitung vorgestellten Finanzberichten berechnet und ausgewiesen werden. Sie müssen lernen, wie der Marktanteil definiert ist, wie die Gesamtkapitalrentabilität berechnet wird und wofür diese Informationen eingesetzt werden. Sie müssen vermittelt bekommen, wie man Daten über Ausschuss- und Fehlerquoten interpretiert und Produktionsdatenübersichten und -grafiken liest. Sie müssen den Unterschied zwischen Service und Dienstleistungen begreifen. Sie müssen lernen, Kundenservice aus der Perspektive der Kunden und nicht aus der Sicht der Marketingabteilung zu beurteilen. Geschäftspartnern müssen die gleichen Informationen zur Verfügung gestellt werden, wenn sie partnerschaftlich an wichtigen operativen Geschäftsentscheidungen mitwirken

sollen. Beantworten Sie folgende Fragen für sich: Welche Informationen besitze ich als Manager, die Mitarbeitern nicht zugänglich sind? Wie können wir den Beschäftigten beibringen, was diese Informationen bedeuten und wie sie für wichtige Geschäftsentscheidungen genutzt werden können?

4. Denken Sie daran, dass es nicht zu der angestrebten Selbstverantwortungskultur passt, Mitarbeiter ihr Gesicht verlieren zu lassen. Wenn Manager sich eine Blöße geben, lassen sie das oft an ihren Mitarbeitern aus. Wenn Manager ihre Mitarbeiter in eine Situation bringen, in der sie wie Einfaltspinsel dastehen, haben diese viele Möglichkeiten, um sich zu rächen. Wollen wir das? Mitarbeiter, die ihre wichtigste Aufgabe darin sehen, dem Unternehmen Kränkungen heimzuzahlen? Chefs, die infolge ihrer Frustrationen ihre Untergebenen malträtieren? Natürlich nicht. Was wir wollen, sind Mitarbeiter, die sich über ihre Leistungen, ihre Produktivität und ihr Know-how freuen, und Führungskräfte, die Gefallen daran finden, kollegial mit den Beschäftigten zusammenzuarbeiten. Teamleiter und Teammitglieder wollen ganz genau wissen, was von ihnen erwartet wird und wie sie von der neuen Selbstverantwortungskultur profitieren werden. Sie werden befürchten, dabei auf der Strecke zu bleiben. Die Furcht ist bei mittleren Managern und Gruppenleitern unter Umständen noch stärker ausgeprägt als bei den Mitarbeitern an der Basis. Daher müssen Weiterbildungsmaßnahmen konzipiert werden, die sowohl Mitarbeitern als auch Führungskräften zeigen, was ihnen in einer Selbstverantwortungskultur zum Erfolg verhilft. In einem von Selbstverantwortung geprägten Umfeld zu arbeiten ist eine neue Aufgabe, bezüglich der die Beteiligten wenig Erfahrungen und Fertigkeiten haben. Deshalb müssen die Schulungsmaßnahmen so konzipiert werden, dass sie den Wissensstand für die Arbeit in dem neuen Klima verbessern.

5. Wenn das Verständnis der Mitarbeiter für die Vorgänge im Unternehmen wachsen soll, müssen die Manager der mittleren Führungsebenen ihre Aufgaben neu definieren. Einen Unternehmensbericht selbst zu lesen und zu verstehen ist eine Sa-

che. Anderen zu erklären, wie derartige Informationen zu verwenden und zu interpretieren sind, ist etwas ganz anderes. Doch genau dies gehört nun zu den Aufgaben der Führungskräfte auf den mittleren Managementebenen. Deshalb müssen sie ausgebildet werden, andere Menschen Theorien und Fähigkeiten zu lehren. Sie werden zunehmend zum Coach, Dozent und Mentor. Viele mittlere Manager haben diese Fähigkeiten im hierarchischen Umfeld nie gelernt. Wie wir nur zu gut wissen, ist es etwas ganz anderes, ob man etwas selbst tut oder anderen beibringen muss: »Pädagogen« benötigen ganz andere Fähigkeiten als »Praktiker«.

Was erwarten die Mitarbeiter vom neuen Entscheidungsprozess?

1. Mitarbeiter in allen Teilen der Organisation werden *nicht* primär strategische Entscheidungen für das Unternehmen treffen. Es wird nicht ihre Aufgabe sein, darüber zu bestimmen, welche neuen Märkte das Unternehmen betreten, welche neuen Produkte es einführen und welche neuen Fertigungsverfahren mit hohem Investitionsbedarf es nutzen sollte. Vielmehr sollen sich die Beschäftigen vor allem darauf konzentrieren, wie der Betriebsauflauf so verbessert werden könnte, dass beispielsweise Kosten reduziert werden, weniger Fehler auftreten, die Qualität verbessert wird oder Ausfallzeiten minimiert werden. Ferner muss ganz deutlich gemacht werden, dass die Verbesserung dieser betrieblichen Angelegenheiten als Pflicht aller Beschäftigten und nicht als »nettes Beiwerk, wenn es Ihre Zeit erlaubt« betrachtet wird. Letztendlich ist hier ein Belohnungs- und Sanktionssystem nötig, das diese Bemühungen unterstützt und verstärkt.

2. Die Mitarbeiter werden wissen wollen, was sie in den frühen Phasen auf dem Weg zur Selbstverantwortung tun dürfen und was nicht. Das Topmanagement muss aufzeigen, wo der größte Verbesserungsbedarf im operativen Bereich besteht, und die Energie der Mitarbeiter anfangs auf diesen Bereich lenken. Wo

sind Verbesserungen am dringlichsten – bei der Kostenkontrolle, den Qualitätssteigerungen, der Minimierung von Materialabfällen oder der Reduzierung der Ausfallzeiten? Durch die klare Definition von Schwerpunkten werden Mitarbeiter in die Lage versetzt, durch Einsatz ihrer Kenntnisse, Erfahrung und Motivation wichtige geschäftliche Anforderungen zu erfüllen und Ergebnisse zu erzielen. Darüber hinaus beweisen diese konzertierten Maßnahmen Führungskräften wie Mitarbeitern gleichermaßen, dass Selbstverantwortung dem Unternehmen tatsächlich konkrete Vorteile bringt.

3. Es ist hilfreich, eine Prioritätenliste zu erstellen, nach der sich die Mitarbeiter richten können. Sie dient nicht nur in ihren ersten Bemühungen in Sachen Selbstverantwortung als Richtschnur, sondern zeigt ihnen auch, in welche Richtung sie sich nach der Anfangsphase des Veränderungsprozesses wenden müssen. Sinnvoll ist auch eine Struktur, die den Beschäftigten klar aufzeigt, an wen sie sich wenden sollen, wenn sie unsicher sind, wie die nächsten Schritte aussehen oder ob ihre Lösungen zur Überwindung von Hindernissen sinnvoll sind. Solche Richtlinien legen die Verantwortung für ihr Handeln in die Hände der Mitarbeiter. Sie regen außerdem zwischen Mitarbeitern und Führungskräften einen Dialog über Maßnahmen und Entscheidungen an, der Voraussetzung für den Ausbau eines Vertrauensverhältnisses und die Entwicklung einer echten Selbstverantwortungskultur ist.

4. Es hilft, kleine, aber wichtige Entscheidungen zu definieren, die Mitarbeiter in der Anfangsphase des Prozesses treffen können. Dabei muss der Schwerpunkt auf Entscheidungen liegen, die den täglichen Aufgabenbereich der Beteiligten betreffen. Die Beschäftigten sollten unter anderem ermutigt beziehungsweise dazu angehalten werden, Entscheidungen über ihren Zeitplan, Maßnahmen zur Verbesserung ihrer eigenen Arbeitsqualität, Sicherheitsmaßnahmen am Arbeitsplatz oder ihre Tagesziele zu treffen. Solche Entscheidungen steigern ihr Geschick und ihr Selbstvertrauen, wenn es später um wichtige Geschäftsentscheidungen geht. Außerdem beweisen sie

dem Management, dass Mitarbeiter verantwortliche Geschäftsentscheidungen treffen können, wenn man ihnen nur die richtigen Informationen und einige Handlungsrichtlinien an die Hand gibt.

> Einer unserer australischen Kollegen, Trevor Keighley von der PTD Group Ltd., hat ein Instrument namens »Self Direction Assessment« (SDA) entwickelt.[5] Es dient als Basis für die Auswahl kleiner, einfacher Entscheidungen und den späteren allmählichen Übergang zu komplexeren Entscheidungen mit größerer Tragweite. Dieses Instrument wird sehr effektiv von Unternehmen als strukturierter Ansatz zur kontinuierlichen Erweiterung von Richtlinien für autonome Selbstverantwortung genutzt. Es beruht außerdem auf einem Teamansatz und schlägt somit eine Brücke zur nächsten Schlüsselbedingung, die wir diskutieren werden: Entwicklung selbstgesteuerter Teams als Ersatz für Hierarchien bei der Entscheidungsfindung und der Unterstützung aller Mitarbeiter im Unternehmen.

5. Mitarbeiter in allen Teilen der Organisation werden wissen wollen, welche Folgen die Einführung der Selbstverantwortung für sie persönlich hat. Eine Diskussion über die verschiedenen Arten von Entscheidungen, die sie treffen können, zeigt diese Auswirkungen konkret auf. So kann auch geklärt werden, wie viel Freiraum die Beschäftigten zu Beginn des Prozesses haben werden und welche Aufgaben und Risiken die Beschäftigten in der neuen Selbstverantwortungskultur übernehmen müssen. Da echte Verantwortung und potenzielle Risiken für die Beschäftigten Neuland sind, empfiehlt sich eine Politik der kleinen Schritte: Mit wachsendem Selbstvertrauen der Mitarbeiter und Führungskräfte wird der Verantwortungsspielraum ausgeweitet. Im Laufe der Zeit werden von den Beschäftigten immer komplexere und wichtigere Entscheidungen verlangt. Zunächst ist es aber wichtig, sich auf einfachere Entscheidungen von geringerer Tragweite zu beschränken. Auf dem Weg zur Selbstverantwortung müssen wir erst krabbeln und dann laufen lernen. Erst danach können wir versuchen zu rennen.

6. In der Anfangsphase des Übergangs zur Selbstverantwortung müssen die Beschäftigten Fähigkeiten zur Problemanalyse und Entscheidungsfindung erwerben, die effektive Manager im Unternehmen anwenden. Wie zerlegt man ein Problem, bis man zur eigentlichen Ursache vorstößt? Wie kann man Alternativen gründlich, aber nicht zu langsam untersuchen? Wie wägt man verschiedene Möglichkeiten ab und beurteilt, welche mit der größten Wahrscheinlichkeit zum gewünschten Ergebnis führen? Durch Vermittlung und Verbesserung dieser Fähigkeiten im gesamten Unternehmen können Sie Mitarbeiter dafür rüsten, ihre Kenntnisse und Erfahrungen optimal einzusetzen und dabei zugleich das Leistungspotential des Betriebs zu steigern.

Fazit

Wir haben nun erste Beziehungen zwischen den Potenzialen des Informationsaustauschs und den Möglichkeiten der Autonomie durch Abgrenzung hergestellt. Damit können wir Fortschritte auf dem Weg zur Selbstverantwortung erzielen. Wie wir betont haben, müssen aber alle drei Schlüsselbedingungen erfüllt sein, wenn dieser Prozess wirklich fruchtbar sein soll und die Mitarbeiter eigenverantwortlich handeln sollen. Im nächsten Kapitel werden wir daher der Frage nachgehen, wie der Ersatz von Hierarchien durch selbstgesteuerte Teams die ersten beiden Schlüsselbedingungen ergänzt und alle drei Bedingungen gemeinsam den Veränderungsprozess in dieser Phase der ersten Orientierungsversuche unterstützen können.

Kapitel 5

Die dritte Schlüsselbedingung: Entwicklung selbstgesteuerter Teams

Unternehmen, die ihre Mitarbeiter zur Selbstverantwortung ermutigen wollen, müssen sich unbedingt vor Augen halten, dass eine solche Kultur nur entstehen kann, wenn alle drei Schlüsselbedingungen in dynamischer Interaktion zusammenwirken. Der Zugang aller zu Informationen bereitet den Boden für den Wandel; Abgrenzungen stecken den Rahmen ab, innerhalb dessen autonomes Handeln stattfinden kann. Um diesen Prozess richtig in Gang zu setzen, fehlt jetzt noch ein Mechanismus, der über Interaktionen zwischen Menschen die Richtung und die Unterstützung bietet, die Voraussetzung für den optimalen Einsatz und die Entwicklung der heutigen und künftigen Talente der Mitarbeiter sind. Dieses fehlende Glied in der Kette sind autonome Teams.

Teams helfen Mitarbeitern, einige der persönlichen Fragen zu klären, die sie in der Frühphase des Veränderungsprozesses hin zu einer Selbstverantwortungskultur haben. Die Beteiligten werden beispielsweise folgende Fragen stellen:

1. Wie können wir mit den Auswirkungen der Veränderungen leben, die sich aus mehr Selbstverantwortung ergeben?
2. Können wir in dieser neuen Kultur gewinnen?
3. Was wird infolge dieser Veränderungen anders werden?
4. Wer bringt uns bei, wie wir wirksam in einer von Selbstverantwortung geprägten Kultur handeln können?
5. Wen können wir um Hilfestellung bitten, wenn Probleme auftreten?

Teams können zwar Antworten auf diese Fragen liefern, doch sollte dabei nicht vergessen werden, dass die Entwicklung eines Teams – zumal eines selbstgesteuerten, eigenverantwortlichen Teams – Zeit braucht. Daher können wir in dieser Gewöhnungs- und Orientierungsphase von den Teams keine herausragenden Resultate erwarten. Ein effektiver Leiter, der das Team lenkt und aufbaut, kann in dieser Frühphase des Wandels noch eine wichtige Rolle spielen. Wie wir aus unseren Erläuterungen zur situationsbezogenen Führung und zur Teambildung in Kapitel 2 wissen, durchlaufen Teams in ihrem Entwicklungsprozess vier klar unterscheidbare Stufen. Am Anfang steht die Orientierungsphase. Hier ist das Kompetenzniveau im Hinblick auf die Zusammenarbeit im Team niedrig, während der Wunsch, Teamgeist zu zeigen, unrealistisch stark ist. Das Team benötigt in dieser Phase eine starke Führung, vor allem im Hinblick auf die Definition von Unternehmenszielen, Wertvorstellungen, Rollen und betrieblichen Vorgehensweisen. Diese Stufe der Teamentwicklung ist typisch für die erste Phase des Veränderungsprozesses (Erste Orientierungsversuche). Lassen Sie uns nun auf einige der Fragen eingehen, die in dieser Frühphase des Übergangs zur Selbstverantwortungskultur häufig zum Thema Teamarbeit gestellt werden.

Warum spielen Teams für den Erfolg der Bemühungen um mehr Selbstverantwortung eine so entscheidende Rolle?

1. Im Grunde liegt dies daran, dass autonome Teams sehr viel mehr erreichen können als einzelne Mitarbeiter, die selbstverantwortlich handeln. Auf diese Aussage reagieren viele Menschen skeptisch, weil sie sich an ihre eigene Erfahrungen in Projektteams erinnern, in denen einige Mitglieder nicht ihren Teil der Arbeitslast trugen und ihren Teamkollegen dadurch zusätzliche Mühen aufhalsten. Solche Situationen entstehen, wenn in einer »Gruppe« und nicht in einem »Team« gearbeitet wird. Eine Gruppe setzt sich aus Menschen zusammen, die

keine gemeinsame Zielsetzung erarbeitet haben und wahrscheinlich nicht wissen, wie sie als kollegiale Einheit zusammen arbeiten könnten. Ein Team dagegen gibt sich eine Satzung und besteht aus Menschen, die sich ein gemeinsames Ziel gesteckt haben und Hand in Hand arbeiten können. Nehmen wir als Beispiel die Passagiere eines Fluges. Wenn alles gut geht, handelt es sich hier um eine Gruppe, deren Angehörige durch die Tatsache, dass alle in der gleichen Maschine sitzen, locker miteinander verbunden sind. Wenn aber das Flugzeug an einem abgelegenen Ort abstürzt und diese Menschen vor einem gemeinsamen Ziel – Überleben – stehen, wird die Qualität ihrer Zusammenarbeit im Team höchstwahrscheinlich über ihr Schicksal entscheiden.

Besonders anschaulich lässt sich die Aussage, dass Teams Einzelpersonen überlegen sind, an Übungen wie »Überleben in der Wüste«, »Überleben in der Wildnis« oder »Auf dem Mond gestrandet« demonstrieren. Bei jeder dieser Übungen müssen die Teilnehmer etliche Punkte in eine Reihenfolge bringen, die ihr Überleben nach einem Unfall am besten sichert, und zwar im ersten Durchgang nur für sich selbst und im zweiten für das ganze Team. Beide Rangfolgen werden mit denen eines Experten verglichen, so dass eine numerische Wertung zur Beurteilung der Leistung der Einzelnen und der Teams berechnet werden kann. In nahezu allen Fällen sind Teams Individuen überlegen. Falls nicht, ist dies in der Regel auf schlechte Kooperation im Team zurückzuführen.

2. Teams sind die Voraussetzung für eine Selbstverantwortungskultur, weil sie eine Vielzahl von Ideen und Erfahrungen einbringen können, die dem Unternehmen helfen, die komplexen Probleme zu lösen, die sich im heutigen wettbewerbsintensiven und sich rasch wandelnden Geschäftsumfeld stellen. Im Kollektiv wissen die Mitglieder eines Team weitaus mehr als jeder Einzelne. Wir formulieren das gerne so: »In einem echten Team ist niemand so klug wie wir alle zusammen.« Das Team weiß tatsächlich mehr als sein intelligentestes Mitglied, da ergeben sich Synergien ergeben ($1 + 1 > 2$), die zu unerwarteten

Methoden für die Lösung wichtiger Fertigungs-, Qualitäts-, Service- und Finanzprobleme führen. Außerdem können Teams komplexe Problemlösungen umsetzen. Dies lässt sich durch teambildende Aktivitäten veranschaulichen: Ein Team kann zusammen eine schwere Last tragen, den Mitgliedern über ein Hindernis helfen und alle Beteiligten in einer schwierigen Erfahrung unterstützen. Die Herausforderung besteht darin, eine Gruppe von Menschen in ein Hochleistungsteam zu verwandeln. Don Carew, Eunice Parisi-Carew und Ken Blanchard haben für Hochleistungsteams folgende Merkmale identifiziert, die mit dem Akronym »LEISTEN« umschrieben werden können:[1]

L = ein gemeinsames Leitbild

E = Einsatz der Begabungen aller Teammitglieder

I = wirksame Nutzung Interpersoneller Beziehungen und Kommunikation

S = Schnelligkeit und Flexibilität in der Entscheidungsfindung und -umsetzung

T = gegenseitige Rechenschaftspflicht für Top-Leistungen

E = Ermutigung und Würdigung der Beiträge aller Teamkollegen

N = Nachhaltige Steigerung der Arbeitsmoral durch Führungsdruck und Besitzerstolz

Im Grunde beschreibt der Ausdruck LEISTEN ein Team, das die vierte Stufe der Teamentwicklung (Produktion) erreicht hat. Leider müssen zuvor aber zwei weitere Entwicklungsstufen (Unzufriedenheit und Integration) durchlaufen werden.

Warum können wir von Teams keine sofortigen Erfolge erwarten?

1. Zu Beginn des zur Selbstverantwortung führenden Prozesses werden Teams nur begrenzt Erfolge vorweisen können. Das heißt jedoch nicht, dass positive Resultate ganz ausbleiben

werden. In den kollektiven Fähigkeiten der Teammitglieder stecken häufig ungenutzte Potenziale, die freigesetzt werden können, wenn Selbstverantwortung zur Norm wird. Teams sind zu erstaunlichen Leistungen fähig, können ihre Möglichkeiten jedoch erst dann voll ausschöpfen, wenn sie die Zeit hatten, die frühen Phasen der Orientierung und Unzufriedenheit zu durchlaufen. Wie Sportmannschaften oder Ballettensembles müssen auch Teams miteinander trainieren, um zu lernen, wie sie kooperieren und ein klares Verständnis von ihren jeweiligen Rollen entwickeln können. Solange keine plötzlichen Wunder erwartet werden und Teams die Zeit zum Lernen und Üben bekommen, werden sie allen Mitarbeitern im Unternehmen die Richtung weisen und Unterstützung bieten können.

2. Ein Team kann anfangs nicht sehr effektiv arbeiten, weil seine Mitglieder und der Teamleiter aus einer hierarchischen Organisation stammen, in der Entscheidungen von Vorgesetzten getroffen und von Untergebenen ausgeführt werden. Daher sind es die Teammitglieder nicht gewohnt, selbst Entscheidungen zu fällen und umzusetzen oder Ergebnisverantwortung zu übernehmen. Ebensowenig sind Führungskräfte daran gewöhnt, die Entscheidungsfindung und -implementierung sowie die Verantwortung für die erzielten Resultate anderen zu überlassen. Manager könnten sogar befürchten, dass sie keine Kontrolle mehr haben, wenn wichtige Geschäftsentscheidungen in den Händen von Teams liegen, oder dass ihr eigener Verantwortungsbereich schrumpft, wenn sie Entscheidungsbefugnisse an Mitarbeiterteams übertragen. Vor ihrem geistigen Auge sehen Teammitglieder und Teamleiter viele alte hierarchische Szenarien, die ein Handeln im Team verhindern. Die Gefahr, dass chaotische Verhältnisse ausbrechen und schlechte Entscheidungen getroffen werden, weil die Veränderungen in unterschiedlichem Tempo umgesetzt werden, ist nicht von der Hand zu weisen. Wahrscheinlicher ist jedoch zögerliches Handeln. Daher ist eine Politik der kleinen Schritte für Teams und Teamleiter in dieser ersten

Phase des Wandels von Vorteil. Dennoch können Teams bereits jetzt einigen Nutzen bringen (durch kleine, aber kontinuierliche Verbesserungen), während sie ihre Fähigkeiten aufbauen und sich für größere Herausforderungen rüsten.

In einem Finanzdienstleistungsunternehmen traten beim Einsatz von Teams anfangs gravierende Schwierigkeiten auf, weil die Manager zu schnell zu viel erwarteten. Außerdem gaben sie den Mitarbeitern nicht genug Informationen oder Richtlinien für die Zusammenarbeit an die Hand. Das Resultat: Frustration bei den Teammitgliedern, die den Führungskräften vorwarfen, eine unmögliche Situation geschaffen zu haben. Zugleich behagte den Managern der Teamansatz an sich nicht mehr, und sie waren nahe daran, das ganze Projekt fallen zu lassen. Dann erkannten sie jedoch, was sie angerichtet hatten, und organisierten Seminare für Mitarbeiter und Führungskräfte, um deren Transformation in Teammitglieder und Teamleiter zu unterstützen. Es wurden nur langsame Fortschritte erzielt, doch nach mehreren Monaten konzentrierter Ausbildungsmaßnahmen zeichneten sich erste positive Resultate ab.

3. Indem die Beteiligten die Möglichkeiten der Teamarbeit schätzen lernen, wird ihnen auch klar, dass sie nicht über die Fähigkeiten verfügen, die sie zu einer effektiven Zusammenarbeit in einem selbstverantwortlichen Team benötigen. In gewisser Hinsicht müssen sie die für wirksame Arbeit in einer hierarchischen Organisation erforderlichen Fähigkeiten verlernen und neue Verhaltensweisen für die Kooperation in einem Team einüben. Dieser Lernprozess dauert seine Zeit. Man kann ihn sehr gut durch Kurse unterstützen, in denen die im Team benötigten Fähigkeiten in langjährig erprobten Übungen vermittelt werden, gefolgt von praktischer Anwendung am Arbeitsplatz. Das bedeutet jedoch, dass auch die Führungskräfte lernen müssen, Teams zu leiten und zu entwickeln. Vorgesetzte, die Teamleiter werden wollen, müssen bereit sein, die Teams an einen Punkt zu führen, an dem sie ohne Führungskraft funktionieren und der Manager selbst zum Teammitglied wird. Führungskräfte sollten sich auch vor Augen halten, dass Menschen nicht aus Erfahrungen lernen

können, die sie nicht hatten. In dieser frühen Phase des Veränderungsprozesses besteht eine wesentliche Aufgabe des Teamleiters darin, den Beteiligten Gelegenheit zu geben, Aufgaben nicht in der hierarchischen Ordnung, sondern im Team zu erledigen. Dies bedeutet natürlich, dass sowohl die Teamleiter als auch die Teammitglieder lernen müssen, welche Konsequenzen Teamarbeit hat und wie man ein guter Teamkollege wird.

4. Zwei unserer Kollegen, Eunice Parisi-Carew und Don Carew, haben festgestellt, dass Teams in dieser frühen Stufe von der Erarbeitung einer »Teamsatzung« profitieren können.[2] Dieses umfassende Verfahren hilft einem Team dabei, seine Vision, Mission und Wertvorstellungen festzulegen und sie an die Vision, Mission und Wertvorstellungen des Unternehmens anzugleichen. Das Team legt in dieser Satzung seine Normen und Grundregeln für die Zusammenarbeit sowie die Rollen der einzelnen Teammitglieder fest. Dort können zentrale Verantwortlichkeiten und Ziele für das Team als Ganzes und jedes einzelne Mitglied aufgeführt werden. Zudem werden Kommunikationsstrategien, Entscheidungsprozesse oder Rechte und Rechenschaftspflichten für alle Entscheidungen beschrieben. Im letzten Teil der Satzung werden die vom Team benötigten Ressourcen aufgelistet. Diese Formulierung einer Satzung bringt das Team auf dem Weg zur Selbstverantwortung voran. Allerdings muss dieses Dokument regelmäßig überprüft werden, um sicherzustellen, dass die Schwerpunkte klar sind und notwendige Anpassungen vorgenommen werden. Dennoch kann das Team dank der Satzung die Stufen der Orientierung und Unzufriedenheit rasch durchlaufen, weil sie Möglichkeiten zur raschen Verbesserung der Teamproduktivität aufzeigt. Dieser Erfolg kann dem gravierenden Rückgang der Arbeitsmoral entgegenwirken, der ansonsten typisch für die Stufe der Unzufriedenheit ist.

Welche Fertigkeiten müssen Teammitgliedern vermittelt werden, damit sie autonom handeln können?

1. Sie müssen Ihren Mitarbeitern unbedingt verdeutlichen, dass es in Teamschulungen und -trainings nicht um die Frage geht, ob sie das fachliche Know-how für ihre Aufgaben besitzen. Natürlich müssen alle Mitarbeiter kontinuierlich ihr Fachwissen erweitern, und die meisten Unternehmen tun ihr Bestes, um den Beschäftigten Gelegenheit dazu zu geben. Hier geht es jedoch darum, den Mitarbeitern beizubringen, sich selbst zu managen. Man muss ihnen also zeigen, wie sie sich als ergebnisverantwortliche Geschäftspartner mit ausgeprägtem unternehmerischem Denken verhalten.

2. Um die Effektivität autonomer, selbstverantwortlicher Teams zu sichern, müssen die Teammitglieder unbedingt lernen, gemeinsam Konsensentscheidungen zu treffen. Die meisten Manager und Mitarbeiter wissen im Grunde gar nicht genau, was darunter eigentlich zu verstehen ist. Sie verwechseln sie mit einstimmigen Entscheidungen oder glauben, dass sie kein Mitspracherecht haben, nur weil die getroffene Entscheidung nicht ihrem eigenen Vorschlag entspricht. In Teamschulungen muss den Seminarteilnehmern klargemacht werden, dass bei Konsensentscheidungen die Beteiligten selbst nach ausführlichen Diskussionen immer noch unterschiedlicher Meinung sein können (sodass bei einer Abstimmung kein einstimmiges Ergebnis erzielt würde). Trotz dieser Differenzen sind alle bereit, sich auf eine Lösungsalternative zu einigen und alles in ihrer Macht Stehende zu tun, um dieser zum Erfolg zu verhelfen. In dieser Kommunikationsphase ist es von entscheidender Bedeutung, dass die Teamleiter ein sicheres Umfeld schaffen, in dem jedes Mitglied alle nötigen Argumente vorbringen kann, ohne Repressalien fürchten zu müssen. Teamleiter müssen unterscheiden lernen, ob ein Teammitglied nur abweichende Meinungen oder Gefühle zum Ausdruck bringen will oder sich rundheraus weigert, die Entscheidung des Teams mitzutragen.

In einem unserer Kundenunternehmen forderte der Firmenchef immer: »Sagt dem Chef eure Meinung!« Die Mitarbeiter mussten jedoch feststellen, dass jeder, der nicht mit dem Chef einer Meinung war, aus zukünftigen Sitzungen ausgeschlossen wurde. Einmal erklärte ein Bereichsleiter, der Quartalsmarketingplan tauge nichts und die Bruttogewinnmargen sowie der benötigte Produktmix seien gefährdet. Dies war lediglich eine Meinung. Der Chef betrachtete das jedoch als Arbeitsverweigerung und kündigte diesem Manager. Leider behielt der Mann recht, und das Unternehmen nahm großen Schaden. Der Austausch unterschiedlicher Meinungen wurde hier eindeutig unterdrückt. Offensichtlich musste dieser Firmenchef noch viel über kollektive Entscheidungsfindung und die Nutzung verschiedener Meinungen bei der Suche nach einem Kompromiss lernen.

3. Damit der Teamprozess funktioniert, müssen die Beteiligten gute Kommunikationsfähigkeiten *in einem Teamumfeld* erwerben, das sich deutlich von der direkten persönlichen Interaktion zwischen zwei Menschen unterscheiden kann. Im Teamkontext ist es schwierig, sich viele Ideen anzuhören und zu einer Gesamtheit zu integrieren, zumal wenn diese Gedanken auf unterschiedliche Weise präsentiert werden. Diskussionen verlaufen häufig nicht linear, da Kommentare sich oft nicht auf die letzte Aussage, sondern auf einen früheren Beitrag beziehen. Auch die Fähigkeit, seine Ideen so darzustellen, dass sie Gehör finden und in Erwägung gezogen werden, erfordert in einem Team einen speziellen Ansatz. In einer komplexen Diskussion kann die eigene Idee leicht unter den Tisch fallen, auch wenn sie noch so fantastisch ist. Daher ist es in Teamsitzungen von herausragender Bedeutung, gute Ideen im Gedächtnis zu behalten bzw. genau zum richtigen Zeitpunkt zu präsentieren. Noch komplizierter wird ein solcher Meinungsaustausch, wenn die Teammitglieder an unterschiedlichen Standorten arbeiten und/oder sich nicht häufig treffen. Kommunikationsfertigkeiten müssen daher stets ein Schwerpunkt in der Weiterentwicklung einer Gruppe zu einem autonomen, selbstverantwortlichen Team sein.

Sehr hilfreich ist eine einfache Übung, in der die Teilnehmer die möglichen Untergruppen für Teams unterschiedlicher Größe zeichnen müssen. Lassen Sie sie zwei Menschen zeichnen und fragen Sie sie dann, wie viele Untergruppen es gibt (eine). Bitten Sie sie, eine dritte Person hinzuzufügen und dann alle Untergruppen aufzuzählen, einschließlich der Eins-zu-Eins- und Eins-zu-Zwei-Verbindungen (in diesem Fall gibt es sechs). Bei vier Personen steigt die Zahl der Untergruppen auf elf, da wir jetzt auch die drei Eins-zu-Drei-Verbindungen addieren müssen. Die Zahl der möglichen Verbindungen steigt rasch ins Unermessliche. Bei acht Personen sind es bereits 247; bei 16 sage und schreibe 65.519. Dies zeigt, dass Kommunikation in einer Gruppe weitaus komplexer – aber auch vielfältiger – ist als in einer Beziehung zwischen zwei Menschen. Das Einüben von Fertigkeiten für eine effektive Kommunikation in diesem neuen Kontext ist also von zentraler Bedeutung.

4. Alle Teammitglieder müssen lernen, wie man eine Teamsitzung effektiv plant und durchführt. Es genügt nicht, wenn der Teamleiter über diese Fähigkeiten verfügt. Wenn alle wissen, wie man eine Tagesordnung aufstellt, eine Sitzung auf dieser Grundlage abhält und das Treffen im Anschluss nachbereitet, kann jedes Mitglied die Verantwortung für effektive Sitzungen übernehmen. Jeder kann einen Beitrag zu den drei zentralen Aufgaben (Aufsetzen der Tagesordnung, Versammlungsleitung, Nachbereitung) leisten. Die gleichen Fähigkeiten machen auch Conference Calls, Videokonferenzen oder E-Mail-Foren weitaus effektiver.

5. Helfen Sie den Mitarbeitern zu erkennen, welchen Nutzen die Zusammenarbeit im Team bietet. Sowohl Teammitglieder als auch Teamleiter müssen verstehen und davon überzeugt sein, dass Teams viele der Lücken schließen können, die sich aus Reengineering, Umstrukturierungen oder »Rightsizing«-Kampagnen ergeben haben. Teams können das dirigierende und sekundierende Verhalten, das früher die hierarchischen Strukturen übernahmen, schneller und effizienter bieten. Dennoch müssen Teammitglieder gemeinsame Erfahrungen machen, wenn sie wirklich an die Vorteile von Teams glauben sollen. Über die Akzeptanz einer Vielfalt unterschiedlicher Ei-

genschaften der Teammitglieder zu sprechen ist eine Sache; Vielfalt als einen Vorteil zu begreifen, der dem Team beim Umgang mit komplexen Problemen und Herausforderungen helfen kann, ist etwas ganz anderes. Wenn Mitarbeiter kleine Etappensiege im Kollektiv erleben, überzeugt sie das allmählich von den persönlichen und organisatorischen Vorteilen des Teamansatzes. Sie beginnen auch zu verstehen, welches Potenzial für selbstverantwortliches Handeln und unternehmerisches Denken Teams bei wichtigen Geschäftsentscheidungen und deren Umsetzung bieten. Eine sinnvolle Methode zur Förderung dieses Verständnisses besteht darin, die Begrifflichkeiten der Hierarchie aufzugeben. Freier Informationsaustausch bringt hierarchisches Denken zu Fall, und die Verwendung eines neuen Vokabulars kann diesen Prozess beschleunigen und zugleich selbstständig denkende, autonome Teams aufbauen. Bitten Sie die Beteiligten, »Team« statt »Arbeitsgruppe«, »Teammitglied« statt »Angestellter« und »Teamleiter« statt »Vorgesetzter« oder »Chef« zu sagen. Die Sprache ist ein wirksamer Katalysator für den Wandel, insbesondere wenn sie mit der Ausbildung und Fokussierung einhergeht, die wir für autonome, selbstverantwortliche Teams beschrieben haben.

6. Bringen Sie Teammitgliedern und Teamleitern bei, wie sie sich gegenseitig zur Verantwortung ziehen und bei guten individuellen Leistungen Anerkennung zollen können. Alle Teammitglieder müssen Verantwortung für die Bildung und Erhaltung eines starken Teams übernehmen, selbst wenn der Teamleiter anfangs einen größeren Teil der Lenkungsaufgaben trägt. Sie müssen aber auch deutlich unterstreichen, dass langfristig von allen Teammitgliedern erwartet wird, dass sie sich an dieser Verantwortung beteiligen, und zwar in Form von Leistungskontrollen, durch Anerkennung positiven Teamverhaltens und Korrektur weniger erwünschten Verhaltens. Außerdem ist es sehr nützlich, wenn das Topmanagement gute Teamleistungen zu würdigen beginnt und so den Beschäftigten zeigt, dass es das Unternehmen beim Einsatz autonomer Teams ernst

meint. Diese Anerkennungen können finanzieller oder anderer Art sein. Wichtig ist in diesem Zusammenhang, erwünschtes Teamverhalten auf Unternehmens- und Teamebene zu belohnen. Wenn dies nicht gelingt, wird die Entwicklung zu einer von Selbstverantwortung geprägten Firmenkultur insgesamt behindert.

Wie und ab wann sollen wir Teams in dem Veränderungsprozess einsetzen, der zur Selbstverantwortungskultur führen soll?

1. Nachdem Mitarbeiter durch freien Informationszugang für alle ein neues Verantwortungsbewusstsein und mehr Vertrauen aufgebaut haben, werden sie sich auch ein größeres Mitspracherecht wünschen. Indem Sie Grenzen ziehen, innerhalb derer sie autonom handeln dürfen, können Sie den Menschen Richtlinien für ihr Handeln geben. Erste Schritte in Richtung auf die Entwicklung autonomer Teams als Ersatz für die hierarchische Organisation sind die Grundlage für verantwortungsbewusstes Handeln. Daher sollten Sie mit dem Aufbau von Teams in der Frühphase des Prozesses in Richtung Selbstverantwortung beginnen, aber nicht gleich in der Stunde Null. Nutzen Sie den Informationsaustausch als Basis, auf die sich die Teams stützen können. Erwarten Sie von den Teams zu Beginn ihrer Tätigkeit keine Wunder. Teammitglieder und Teamleiter müssen viele neue Fähigkeiten erlernen. Andererseits sollten Sie aber auch Teamarbeit und kollektive Maßnahmen erwarten und verlangen, selbst wenn sie nur geringfügige Auswirkungen haben. Denken Sie daran: Es ist ein positives Zeichen, wenn die Teams anfangen, mehr Fragen zu stellen.

Ein kanadisches Raffinerieunternehmen wollte selbstgesteuerte Teams einführen. In der Vergangenheit hatte das Topmanagement im Grunde eine »Politik der geschlossenen Bücher« betrieben: »Halten Sie sich nur an Ihre Stellenbeschreibungen; um alles andere kümmern wir uns schon.« Im Laufe der Zeit entstand dadurch eine Atmosphäre, in der galt: »Tun Sie einfach, was man Ihnen sagt; denken Sie nicht zu viel.« Die Mitarbeiter wussten nicht, welchen Beitrag sie zum Geschäftserfolg leisteten bzw. ob ihre Arbeit überhaupt von Belang war. Die Rentabilität war im günstigsten Fall knapp über Null, und die Arbeitsmoral ließ stark zu wünschen übrig. Die Menschen waren zwar rein körperlich anwesend, brachten jedoch nichts von sich selbst in das Unternehmen ein. Der Firmenchef und Eigentümer erkannte, dass er zuerst sich selbst, nicht die Mitarbeiter, ändern musste. Er hielt die operativen Abläufe für drei Tage an und begann den Weg zur Selbstverantwortung damit, dass er die Bücher öffnete. Alle Beschäftigten erhielten Einblick in die Umsatzzahlen und den nach Abzug der Kosten verbleibenden Gewinn. Am Ende des ersten Tages meinte ein Mitarbeiter: »Wir müssen also 125 Liter Benzin mehr verkaufen, um das Geld einzunehmen, das es kostet, wenn ich eine von unseren Werbegeschenk-Kaffeetassen für einen Freund mit nach Hause nehme?« Das war der Auftakt für einen deutlichen Wandel hin zu einer Atmosphäre, in der allen klar war: »Nur gemeinsam können wir gewinnen.« Am zweiten Tag wurde schwerpunktmäßig erläutert, wie sich Handlungen auf individueller Ebene auf den Gewinn auswirkten. Alle Beschäftigten, von Lkw-Fahrern bis zu Sekretärinnen, von Buchhaltern bis zu Vertriebsvertretern, erkannten, wie sie einen wertvollen Beitrag leisten konnten. Am dritten Tag fand eine Schulung statt, an der auch der Eigentümer/Firmenchef teilnahm. Er erklärte: »Ich muss bereit sein, auch mein eigenes Verhalten zu überdenken.« An diesen drei Tagen wurde das Konzept der Teamarbeit geboren. Nach zwei Jahren kontinuierlicher Bemühungen war der Gewinn dieses Unternehmens um 27 Prozent gestiegen. Alle waren überzeugt: »Gemeinsam sind wir stark.«

2. Die Entwicklung autonomer Teams kann unmittelbar in den Prozess des Informationsaustauschs integriert werden. Dies ist – soweit möglich – auch erstrebenswert, da wir wissen, dass Selbstverantwortung nur erreicht werden kann, wenn alle drei Schlüsselbedingungen erfüllt sind. Eine Möglichkeit sind monatliche Treffen zum Informationsaustausch, bei denen jeweils ein Team die für seine Arbeit relevanten Daten vorstellt. Zum Beispiel könnte ein Fertigungsteam Durchlaufzeiten, Qualitätsmessgrößen, Materialabfalldaten (einschließlich Kosten) oder Analysen zum Wertschöpfungsgrad ihrer

Arbeit vorstellen. Ein Kundendienstteam könnte Daten über die Häufigkeit und Art von Kundenbeschwerden oder die Verfolgung wiederkehrender Probleme sowie Lösungsversuche ansprechen. Das Ziel besteht darin, durch Austausch von Informationen, die sich auf reale geschäftliche Belange beziehen, autonome Teams aufzubauen.

Ein Unternehmen aus der Verpackungsindustrie organisierte alle Standorte nach Teams, die jeweils zu eigenständigen Profitcentern erklärt wurden. Jedes Team erhielt den Auftrag, einen Gewinn zu erwirtschaften und seine Ergebnisse auf einer monatlichen Betriebsversammlung zu präsentieren. Die Teams erhielten Zugang zu Informationen, auf denen sie ihre Arbeit aufbauen konnten. Anfangs war den Beteiligten nicht ganz klar, was sie tun sollten, und ihre Präsentationen wurden eher als gute Lernmöglichkeiten betrachtet. Herausragende Ergebnisse wurden noch nicht erwartet (obwohl dies zu einem späteren Zeitpunkt im Veränderungsprozess durchaus der Fall war). Dank dieser Fokussierung auf Teams wurden versteckte Fähigkeiten der einzelnen Mitglieder freigesetzt und bei allen Angehörigen des Unternehmens echtes Verantwortungsbewusstsein geweckt. Anfangs war die Situation schwierig, aber im Laufe der Zeit wurden die Teams zu echten Partnern der Werksleitung.

3. Beziehen Sie die Teams bei den Treffen zum Informationsaustausch mit ein, indem Sie sie Alternativszenarien durchspielen lassen, die sie dazu anspornen, Teamentscheidungen zu geschäftlichen Fragen zu treffen. Legen Sie den Teammitgliedern ein Problem zur Lösung vor. Fragen Sie beispielsweise: »Wenn unsere Firma für jedes Mitglied eines fünfköpfigen Projektteams 100 Dollar pro Stunde zahlen muss, um wie viel steigt der Gewinn, wenn wir bei einem auf sechs Monate angelegten Projekt die Arbeitszeit um eine Stunde pro Woche kürzen und dennoch den gewünschten Qualitätsstandard beibehalten wollen?« Bei der Lösung solcher Probleme werden die Beschäftigten klar erkennen, wie sich ihr Handeln auf das Unternehmen und seine Leistung auswirkt. Gleichzeitig werden sie lernen, als Team bei der Lösung realer Geschäftspro-

bleme synergetisch zusammenzuarbeiten. (Übrigens lautet die Antwort auf diese Frage: Über eine Projektlaufzeit von sechs Monaten hinweg beträgt die Einsparung insgesamt 13 000 Dollar. Diese schlagen sich direkt im Endergebnis und somit in der Gewinn-und-Verlust-Rechnung des Unternehmens nieder.) Auf diese Weise können Teams das Unternehmen unmittelbar beeinflussen. Anstatt dem Topmanagement alle Budgetentscheidungen zu überlassen, können die Teams die Haushaltsmittel an die Sachzwänge anpassen. Wenn die Kosten den Umsatz zu verschlingen drohen, entscheiden in allzu vielen Fällen die Buchhalter, welche Maßnahmen zu ergreifen sind (zum Beispiel Einstellung aller Fortbildungsmaßnahmen, keine Geschäftsreisen). Selten bringen sie Vorschläge wie: »Verzichten Sie einen Monat lang aufs Toilettenspülen, um Geld zu sparen.« Faktisch sind solche Budgetprobleme eine ideale Gelegenheit für die Einbeziehung der Teams, die kreative Problemlösungen finden und ihr Engagement für die Lösungen stärken können.

Die Finanzgruppe eines Informationsdienstleisters hatte schwerwiegende Haushaltsengpässe. Sie nutzte Teams für einen sehr wirksamen und kreativen Umgang mit diesem Problem. In einem Treffen zum Informationsaustausch stellten die Teams eine Zusammenfassung der Schritte vor, die sie bei der Analyse eines bestimmten Finanzproblems gewählt hatten. Zum Abschluss rechneten die Vortragenden vor, dass der Prozess von Anfang bis Ende insgesamt 237 Schritte umfasse. Sie erklärten, dass sie durch Rationalisierung des Prozesses ohne Aufgabe der erforderlichen Prüfmechanismen zur Lösung der Budgetprobleme beitragen wollten. Die anwesenden Teamkollegen nahmen die Herausforderung an. Es gelang ihnen, die Zahl der Prozessschritte von 237 auf 103 zu reduzieren, was zu Zeit- und Kosteneinsparungen von über 40 Prozent führte. Außerdem profitierten die Teams von der wertvollen Kooperationserfahrung und waren sehr stolz auf ihre bemerkenswerte Leistung.

Wie kann man Teams dabei helfen, zunächst kleinere Entscheidungen zu treffen, die früher Aufgabe des Managements waren?

1. Entsprechende Schulungsmaßnahmen sind unverzichtbar, wenn Teams lernen sollen, gemeinsam kleinere Entscheidungen zu treffen, die in hierarchischen Organisationen den Chefs vorbehalten waren. Es kann von Vorteil sein, wenn man ihnen zunächst die Lösung solcher Probleme überträgt, die nicht mit dem Geschäft verbunden sind, keine emotionalen Spannungen hervorrufen und Spaß machen. Für Schulungszwecke eignen sich zahlreiche Entscheidungsszenarien, zum Beispiel Denkübungen (etwa schriftliche Überlebensstrategien) oder körperliche Geschicklichkeitsübungen (Teammitglieder müssen durch einen aus Schnüren geknüpften Irrgarten gelangen, ohne die Schnüre zu berühren). Wichtig ist, eine Methode zur Ergebnismessung anzuwenden, um nachweisen zu können, dass Teams Einzelkämpfern überlegen sind. Ein zweites Schlüsselelement ist die Erläuterung der Kommunikations- und Entscheidungspraktiken im Team vor Durchführung der Übungen sowie der Einsatz von Beobachtern, die Feedback dazu geben können, wie gut die Teammitglieder und der Teamleiter sich an diese Praktiken halten. Solche Übungen und das daraus resultierende Feedback tragen in starkem Maße zur Entwicklung der von autonomen Teams benötigten Fertigkeiten bei. Außerdem stärken sie die Überzeugung der Teammitglieder und Teamleiter, dass sie in der Lage sind, am Arbeitsplatz gemeinsam gute Geschäftsentscheidungen zu treffen.

2. Teamleiter sollten Teamsitzungen abhalten, um Fragen zu besprechen, die durch effektive Teamentscheidungen und Umsetzung im Team angegangen werden müssen. Die Umsetzung führt das Team direkt in die Welt der realen Probleme, die in Seminaren nur simuliert werden können. In der Frühphase der Entwicklung ist viel dirigierendes Verhalten seitens des Teamleiters erforderlich. Dadurch kann das Team gründlich

analysierte Entscheidungen treffen, für deren Umsetzung sich alle Teammitglieder einsetzen. Ferner ist auf diese Weise die Unterstützung und Ermutigung gewährleistet, die Teammitglieder benötigen, um einem Problem auf den Grund zu gehen, obwohl es oft einfacher wäre, die Entscheidung dem Teamleiter zu überlassen. Das Ziel besteht darin, Teamfertigkeiten und Selbstvertrauen zu entwickeln und gleichzeitig reale Geschäftsprobleme zu lösen, die zur Steigerung der Unternehmensleistung beitragen.

Ein auf Emissionsschutz spezialisiertes Unternehmen erkannte frühzeitig, dass es bei der Umstellung auf Teamarbeit hohe Erwartungen an seine Teamleiter stellte. Um ihnen und ihren Teams eine möglichst konstruktive Arbeit an realen geschäftlichen Problemen zu ermöglichen, hielt das Unternehmen laufend Schulungsseminare für diese Führungskräfte ab. Unter anderem lernten sie, wie man ein Team effektiv leitet. Danach wurden sie ermutigt und aufgefordert, diese neu erworbenen Fähigkeiten in ihren Teams einzusetzen. Bei einer späteren Sitzung mit den Teamleitern wurden Problembereiche diskutiert sowie neue Fähigkeiten und ein Plan für deren Umsetzung am Arbeitsplatz entwickelt. Allmählich wurden die Manager zu echten Teamkoordinatoren, die mit effektiven Teams arbeiteten. Dies schlug sich sehr positiv im Gewinn des Unternehmens nieder.

3. Wenn Teams Entscheidungen übertragen werden, die zuvor dem Management vorbehalten waren, müssen wir damit rechnen, dass sie nicht in allen Fällen die beste Alternative wählen. Selbstverständlich sollte der Teamleiter bei einer guten Entscheidung dem Team sofort ein Lob für seine Bemühungen und Ergebnisse aussprechen. Bei weniger effektiven Entscheidungen muss er dagegen dafür sorgen, dass das Team diese Situation als Lernchance begreift. Aus »Fehlschlägen« können Teams häufig am meisten lernen. Dabei muss jedoch unbedingt vermieden werden, dass die Teammitglieder sich untereinander die Schuld an diesem »Versagen« in die Schuhe schieben wollen.

4. Eine der wichtigsten Botschaften, die Teams in dieser frühen Prozessphase vermittelt werden müssen, ist die Tatsache, dass

sie für die Qualität ihrer Geschäftsentscheidungen zur Rechenschaft gezogen werden. Dieser Verantwortung können sie sich in einer von Selbstverantwortung geprägten Kultur nicht entziehen. Zugleich hängt der Erfolg des Teams aber auch davon ab, auf Fehler nicht mit Schuldzuweisungen zu reagieren. Wenn Teams Fehler machen, dürfen Teamleiter nicht fragen: »Wer war das?« Diese Frage wäre falsch. Vielmehr sollten sie fragen: »Was ist schief gelaufen, und wie bringen wir das wieder in Ordnung? Was können wir daraus lernen?« Wenn die Furcht vor Repressalien weitgehend zerstreut ist, beginnen Teams oftmals erstaunlich schnell, Entscheidungen zu treffen, die zu Qualitätsverbesserungen, Kostenreduzierungen und Gewinnsteigerungen führen. Warum? Weil das Team ein Forum bietet, in dem die Kenntnisse, die Erfahrungen und die Motivation freigesetzt werden können, die in den Teammitgliedern schlummern. Wenn Teammitglieder jedoch die Furcht vor Strafexempeln beibehalten, die in einer hierarchischen Organisation bei schlechten Entscheidungen so häufig zu beobachten sind, wird ihnen die Möglichkeit zu selbstverantwortlichem Handeln großenteils verbaut.

> Wir möchten bei unseren Schulungen gerne wissen: »Welche Frage wird zuerst gestellt, wenn ein Fehler passiert?« Falls die erste Frage »Wer war das?« lautet, wissen wir, dass wir uns nicht in einer von Selbstverantwortung geprägten Kultur befinden und dass dem Veränderungsprozess in diese Richtung Steine in den Weg gelegt werden. Lautet die Frage aber: »Welcher geschäftliche Grund stand hinter der Entscheidung? Was haben wir daraus gelernt? Wie können wir sicherstellen, dass sich dieser Fehler nicht wiederholt?«, befinden wir uns möglicherweise in einer Selbstverantwortungskultur oder zumindest auf dem Weg dorthin. Sie können sich sicher vorstellen, welche Frage in den meisten Fällen zuerst gestellt wird. Wie verhält sich Ihr Unternehmen in dieser Hinsicht?

5. Anfangs reagieren Teammitglieder auf Bemühungen um mehr Selbstverantwortung unter Umständen mit dem Wunsch, einen greifbaren Beitrag zum Unternehmenserfolg leisten zu

können (es sei denn, sie betrachten alle Ideen des Topmanagements mit großem Zynismus). Auf diese positive Euphorie folgt aber häufig die Frage:»Muss ich wirklich so viel Verantwortung übernehmen?« Sie müssen in Ihrer Arbeit mit den Teams durch dirigierendes und sekundierendes Verhalten die Dynamik der ersten Begeisterung immer wieder entfachen und erhalten. Dies gelingt am besten, wenn man dem Team klare Parameter für die Entscheidungsfindung vorgibt, ihm zunächst die Verantwortung für kleinere Entscheidungen überträgt und gute Arbeit würdigt, dem Team aber gleichzeitig auch hilft, aus weniger erfolgreichen Situationen Verbesserungsmöglichkeiten abzuleiten. Der Weg vom hierarchischen Denken zum autonomen Team kann weit sein, doch kann die Wahl des richtigen Ausgangspunkts diesen Prozess beschleunigen.

Fazit

Wir haben jetzt viele Fragen beantwortet, die Führungskräfte und Mitarbeiter bzw. Teamleiter und Teammitglieder in der ersten Phase der Gewöhnung und Orientierung stellen. Am Anfang des Prozesses steht der Informationsaustausch, doch müssen Autonomie durch Abgrenzung und die Entwicklung autonomer Teams (die zu diesem Zeitpunkt allerdings noch von Teamleitern gelenkt werden müssen) rasch folgen, um einen auf drei Säulen ruhenden Ansatz für die Entwicklung einer Selbstverantwortungskultur zu gewährleisten. Im nächsten Abschnitt wenden wir uns der zweiten Phase des Veränderungsprozesses zu. Wir nennen dies die Phase der Desillusionierung und Entmutigung, da hier viele Schwierigkeiten und Enttäuschungen auftreten. In dieser Phase geben Teamleiter und Topmanager häufig ihre Bemühungen auf, Mitarbeiter zu mehr Selbstverantwortung zu führen. Daher müssen Sie unbedingt wissen, wie Sie die dynamische Interaktion der drei Schlüsselbedingungen nutzen können, um diese problematische Phase zu überstehen.

Phase 2

Desillusionierung und Entmutigung

Sobald der Veränderungsprozess hin zur Selbstverantwortung in Gang gesetzt wurde, ist unweigerlich ein interessantes, aber nervenaufreibendes Phänomen zu beobachten. In der Praxis entpuppen sich die Herausforderungen, die es auf dem Weg zu einer von selbstverantwortlichem Denken und Handeln geprägten Firmenkultur zu meistern gilt, immer größer, als ursprünglich angenommen. Es wird stets unterschätzt, wie schwierig die Umstellung von den alten hierarchischen Verhaltensmustern zu den neuen Gepflogenheiten einer Selbstverantwortungskultur ist. Außerdem wird nicht erkannt, wie schwierig es ist, die Organisationssysteme zu verändern, die der Unterstützung eines hierarchischen Unternehmens dienten. Dies zusammen führt zu einer Phase der Desillusionierung und Entmutigung.

In diesem Abschnitt konzentrieren wir uns auf diese Phase. Wie bei der ersten Phase werden wir erläutern, wie jede der drei Schlüsselbedingungen für selbstverantwortliches Handeln dabei helfen kann, diese Zeit zu überstehen, in der viele Menschen einfach nur aufgeben und zum früheren Status quo zurückkehren wollen. Als Rahmen für den richtigen Einsatz dieser drei Schlüsselbedingungen verwenden wir wieder das Modell der situationsbezogenen Führung (Situational Leadership® II). Einzelheiten ergeben sich aus der Konzentration auf jede der drei Schlüsselbedingungen. Wie schon in Teil eins werden wir Fragen beantworten, die Manager und Mitarbeiter beim Übergang zur Selbstverantwortungskultur häufig stellen, wenn sie sich mitten im Veränderungsprozess befinden und entmutigt sind. Wir werden zeigen, wie man eine Zeit überstehen kann, in der man das Gefühl hat, man befinde sich bei einem Fallschirmabsprung unter wolkenverhangenem Himmel in freiem Fall. An das Flugzeug, aus dem man abgesprungen ist, kann man sich kaum noch erinnern, und die Erde ist nirgendwo zu sehen. (Und wo war gleich wieder diese verflixte Reißleine?)

Zunächst werden wir uns der Frage zuwenden, wie der Zugang aller Mitarbeiter zu Informationen eine klarere Vorstellung der Praktiken vermitteln kann, die zu selbstverantwortlichem Handeln führen werden. Danach zeigen wir, welch wichtige Rolle die beiden anderen Schlüsselbedingungen in dieser heiklen Übergangsphase spielen. Autonomie durch Abgrenzung und Teams statt Hierarchien werden in dieser Reihenfolge behandelt, wobei nicht vergessen werden sollte, dass natürlich auch in dieser Phase alle drei Schlüsselbedingungen dynamisch zusammenwirken müssen, wenn die Phase der Desillusionierung und Entmutigung gemeistert und der Übergang hin zu einer Kultur der Selbstverantwortung weitere Fortschritte machen soll. Wenden wir uns also zunächst dem wechselseitigen Informationsfluss in dieser zweiten Phase des Veränderungsprozesses zu.

Kapitel 6

Die erste Schlüsselbedingung: Verbesserung des Informationsaustauschs

In einem Zeitalter, in dem Schnelligkeit und rasche Reaktionen groß geschrieben werden, bekommen wir häufig die Klage zu hören, dass Veränderungen so lange dauern. Sobald einmal die Entscheidung für eine Selbstverantwortungsinitiative gefallen ist, will jeder das Ziel erreichen, ohne den Weg dahin zurücklegen zu müssen. Wie Kinder auf einer Ferienreise scheinen die Beteiligten zu fragen: »Sind wir nicht bald da?« Das Problem besteht darin, dass beim Übergang zu einer von Selbstverantwortung geprägten Organisation die hierarchischen Denkmuster der Vergangenheit von grundlegend anderen Ideen abgelöst werden müssen. Wir müssen bei diesem Prozess also mit Frustration und Enttäuschungen rechnen. In diesem Kapitel beantworten wir einige Fragen, die typischerweise in dieser Phase der Veränderungsinitiative gestellt werden.

Warum lässt sich diese Phase der Entmutigung nicht vermeiden?

1. Entmutigungen sind bei diesem Veränderungsprozess keineswegs wünschenswert, aber leider unvermeidlich. Bei Veränderungen von Organisationssystemen, Abteilungen oder Arbeitsgruppen folgt auf anfangs empfundene erwartungsvolle Spannung häufig die Erkenntnis, dass sehr weitreichende Einschnitte nötig sind, wenn das gewünschte Ziel erreicht werden soll. Wie die Grundsätze der situationsbezogenen

Führung (Situational Leadership® II) implizieren, schlägt Anfangsbegeisterung über den Aufbruch zu neuen Ufern bald in Desillusionierung oder Unzufriedenheit um, ganz gleich, ob die betreffenden Führungskräfte mit einzelnen Mitarbeitern oder mit Teams arbeiten. Aus begeisterten Anfängern (Entwicklungsstand 1) werden desillusionierte Fortgeschrittene (Entwicklungsstand 2). In der Teamentwicklung mehren sich gegen Ende der Orientierungsphase die Anzeichen, dass das Team nun in die zweite Stufe der Unzufriedenheit eintritt. Das ist ganz natürlich. Desillusionierung und Unzufriedenheit sind nichts Schlimmes, nur einfach unangenehm. Selbstverantwortung klingt anfangs so phantastisch, beginnt aber schwer zu fallen, wenn die Beteiligten verstehen, in welchem Maße sie alle, Manager und Mitarbeiter gleichermaßen, ihre Einstellungen und Verhaltensweisen ändern müssen. Daher fühlen sich die Beteiligten in dieser wichtigen Phase der Desillusionierung und Entmutigung oft sehr unwohl. Eine der Schlüsselfragen lautet nun: Sollen wir es honorieren, wenn die Beschäftigten das gute Urteilsvermögen zeigen, das Voraussetzung für selbstverantwortliches Handeln ist, oder belohnen wir sie weiterhin für die Einhaltung der Regeln des hierarchischen Systems? Die meisten von uns sind Feuer und Flamme für Veränderungen, sofern sie andere betreffen. Wenn wir uns aber selbst auch in mancherlei Hinsicht ändern müssen, beschleicht uns gerne ein mulmiges Gefühl.

2. Während dieser Veränderungsphase tauchen viele negative Gefühle und Verhaltensweisen auf, die selbstverantwortliches Handeln behindern. Die Mitarbeiter zweifeln an sich selbst, machen ihren Gefühlen aber häufig in Form von Kritik an Führungskräften Luft. Um diesen Problemen Rechnung zu tragen, muss der Zugang zu Informationen auf eine etwas andere Weise genutzt werden als in der ersten Prozessphase. Wir müssen auch erste Antworten auf die unterschwelligen Fragen finden, die den Beteiligten zu ihrer aktuellen Situation durch den Kopf gehen. Wie aus den in Kapitel 2 vorgestellten Fragenkomplexen hervorgeht, beschäftigen die Mitarbeiter in

dieser zweiten Phase des Veränderungsprozesses in erster Linie persönliche Fragen und Umsetzungsfragen. Hierzu einige Beispiele:

- Wie werde ich persönlich von all diesen Veränderungen betroffen sein? Werde ich zu den Gewinnern oder zu den Verlierern gehören?
- Bin ich der Einzige, der sich fragt, ob ich diesen Übergang zu einer Selbstverantwortungskultur überstehen werde? Woher soll ich die Zeit dafür nehmen?
- Ich bin mir nicht sicher, wie ich von dieser zusätzlichen Verantwortung profitieren soll. Welche Vorteile ergeben sich daraus für mich?
- Was soll ich nach den Erwartungen des Unternehmens tun, um dem Konzept der Selbstverantwortung zum Erfolg zu verhelfen? An wen kann ich mich wenden, wenn ich Hilfe benötige?
- Wie lange dauert es, bis wir hier selbstverantwortlich handeln? Wann werde ich mich nicht mehr so frustriert fühlen?
- Ergeht es anderen Unternehmen, die ihre Mitarbeiter zu mehr Selbstverantwortung führen wollen, ähnlich, oder haben wir besonders große Schwierigkeiten?
- Kann das Topmanagement diesen Prozess nicht leichter für uns machen? Will uns die Geschäftsleitung tatsächlich mehr Entscheidungsbefugnisse einräumen, oder ist das Ganze nur ein Schwindel?

Viele der Fragen, die sich Mitarbeitern in dieser Phase aufdrängen, spiegeln offensichtlich ihre Selbstzweifel wider. Wie so oft suchen jedoch die meisten Menschen eine Person oder einen Prozess, den sie in Frage stellen können, um nicht an ihren eigenen Fähigkeiten und/oder Einstellungen zweifeln zu müssen. Beachten Sie auch, dass sich die Fragen zumeist auf individuelle Belange konzentrieren und noch nicht berücksichtigen, dass jeder Einzelne Teil eines sich bereits entwickelnden Teams ist. Lassen Sie uns nun auf einige der spezifischen Fragen eingehen, die in Bezug auf die Rolle des Informationsaustauschs bei der Lösung dieser Probleme gestellt werden. Dabei sollten Sie jedoch keinesfalls vergessen, dass auch die anderen beiden Schlüsselbedingungen von zentraler Bedeutung sind.

Wie kann freier Informationszugang der Frustration und Entmutigung der Mitarbeiter entgegenwirken?

1. Einer der Hauptgründe für die Desillusionierung und Mutlosigkeit, die Menschen auf dem Weg zur Selbstverantwortung erleben, sind ihre überzogenen Anfangserwartungen, die nicht der Realität entsprechen. Nahezu alle Mitarbeiter und Führungskräfte – vom Vorstand über das mittlere Management bis hin zu Teamleitern und Teammitgliedern – unterschätzen den Veränderungsbedarf, der mit der Einführung einer Selbstverantwortungskultur verbunden ist. Manche halten es auch für unwahrscheinlich, dass dieser Prozess funktionieren kann, so dass sie sich beim ersten Anzeichen von Problemen in ihrer Einschätzung nur bestätigt fühlen. Dann sind sie enttäuscht und entmutigt und glauben nicht, dass das hierarchische Denken jemals überwunden werden kann. Sie fragen sich, ob der »Mythos Selbstverantwortung« halten kann, was er verspricht. Die Teammitglieder bezweifeln, ob sie jemals ihre Begabungen und ihre Urteilsvermögen nach eigenem Ermessen nutzen können, während bei den Führungskräften Zweifel aufkeimen, ob die Mitarbeiter jemals Ergebnisverantwortung übernehmen werden. Teammitglieder und Teamleiter befürchten, dass sie in der Selbstverantwortungskultur inkompetent wirken könnten. Diese Befürchtung sprechen sie unter Umständen nicht offen aus, aber sie ist dennoch ganz dicht unter der Oberfläche vorhanden. Es hilft Teamleitern und Teammitgliedern sehr, wenn sie jemand darauf hinweist, dass Veränderungsprozesse immer diese Phase der Entmutigung beinhalten. Wenn beispielsweise Mitarbeitern, die in einem Team zusammenarbeiten, die Teamentwicklungsphasen erläutert werden,

verstehen sie, dass ihre Frustration ein ganz natürlicher Zustand ist, selbst wenn sie sich dabei unbehaglich fühlen. Dieser Informationsaustausch vermittelt den Beteiligten einen Einblick in das Geschehen um sie herum. Er sollte vorzugsweise zu einem Zeitpunkt stattfinden, zu dem die Energie der Beteiligten nachzulassen beginnt. Präsentiert man ihnen einen solchen Überblick zu früh, zeigt er recht wenig Wirkung, da sich die Beteiligten noch nicht vorstellen können, dass sie später enttäuscht und mutlos sein werden. Erhalten sie diese Informationen aber zu spät, hat sich die Situation bereits so sehr verschlimmert, dass es schwierig wird, den Prozess wieder in die richtigen Bahnen zu lenken. Am besten ist ein »Just-in-Time«-Umgang mit solchen Problemen.

Ein Fall aus unserer Beratungspraxis veranschaulicht diesen Punkt sehr treffend. Nachdem wir sechs Monate lang mit einem Unternehmen gearbeitet hatten, waren bei Führungskräften und Mitarbeitern vermehrte Anzeichen der Entmutigung zu beobachten. Von den Beschäftigten hörten wir Bemerkungen wie diese: »Dieser Selbstverantwortungskram wird niemals funktionieren. Unsere Chefs wollen doch gar nicht, dass wir selbstständig handeln.« Gleichzeitig beklagten sich die Führungskräfte: »Wann werden unsere Leute endlich zu handeln beginnen? Sie wissen doch, dass wir von ihnen eigenständiges Handeln erwarten. Worauf warten sie bloß?« Es war klar, dass das Konzept der Selbstverantwortung in Schwierigkeiten geraten war; es lief Gefahr, zusehends zu einer »Managementmode des Monats« zu verkommen. Unser nächster Schritt bestand darin zu erklären, dass solche Gefühle der Frustration und Entmutigung keineswegs selten seien. In einem Veränderungsprozess müsse man vielmehr damit rechnen. Wir beschrieben auch, wie andere Unternehmen mit genau den gleichen Problemen zu kämpfen hatten. Die Reaktion der Führungskräfte und Teammitglieder war verblüffend: Sie begannen offen über ihre Desillusionierung und Mutlosigkeit zu sprechen. Dann diskutierten sie darüber, wie sie ihre Probleme angehen könnten. Einige sagten: »Wenn die anderen Unternehmen diese Probleme gemeistert haben, können wir das auch – wenn nicht sogar noch besser als die!«

2. Hilfreich ist in dieser Situation auch, Teammitglieder und Teamleiter an den Nutzen zu erinnern, den ihnen eine von

Selbstverantwortung geprägte Kultur bringen wird. Erklären Sie den Mitarbeitern, wie sie davon profitieren werden, wenn sie mehr Kontrolle über ihre Arbeit haben und Besitzerstolz empfinden werden, der ihnen im hierarchischen Umfeld völlig abging. Betonen Sie den Führungskräften gegenüber erneut, welche Vorteile es für sie haben wird, wenn sie mit Menschen zusammenarbeiten können, die Partner und Teammitglieder sind und mit ihnen die Verantwortung für die Ergebnis- und Zielerreichung teilen. Informieren Sie alle Beteiligten unbedingt über die Fortschritte, die sie sowohl im Hinblick auf selbstverantwortliches Handeln als auch in der Beeinflussung der Unternehmensergebnisse machen. Auch kleine Etappensiege sollten gefeiert werden, da positives Feedback der Frustration entgegenwirken kann und zugleich erwünschte Verhaltensweisen und Arbeitsergebnisse verstärkt. Gleichzeitig sollten Sie allen Beteiligten gegenüber einräumen, dass der Wandel zu einer Selbstverantwortungskultur tatsächlich ein langwieriger Prozess ist, der bisweilen sehr entmutigend und endlos erscheint.

Ein Fertigungsunternehmen unternahm in dieser Phase große Anstrengungen und erstellte Berichte und Datenübersichten, die es an alle Mitarbeiter an allen Standorten im ganzen Land verteilte. Die erhobenen Daten ließen sich in zwei Kategorien unterteilen. Zum einen verwendete das Unternehmen unser »Selbstverantwortungsbarometer«, einen Fragebogen, mit dessen Hilfe festgestellt werden kann, wo im Veränderungsprozess sich die Beteiligten befinden.[1] Die drei Teile dieses Fragebogens befassen sich jeweils mit einer der drei Schlüsselbedingungen. Jeder Abschnitt enthält eine Reihe von Aussagen, die einen von viel Selbstverantwortung gekennzeichneten Zustand beschreiben. Die Wertung, die Mitarbeiter ihrem Unternehmen zu jeder dieser Aussagen geben, zeigt die Lücke zwischen der angestrebten Selbstverantwortung und der Realität auf. Ein Vergleich der Antworten der Mitarbeiter, der mittleren Manager und der Führungsspitze kann deutliche Diskrepanzen ans Licht bringen, die signalisieren, dass nicht alle beteiligten Parteien die Realität in gleicher Weise wahrnehmen. Dieses Barometer ist eine gute Informationsquelle, die als Basis für einen Aktionsplan für die nächsten Schritte und Benchmark beziehungsweise Referenzgröße für den Fortschritt in Richtung Selbstverantwortung dienen kann. In dem eingangs erwähnten Unternehmen wurden die neuen Daten mit Zahlen aus der Zeit vor dem Veränderungsprozess verglichen, um zu beweisen, dass bestimmte Verhaltensänderungen stattfanden. Zweitens wurden Daten zur Produktivität, zum Ausschuss und zur Qualität der Fertigungsverfahren zusammengetragen. Wieder wurden die aktuellen Werte mit den Zahlen vor dem Wandel verglichen, um zu zeigen, dass auch die Gewinnlage sich veränderte. Die Bereitstellung dieser Informationen erwies sich als äußerst hilfreich bei der Bekämpfung der Frustration, da sie belegten, dass sowohl im Veränderungsprozess als auch bei den Ergebnissen positive Veränderungen stattfanden.

3. Zu diesem Zeitpunkt müssen auch konzentrierte Bemühungen unternommen werden, um den umgekehrten Informationsaustausch zwischen Mitarbeitern und Führungskräften zu fördern. Anders ausgedrückt: Jetzt sollten Sie sich unbedingt die Sorgen der Beschäftigten anhören. Befürchten diese, dass sie nicht über die Fähigkeiten verfügen, die für selbstverantwortliches Handeln benötigt werden? Meinen sie, sie hätten nicht genug Zeit für all die Veränderungen, die auf dem Weg zu mehr Selbstverantwortung erforderlich sind? Sind sie frustriert, weil das Ziel der Selbstverantwortung von ihrer heutigen Position noch so weit entfernt zu sein scheint? Was genau bereitet ihnen Kopfzerbrechen? Eine effektive Führungskraft wird aus den Grundsätzen der situationsbezogenen Führung den Schluss ziehen, dass sie in dieser Situation die Mitarbeiter vor allem gut coachen muss, weil zu diesem Zeitpunkt nicht nur fortgesetztes dirigierendes Verhalten, sondern auch aktives Zuhören entscheidend ist. Die Sorgen sind vorhanden, doch fällt es den Mitarbeitern unter Umständen schwer, sie klar zu artikulieren. Durch aktives Zuhören können Manager die wahren Anliegen ihrer Mitarbeiter erkennen und mit Geduld und Einfühlungsvermögen darauf eingehen. Dabei sollten sie eingestehen, dass auch ihnen viele dieser Sorgen nicht fremd sind. Indem sie diese gemeinsamen Befürchtungen offen legen, werden Teamleiter und Teammitglieder angesichts der gemeinsamen Herausforderung enger

zusammenwachsen, was ihnen erlaubt, ihre Energien besser zu fokussieren und dynamischer an der Fortsetzung des Veränderungsprozesses in Richtung Selbstverantwortung zu arbeiten.

Eine Supermarktkette schrieb sich begeistert das Konzept der »mündigen Mitarbeiter« auf die Fahnen. Die Führungskräfte wünschten sich Selbstverantwortung ebenso sehr wie die Beschäftigten, doch änderte sich nichts. Es wurde deutlich, dass die Art der Leistungsmessung das größte Hindernis für den Wandel darstellte. Die einzige wichtige Meßgröße waren die genehmigten Arbeitsstunden pro Geschäft. Jedes Mal, wenn ein Geschäftsführer mit einer Innovation den Umsatz steigern wollte, erhielt er keinerlei Unterstützung von dem mittleren Management, da dieses ausschließlich an den genehmigten Stunden gemessen wurde. Natürlich müssen die Geschäftszeiten zur Margensteuerung gemessen werden. Aber die Teammitglieder wussten ebenso gut wie der Geschäftsführer, dass auch andere Faktoren in Betracht gezogen werden mussten. Die von den Beschäftigten erkannten Probleme konnten nur durch eine Öffnung des Kommunikationskanals zwischen den Mitarbeitern und den Managern überwunden werden. Das Resultat: selbstverantwortliche Mitarbeiter, die über ihre Anwesenheit während bestimmter Geschäftszeiten hinaus einen Mehrwert für den Kunden boten und höhere Margen für das Unternehmen erwirtschafteten.

4. Führungskräfte, die sich allmählich in Teamkoordinatoren verwandeln, benötigen zusätzliche Schulungsmaßnahmen, um den Informationsaustausch in dieser Phase der Desillusionierung und Entmutigung effektiv einzusetzen. Teamleiter müssen ihre Fähigkeiten in der Bereitstellung von Informationen über die Unternehmensleistung weiter vervollkommnen und in der Lage sein, diese Daten unmissverständlich zu erklären und Fragen klar zu beantworten, ohne dabei in die Defensive zu gehen. Wie das Modell der situationsbezogenen Teamführung zeigt, müssen Teamleiter, wenn sie wirksam handeln wollen, in der Phase der Unzufriedenheit einen Führungsstil mit viel dirigierendem und viel sekundierendem Verhalten wählen. Dirigierend werden sie vor allem in Bezug auf

die anstehenden Aufgaben tätig. Sie werden aber auch vermehrt andere Mittel einsetzen: Zuhören, Diagnosen, Verständnis für Unterschiede zwischen Teammitgliedern zeigen, Konfliktlösung unterstützen, Probleme in lösungsorientierte Aktionspläne umsetzen. Diese Fähigkeiten müssen eingeübt und angewendet werden, da sie im hierarchischen Umfeld nur selten gefragt sind. Ferner muss das Topmanagement in dieser Phase den Teamleitern in allen Teilen der Organisation in Bezug auf die gewünschten Verhaltensweisen mit gutem Beispiel vorangehen. Ohne diese Führung und dieses Engagement der Führungsspitze sind alle Veränderungsbemühungen zum Scheitern verurteilt.

Ein US-Unternehmen führte kontinuierliche Managementschulungen für die Teamleiter durch und brachte ihnen die Fähigkeiten bei, die in jeder einzelnen Phase des Veränderungsprozesses hin zu einer Selbstverantwortungskultur benötigt wurden. Als die Topmanager diese Seminare durch persönliche Teilnahme zu unterstützen begannen, war das für alle Führungskräfte ein wichtiges Signal, wie dringlich der Einsatz dieser Fähigkeiten war. Durch frühzeitige Fokussierung auf bessere Kommunikations- und Diagnosefähigkeiten konnte verhindert werden, dass die Phase der Desillusionierung und Entmutigung zu viel Schaden anrichtete. Besonders effektiv wurde das Zuhören als Instrument zur Beeinflussung von Verhaltensweisen in die gewünschte Richtung genutzt: durch aktives Zuhören zunächst die wahren Sorgen der Mitarbeiter identifizieren und dann den Beschäftigten zeigen, dass sie durchaus über die Fähigkeiten zur Lösung recht kniffliger Probleme verfügten.

Welche Reaktionen sollte man von Mitarbeitern an der Basis erwarten, die jetzt über einige Informationen verfügen, sich aber entmutigt fühlen?

1. Bei Informationssitzungen müssen Sie mit einigen kritischen Fragen seitens der Mitarbeiter an der Basis rechnen. Vergessen Sie nicht, dass diese Menschen enttäuscht und entmutigt sind und sich fragen, ob dieses Selbstverantwortungsprojekt überhaupt jemals funktionieren wird und ob sie persönlich einen

Nutzen daraus ziehen werden. Sie bringen unter Umständen ihre Sorge zum Ausdruck, dass die ganze Zeit über ausschließlich das Unternehmen profitiert hat und seine Mitarbeiter noch geschickter ausbeuten wollte. Die Führungskräfte, die an diesen Sitzungen teilnehmen, müssen die Mitarbeiter zu solchen kritischen Fragen ermutigen und darauf ehrlich und aufrichtig antworten. Natürlich hofft das Unternehmen, seine Produktivität, seine Qualität und seine Flexibilität den Kundenwünschen gegenüber zu verbessern, aber Teamleiter und Teammitglieder werden sich stolz und einbezogen fühlen, weil sie partnerschaftlich an diesen Verbesserungen mitgewirkt haben.

2. Seien Sie nicht überrascht, wenn die operativen Mitarbeiter unverblümt nach der Geschäftsentwicklung fragen. Vielleicht wollen sie wissen, warum die Margen sinken, wieso der Umsatz langsamer ansteigt als prognostiziert oder was als Reaktion auf einige schwerwiegende Kundenreklamationen unternommen wird. Solche Fragen deuten darauf hin, dass die Beschäftigten das Geschäft tatsächlich zu verstehen beginnen und in die Rolle interessierter Teilhaber und Partner hineinwachsen. Bereiten Sie daher weitere Erklärungen und Informationen zu den verschiedenen Kennzahlen vor. Nutzen Sie diese Sitzungen auch, um die Berechnung dieser Zahlen genauer zu erläutern und die Werte mit eigenen historischen Zahlen oder Branchenstandards zu vergleichen.

In einer der interessantesten Sitzungen, an der wir je teilnehmen konnten, standen eine Gruppe von Managern einer Computerfirma einem Mitarbeiterteam Rede und Antwort. Es war klar, dass diese Mitarbeiter über die Geschäftsergebnisse gut informiert waren. Sie wollten wissen, wieso die Leistung eines Standorts rückläufig war. Sie stellten einige sehr direkte Fragen zu Ressourcen, strategischen Entscheidungen und Kostensenkungsmaßnahmen, die das Management verabschiedet hatte. Offensichtlich hielten sie diese Entscheidungen nicht für besonders gut durchdacht. Das überraschendste war jedoch die Reaktion der Führungskräfte auf diese »Angriffe«. Die Manager blieben alle ganz ruhig, gingen auf die Sorgen der Mitarbeiter ein und gaben sogar zu, dass einige Entscheidungen nicht optimal gewesen seien. Sie forderten die Anwesenden auf, ihnen Verbesserungsvorschläge zu unterbreiten und gemeinsam mit dem Management bessere Alternativen zu erarbeiten, mit denen sich das Unternehmen dem am Markt herrschenden Wettbewerbsdruck widersetzen könnte. Daraus entstand lange nach der Sitzung eine Dynamik, die dem Unternehmen durch partnerschaftliche Kooperation von Mitarbeitern und Managern einen effektiven Umgang mit vielen Problemen ermöglichte.

3. Die Teamleiter fühlen sich von mutlosen Mitarbeitern, die von ihnen Antworten auf alle Fragen verlangen, leicht unter Druck gesetzt. Sie sollten jedoch daraus nicht den Schluss ziehen, dass es besser wäre, keine vertraulichen Informationen mehr weiterzugeben. Die Mitarbeiter müssen die wahre Situation kennen, ob sie nun gut, schlecht oder gemischt ist. Wenn Führungskräfte Mitarbeitern Zugang zu vertraulichen Informationen gewähren, unterstreichen sie damit deutlich, dass sie ihre Leute respektieren und ihnen trauen. Sie sagen damit: »Ich bin davon überzeugt, dass Sie verantwortungsbewusst mit den vertraulichen Informationen umgehen, die ich Ihnen zugänglich mache.« Sie werden auch fragen, wie die Teammitglieder ihrer Meinung nach diese Zahlen positiv beeinflussen können, vor allem wenn sie auf bestimmte Schwierigkeiten hinweisen. Das Risiko, das mit der Weitergabe vertraulicher Informationen in dieser Phase des Veränderungsprozesses verbunden ist, wird sich auszahlen, da die Menschen das gewünschte Ergebnis mit ihren Kenntnissen und Erfahrungen und ihrer Motivation positiv beeinflussen können. Denken Sie an folgenden Satz: »Ein Unternehmen ist nur so krank, wie es geheimniskrämerisch ist.« Jetzt müssen Sie Ihrem Unternehmen wieder auf die Beine helfen und eine Selbstverantwortungskultur fördern. Eine besonders wirksame Medizin ist in dieser Situation ein verbesserter Zugang zu Informationen.

4. Setzen Sie den Informationsaustausch fort, der Mitarbeitern aufzeigt, wie ihre Tätigkeit die Abteilung und das gesamte Unternehmen beeinflusst. Die Menschen müssen wissen, dass sie einen wertvollen Beitrag leisten und nicht einfach nur eine

Schicht absitzen oder ihre Zeit im Büro vergeuden. Neben regelmäßig angesetzten Informationsveranstaltungen sollten Sie auch Schritte unternehmen, um den Beschäftigten Informationen jederzeit und in jeder erforderlichen Form verfügbar zu machen. Ihre Mitarbeiter arbeiten jetzt schon geraume Zeit mit den Informationen und haben möglicherweise bestimmte Vorstellungen davon, welche zusätzlichen Daten sie für verantwortungsbewusstes und innovatives Handeln benötigen, das Probleme löst und sich positiv auf den Gewinn auswirkt.

5. Regen Sie Teammitglieder zum Austausch von Informationen mit anderen Teamkollegen an und loben Sie diejenigen, die Daten tatsächlich weitergeben. Ohne Informationsaustausch sind Selbstverantwortung und Problemlösung nicht möglich, denn Informationen sind das Lebenselixier eines jeden Teams. Wenn die Teammitglieder untereinander Informationen austauschen, erfahren sie im Kollektiv, was jede Person weiß, und können dann die Synergien realisieren, die sich aus der Teamarbeit ergeben. Sie sollten aber auch einen Informationsaustausch zwischen Teammitgliedern und ihren Teamleitern sowie anderen Führungsebenen fördern. Wenn die Führungsspitze ernsthaft die versteckten Potenziale der Mitarbeiter an der vordersten Front auszuschöpfen beginnt, kann sie viel über die Lösung der Probleme im Unternehmen lernen und die strategische Ausrichtung der Organisation von einer ganz neuen Warte aus betrachten. Außerdem hilft der bilaterale Informationsfluss (nicht nur von oben nach unten, sondern auch umgekehrt) dabei, die Hierarchie weiter in den Hintergrund zu drängen und im gesamten Unternehmen ein Gefühl der Partnerschaft entstehen zu lassen. Bitten Sie die Mitarbeiter an der Basis, ihre Verbesserungsvorschläge für Prozesse und Verfahren zu unterbreiten. Wir garantieren Ihnen, dass nicht nur die Ergebnisse Sie überraschen werden, sondern auch das Gefühl der Partnerschaft, das selbstverantwortlicheres Handeln mit sich bringt.

Wie sollte man auf Ergebnisse reagieren, die Mitarbeiter dank ihrer neu erworbenen Informationen erzielen?

1. Sie müssen sich unbedingt vor Augen halten, dass die Mitarbeiter in dieser Phase der Desillusionierung und Entmutigung sich höchstwahrscheinlich fragen:»Lohnt sich diese ganze Mühe?« Führungskräfte stellen sich unter Umständen die gleiche Frage. Um den Beschäftigten zu zeigen, was sie sogar in dieser Phase der Frustration bereits erreicht haben, müssen ihre Anstrengungen sowie die erkennbaren Verbesserungen in der Leistung und im selbstverantwortlichen Handeln gewürdigt werden. Suchen Sie nach Verbesserungen in Bereichen wie Entwicklung neuer Ideen, Übernahme von Verantwortung für das eigene Handeln, Gewinnzahlen oder Qualitätsdaten. Erzählen Sie Erfolgsstorys über einen sinnvollen Einsatz von Informationen, selbst wenn die Mitarbeiter mit ihrem Verhalten noch nicht ganz ins Schwarze getroffen haben. Zeigen Sie den Beschäftigten, welche Wirkung ihre Tätigkeit hat. Erkennen Sie ihre Bemühungen um selbstverantwortlicheres Handeln an. Loben Sie nicht nur Endergebnisse, sondern auch Fortschritte. Legen Sie Ziele mit kontrollierbaren Messgrößen fest. Wenn dann Fortschritte erzielt werden, sollten Sie mit echtem Lob keinesfalls knausern. Allzu häufig honorieren Manager Etappensiege nicht. Manche Führungskräfte versuchen dies zwar, doch klingt ihr Lob zu programmiert, zu allgemein und zu unaufrichtig. Empfehlungen, wie man durch Lob Menschen zu effektivem Handeln motivieren kann, finden Sie im»dritten Geheimnis« (Geschenk der Gans) in dem Buch *Gung Ho!* von Ken Blanchard und Sheldon Bowles.[2] Die Autoren betonen dort, dass Lob spontan und rechtzeitig erfolgen und persönlich, spezifisch und beschreibend sowie einzigartig und aufrichtig sein muss.

Ein Stromversorgungsunternehmen erkannte, dass es sein Leistungsmanagementsystem besser auf eine Firmenkultur abstimmen musste, in der Führungskräfte und Teammitglieder selbstverantwortlich als Partner zusammenarbeiteten. Beim Einführungstraining zu dem neuen Prozess wurden Daten in einem »Leistungsmanagementbarometer« zusammengetragen, das die von den Mitarbeitern erlebte Effektivität von Zielfestlegung, Coachingansatz und Leistungsprüfung maß. Als sich die Beschäftigten nach ungefähr einem Jahr entmutigt zu fühlen begannen, wurde dieser Test erneut durchgeführt. Die Ergebnisse zeigten spürbare Verbesserungen bei Zielfestlegung und Leistungsüberprüfung. Die Daten legten auch offen, dass beim Coaching noch eine klarere Fokussierung nötig war. Das Managementteam nahm sich die Zeit, die Fortschritte durch sinnvolles öffentliches Lob und Anerkennung zu feiern. Alle freuten sich darüber, dass sie auf diesem Weg schon ein Stück vorangekommen waren, und begannen mit neuem Elan an der weiteren Verbesserung der Coachingpartnerschaft zu arbeiten. In späteren Sitzungen trugen sowohl Teammitglieder als auch Führungskräfte Anregungen für die Verbesserung und Stärkung einer effektiveren Leistungsmanagementpartnerschaft vor.

Wie man Mitarbeiter wirksam lobt, zeigen die in der Tabelle zusammengefassten Grundsätze zum »Ein-Minuten-Lob«, die Ken Blanchard und Spencer Johnson in ihrem Buch *Der Minuten-Manager* erläuterten.[3]

Wie man effektives Lob austeilt

1. Sagen Sie Ihren Mitarbeitern von vornherein, was von ihnen erwartet wird.

2. Beschreiben Sie das beobachtete Verhalten in spezifischen Begriffen, die einen Bezug zu den Erwartungen herstellen.

3. Wenn Sie jemanden loben können, tun Sie's möglichst sofort.

4. Sagen Sie Ihren Leuten aufrichtig, was sie gut gemacht haben.

5. Helfen Sie dem oder der Betreffenden, die positiven Aspekte des eigenen Verhaltens zu erkennen.

6. Geben Sie Ihrer Überzeugung Ausdruck, dass Sie mehr von diesem lobenswerten Verhalten sehen werden.

DENKEN SIE DARAN:
SELBST LOB PER E-MAIL IST BESSER ALS GAR KEIN LOB,
VOICE-MAIL KANN AUCH GANZ NETT SEIN,
ABER AM BESTEN IST IMMER NOCH DAS PERSÖNLICHE LOB!

Kenneth Blanchard und Spencer Johnson: **The One Minute Manager**, S. 44

2. Halten Sie Ausschau nach Problemen, die von den Teams identifiziert und durch kollektive Bemühungen gelöst werden. Sobald sich die neu konstituierten Teams daran gewöhnen, Informationen auszuwerten, die ihnen früher nicht zur Verfügung standen, kann ihr Geschick bei der Lösung wichtiger Leistungsprobleme sogar die Teammitglieder selbst überraschen. Der Schwerpunkt des positiven Feedback sollte nicht nur auf den erzielten Resultaten liegen, sondern auch auf dem verantwortlichen Einsatz der Informationen zur Lösung teaminterner Probleme. Achten Sie vor allem darauf, wie die Teams die Informationen nutzen, um zu überprüfen, ob ihre Lösungen tatsächlich das Problem aus der Welt schaffen, ohne dabei andere Probleme hervorzurufen. Selbstverantwortung setzt die Nutzung der erhaltenen Informationen zur Diagnose und Beseitigung von Problemen voraus. In dieser Entwicklungsstufe müssen die Mitarbeiter gelobt werden, damit sie wissen, wann sie in dieser Hinsicht Fortschritte machen. Um den Prozess der Teamentwicklung wirksam zu verbessern, sollten Sie auch berücksichtigen, wie die Teams die Lösung verwirklicht haben, und dabei besonderes Augenmerk auf effektive Teamarbeit legen, die sowohl zu Ergebnissen führt als auch die Selbstverantwortung des Teams stärkt.

3. Auch wenn die Teams ihre Entscheidungen mit den besten Absichten und dem größten Engagement treffen, werden sie bei dem Versuch, die nun vorhandenen Informationen zu nutzen, Fehler machen – das ist nahezu unvermeidlich. Zu diesem Zeitpunkt müssen Sie unbedingt der Versuchung widerstehen, Fehler der Teammitglieder zu kritisieren. Fehler müssen als besonders gute Lernmöglichkeit gesehen werden. In einem Veränderungsprozess machen nur diejenigen keine Fehler, die sich nicht auf neue Maßnahmen einlassen. Wenn daher Mitarbeiter beim Einsatz der neu zur Verfügung gestellten Informationen Fehler machen, sollten Sie ihre Eigeninitiative loben und sie – und auch andere – dabei unterstützen, aus ihren Fehlern zu lernen, indem sie gemeinsam mit dem Team nach einer Lösung für das Problem suchen. Ermutigen Sie andere Beteiligte,

Lösungsvorschläge zu unterbreiten, während Sie Mitarbeiter für das kollektive Lernen im Team coachen. Arbeiten Sie mit ihnen an der Entwicklung von Ideen, der Bewertung von Alternativen sowie an der Konsensbildung hinsichtlich der besten Lösung für die Fehlerkorrektur.

4. Zeigen Sie Mitarbeitern und Führungskräften auf allen Ebenen den Nutzen (und die Risiken) selbstverantwortlichen Handelns. Die Beteiligten müssen eine Verbindung zwischen ihren Bemühungen und dem Nutzen erkennen, der sich aus erweiterter Verantwortung ergibt. Andernfalls wollen sie womöglich zur hierarchischen Kultur zurückkehren, in der sie weniger Verantwortung tragen und einfach nur am Arbeitsplatz erscheinen und Anweisungen befolgen müssen. In dieser Phase des Veränderungsprozesses erscheint die Verantwortung, mit Hilfe von Informationen Ergebnisse zu beeinflussen, vor allem für Teammitglieder manchmal überwältigend. Hören Sie sich ihre Sorgen an, erklären Sie aber auch deutlich, dass Mitarbeiter für die Folgen ihrer Entscheidungen und Bemühungen verantwortlich sind.

> Ein Unternehmen ging sogar so weit, in jedem Büro eine Klingel zu installieren. Damit verkündeten die Mitarbeiter, dass ein Fehler gemacht worden war, und »läuteten« zugleich einen Lernprozess ein. Das Management wollte dadurch eine Atmosphäre schaffen, in der Fehler freudig begrüßt wurden, weil sie Anzeichen dafür waren, dass die Beschäftigten das Risiko von Verantwortung und Innovationen übernahmen, und zugleich eine Gelegenheit zum Lernen boten. Die Manager dieses Unternehmens erlebten, dass die Mitarbeiter tatsächlich mehr Fehler als früher machten, aber auch mehr innovative Ideen hervorbrachten. Dies wiederum schlug sich in einer besseren Leistung der Arbeitsgruppen nieder.

Welche zusätzlichen Informationen sollten den Mitarbeitern in dieser Phase des Veränderungsprozesses noch gegeben werden?

1. Das Vertrauen zwischen Führungskräften und Teammitgliedern ist zu diesem Zeitpunkt noch immer ein Thema. Der In-

formationsaustausch zu Beginn des Prozesses hat zwar das Vertrauensverhältnis verbessert, aber noch nicht gefestigt. In dieser von Frustration geprägten Veränderungsphase können sowohl Führungskräfte als auch Mitarbeiter unter Umständen ihren Glauben an das Konzept der Selbstverantwortung verlieren. Mitarbeiter werden dann nach Anzeichen Ausschau halten, die darauf hindeuten, dass Selbstverantwortung nicht funktioniert, dass das Management den schönen Worten keine Taten folgen lässt und dass es sich bei dieser Initiative wieder einmal um eine vorübergehende Modeerscheinung handelt. Auch Teamleiter werden nach Anzeichen dafür suchen, dass das Konzept der Selbstverantwortung nicht hält, was es verspricht, dass Mitarbeiter keine Verantwortung für ihr Handeln und ihre Ergebnisse übernehmen wollen oder die Geschäftsleitung den eingeschlagenen Kurs nicht durchhält. Sie befürchten vielleicht sogar, dass die Führungsspitze sie »im Regen stehen lässt« und sie sich ohne jede Unterstützung mit den Umstellungsproblemen herumplagen müssen. In dieser Phase ist es unbedingt erforderlich, den Beteiligten weitere Informationen an die Hand zu geben – nicht nur über den Geschäftsverlauf, sondern auch über die bisher erzielten Fortschritte in der Entwicklung hin zu mehr Selbstverantwortung. Die Menschen müssen wissen, was infolge der Veränderungen bereits geschehen ist und was sie in naher Zukunft von dem Prozess erwarten dürfen. Ermutigen Sie die Beschäftigten weiterhin zu Fragen und beantworten Sie diese offen und ehrlich. Geben Sie ruhig zu, dass Führungskräfte – selbst Topmanager – nicht immer die Antwort auf alle Fragen wissen. Scheuen Sie sich nicht zu sagen: »Ich weiß das auch nicht.« Der einzige Weg, vertrauenswürdige Mitarbeiter zu bekommen, ist, *ihnen zu vertrauen*!

Eine auf Change Management spezialisierte Beratungsfirma wollte das Prinzip der Selbstverantwortung einführen und erlebte dabei viele der hier beschriebenen Höhen und Tiefen. Das Management stellte jedoch fest, dass der intensivierte Austausch von Informationen den Beteiligten dabei half, diese Phase der Entmutigung zu überwinden. Ein Vergleich mit historischen Daten zeigte den Mitarbeitern, wie viel sie bereits erreicht hatten. Sie erkannten dadurch, dass die Interaktion der drei Schlüsselbedingungen in der ersten Phase des Wandels dazu geführt hatte, dass ihnen ihre Arbeit mehr Spaß machte, sie eine ausgeprägtere Besitzermentalität gegenüber der Firma entwickelt hatten und ein stärkeres persönliches Interesse an der Umsetzung des Prinzips Selbstverantwortung empfanden. So erfuhren etwa die Mitarbeiter in der Auftragsabwicklung durch den Informationsaustausch, dass weitaus weniger Kunden sich über den verspäteten Eingang von Sendungen beklagten. Durch klare Fokussierung auf eine Reduzierung der Kundenreklamationen und die Ermutigung, ihre eigenen Ideen in Problemlösungen einzubringen, hatten sie spürbare Fortschritte erzielt. Darauf waren sie sehr stolz und wollten nun sogar andere Probleme in ihrer Abteilung in Angriff nehmen.

2. Sie können jetzt auf den Informationen aufbauen, die in der ersten Phase des Veränderungsprozesses den Mitarbeitern zugänglich gemacht wurden. Wenn Sie an dieser Stelle noch mehr vertrauliche Informationen über die Abteilung oder das Unternehmen weitergeben als bisher, können Sie das Vertrauen und Verantwortungsbewusstsein der Beschäftigten weiter verbessern. Informieren Sie die Mitarbeiter beispielsweise über entscheidende Sachverhalte, die auf das Unternehmen oder die Abteilung zukommen.

Ein Maschinenbauunternehmen bewies großen Mut, als es seine Mitarbeiter davon in Kenntnis setzte, dass die Firma zu viel Personal beschäftigte und Entlassungen denkbar seien. Als die Mitarbeiter in der gesamten Organisation diese Informationen erhielten, reagierten sie anfangs besorgt, wussten aber dann zu schätzen, dass sie in den Entscheidungsprozess einbezogen wurden. Sie wurden gebeten, die Konsequenzen einer derartigen Entscheidung auf das Unternehmen und auf sich persönlich zu beschreiben und dann Vorschläge zu unterbreiten, wie der Personalabbau durchgeführt werden könne und welche Maßnahmen im Bereich Kosteneinsparungen und Umsatzsteigerung das Problem eventuell auf andere Weise lösen könnten. Als das Unternehmen sich aus seiner Schieflage retten konnte, war ein Großteil der Mitarbeiter davon überzeugt, dass sie dank der Lernerfahrung und der Vertrauensbildung, die sie durch den Umgang der Firma mit dieser schwierigen Situation erlebt hatten, nun viel stärker und motivierter waren.

3. Haben Sie keine Angst davor, detaillierte Informationen über die internen Abläufe im Unternehmen weiterzugeben. Zeigen Sie Ihren Mitarbeitern zum Beispiel, wie Vergütungsniveaus, Prämien und Incentives errechnet werden. Untersuchungen haben mehrfach gezeigt, dass Arbeitnehmer glauben, der Gehaltsunterschied zwischen Führungskräften und Mitarbeitern sei größer, als dies in Wirklichkeit der Fall ist. Wenn Sie die Fakten auf den Tisch legen, werden Ihre Mitarbeiter sie besser verstehen und auch entsprechend positiv reagieren. Teammitglieder werden nicht überrascht sein, dass Manager ein höheres Gehalt beziehen als sie selbst. Wenn Sie sich dagegen sträuben, detaillierte Informationen über den Vergütungsplan Ihres Unternehmens weiterzugeben, könnte dies außerdem implizieren, dass er entweder ungerecht oder zu komplex ist. Überlegen Sie sich, ob Sie Mitarbeiter nicht in die Überarbeitung des Vergütungsplans einbeziehen wollen.

Ein landesweit tätiges medizintechnisches Unternehmen hatte gerade ein umfangreicheres Downsizing-Programm abgeschlossen. Die Mitarbeiter, die im Unternehmen bleiben konnten, hatten natürlich das zweifelhafte Privileg einer zusätzlichen Arbeitslast. Die Arbeitsmoral der Belegschaft war ohnehin schon gering, und jetzt wurde von den Arbeitnehmern auch noch erwartet, dass sie härter arbeiteten. Der für die Vergütung zuständige Vorstand beschloss, in zwei regionalen Foren das angewandte Vergütungssystem und die Einstufungsskala zu erläutern. Der wesentliche Aspekt war die Tatsache, dass Mehrarbeit im gleichen Aufgabenbereich an und für sich noch kein Grund für eine Gehaltserhöhung war. Eine Erweiterung der Verantwortung rechtfertigte dies jedoch durchaus. Wenn also ein Mitarbeiter infolge der Personalkürzungen Budgetverantwortung, direkte Führungsverantwortung oder die Befugnis zu unabhängigem Handeln übertragen bekam, wurde der oder die Betreffende auch entsprechend heraufgestuft. Die Foren erwiesen sich als durchschlagender Erfolg. Dies lag in erster Linie daran, dass die Mitarbeiter durch sie erkannten, dass dieses Thema der Führungsspitze am Herzen lag und sie die Beschäftigten in der Lösung der aus der Personalabbaukampagne resultierenden Probleme einbeziehen wollte.

4. Denken Sie daran, dass der Informationsaustausch ein sehr wirkungsvolles Instrument zur Vertrauensbildung und zur Stärkung des Verantwortungsbewusstseins der Beschäftigten ist. In dieser Phase des Veränderungsprozesses, in der die Beteiligten Zweifel zu hegen beginnen und enttäuscht sind, weil die Veränderungen so lange dauern und so kompliziert sind, kann ein verbesserter Informationszugang dabei helfen, die Entmutigung zu überwinden. Gehen Sie das Risiko ein, Ihren Mitarbeitern vertraulichere Informationen zu geben und zu fragen, welche zusätzlichen Informationen sie außerdem für eigenverantwortliches Handeln benötigen. Ein Dialog zum Informationsaustauch kann an dieser Stelle sehr hilfreich sein. Scheuen Sie sich nicht davor zu fragen: »Was wollen Sie gerne wissen?«

Welche Mechanismen sichern den rechtzeitigen und effizienten Austausch der richtigen Informationen?

1. Mit Hilfe der Informationstechnologie können Informationen sehr effizient in einem Betrieb oder Unternehmen verteilt werden. Die besten Informationen sind aktuell (nicht Schnee von gestern) und bei Bedarf verfügbar (auf Knopfdruck). Gibt es einen besseren Weg für die Verbreitung dieser Daten als über das EDV-Netz der Firma? Vergewissern Sie sich, dass das System bedarfsgerecht und benutzerfreundlich konzipiert ist. Bitten Sie Ihre Mitarbeiter, der EDV-Abteilung mitzuteilen, welche Informationen sie ihrer Meinung nach in welchem Umfang benötigen. Fragen Sie die Beschäftigten, ob sie Anregungen in Bezug auf den Informationszugang haben.

2. Organisieren Sie Treffen von operativen Mitarbeitern und EDV-Spezialisten, damit diese diskutieren können, welche zusätzlichen Informationen Ihre Beschäftigten in welchem Umfang benötigen. Zu Beginn des Übergangs zu einer von Selbst-

verantwortung geprägten Kultur wurden vermutlich einige Entscheidungen über die Art der weiterzugebenden Informationen und die dafür gewählten Wege getroffen (zum Beispiel Teamsitzungen, um einen Dialog zu fördern und den Beschäftigten beizubringen, wie man die Information nutzt). Jetzt müssen Sie die Mitarbeiter um ihren Input bitten. Fragen Sie, wie nützlich die bisher bereitgestellten Informationen waren und welche Maßnahmen ergriffen werden könnten, damit die Beschäftigten ihre Kenntnisse, Erfahrungen und Motivation noch besser für selbstverantwortliches Handeln einsetzen können. Fragen Sie, wie die Informationen leicht zugänglich gemacht werden könnten. Wenn Sie die Mitarbeiter an diesen Entscheidungen mitwirken lassen, wird dies das Vertrauensverhältnis und Verantwortungsbewusstsein stärken und der Frustration entgegenwirken, die Mitarbeiter in dieser Phase empfinden.

Können Leistungsfortschritte zur Motivation entmutigter Mitarbeiter genutzt werden?

1. Wenn Sie Entmutigung und Desillusionierung bekämpfen wollen, kann es hilfreich sein, den Mitarbeitern zu zeigen, dass sie einen wertvollen Beitrag leisten und Fortschritte machen. Erläutern Sie die in den Informationen implizierten Ergebnisse und zeigen Sie die Wechselwirkung zwischen dem selbstverantwortlichen Handeln der Beschäftigten und diesen Ergebnissen auf. Wenn Sie kontinuierlich Daten erhoben haben, wird es Ihnen nicht schwer fallen, Fortschritte bei wichtigen Ergebnismessgrößen festzustellen, die Mitarbeiter beeinflussen können (zum Beispiel Qualität, Zykluszeiten oder Fehlerquoten). Nutzen Sie auch Instrumente wie unser »Selbstverantwortungsbarometer«, um den Mitarbeitern zu zeigen, welche Fortschritte sie in Bezug auf die Entwicklung einer auf selbstverantwortlichem Handeln beruhenden Kultur gemacht haben. Ein zentraler Punkt in *Der Minuten-Manager* war die Empfehlung, richtiges Verhalten – oder auch nur einigermaßen richtiges Verhalten – sofort zu loben, falls

Sie Verhaltensänderungen anstreben. Wenn sich Menschen neue Fähigkeiten aneignen, macht es meist keinen Sinn zu warten, bis sie diese perfekt beherrschen. Wenn jedoch Fortschritte gelobt werden, können sich Menschen weiterentwickeln und bleiben motiviert, bis die gewünschte Veränderung tatsächlich erfolgreich umgesetzt ist.

2. Zeigen Sie den Mitarbeitern, wie sich kleine, schrittweise Veränderungen auf die Ergebnisse auswirken. Nicht alle Veränderungen müssen bahnbrechend sein. Viele aufeinander aufbauende kleinere Veränderungsschritte können unter dem Strich sogar wirkungsvoller sein als ein riesiger »Urknall«. Außerdem ermutigt positives Feedback zu kleinen Fortschritten, so dass das Engagement der Beteiligten für die Herausforderungen auf dem Weg zur Selbstverantwortung erhalten bleibt. Es ist in der Regel besser, jemandem zehn Mal im Monat aufmunternd auf die Schulter zu klopfen, als ihn am Monatsende ein Mal in den Himmel zu heben. Dies gilt ganz besonders für die Phase der Frustration und Mutlosigkeit. Wenn Sie Informationen verfolgen und nach Anzeichen für Fortschritte suchen, können Ihre Mitarbeiter das positive Feedback irgendwann aus den Daten selbst ablesen. So steigt ihre Verantwortungskompetenz noch mehr.

3. Leistungsfortschritte verstärken auch den Einsatz der neuen Fähigkeiten, die Mitarbeiter im Rahmen der auf vermehrte Selbstverantwortung abzielenden Initiative lernen. Wenn die Teams lernen, Informationen zu nutzen und Probleme kollektiv zu lösen, ist es hilfreich für sie, wenn sie die Ergebnisse ihrer Bemühungen nachvollziehen können. Dies motiviert sie, die neu erworbenen Fähigkeiten zu erhalten und auszubauen. Zudem werden sie durch den Einsatz der neuen Fähigkeiten auch versierter, und dies wirkt der Entmutigung entgegen, die in dieser Phase des Veränderungsprozesses so natürlich ist. Übung macht den Meister und steigert bei Veränderungen das Selbstvertrauen. Mitarbeiter werden dadurch Antworten auf zentrale Fragen finden: »Welche Vorteile bringen diese Veränderungen für mich persönlich?«, und: »Kann ich die neuen

Fähigkeiten erlernen, die in der Selbstverantwortungskultur
verlangt werden?«

4. Nehmen Sie sich die Zeit, Mitarbeitern zu zeigen, dass sich
ihre Bemühungen in Sachen Selbstverantwortung sowohl für
das Unternehmen als auch für sie persönlich lohnen. Legen Sie
ihnen eine Analyse der Vorteile vor, die der Betrieb bzw. das
Unternehmen aus ihrem selbstverantwortlicheren Handeln
zieht. Menschen wollen, dass ihre Tätigkeit sinnvoll und wert-
schöpfend ist. Helfen Sie ihnen also, ihre Leistungen richtig zu
verstehen. Darüber hinaus müssen sie erkennen, welche Vorteile Selbstverantwortung für sie persönlich hat. Sprechen Sie
mit Ihren Mitarbeitern darüber, welche persönliche Befriedigung und welchen Stolz sie aus ihrem selbstverantwortlicheren Handeln ableiten können. Anfangs verstellt ihnen ihre
Frustration möglicherweise den Blick für den Nutzen. Informationen über eigenverantwortliche, ergebnisorientierte Zusammenarbeit können jedoch zur Überwindung dieser Desillusionierung beitragen. Seien Sie zugleich offen für Kritik, die
Ihnen zeigt, wo es mit der Bevollmächtigung der Mitarbeiter
noch hapert. Manager müssen einräumen, dass dem selbstverantwortlichen Handeln der Beschäftigten noch unbeabsich-
tigte Hindernisse im Wege stehen, einschließlich ihres eigenen
Verhaltens. Sie müssen ein offenes Ohr für die Anliegen der Beschäftigten haben, sie verstehen und dann die nötigen Maßnahmen ergreifen, um dem Prinzip Selbstverantwortung Gel-
tung zu verschaffen und/oder die erkannten Hindernisse aus
dem Weg zu räumen. Eine solche Reaktion auf Probleme, die
Teammitglieder aufzeigen, stellt eine weitere Variante des positiven Feedbacks der zu bevollmächtigenden Mitarbeiter dar.

Sollte man Mitarbeiter im Rahmen der Erweiterung ihres Einfluss- und Entscheidungsspielraums auch finanziell am Unternehmen beteiligen?

1. Wenn die Mitwirkung der Mitarbeiter am Entscheidungsprozess zu positiven Resultaten führt, sollte man sich überlegen,

ob man ihnen nicht die Möglichkeit eines Anteilserwerbs einräumen oder ihre Anstrengungen mit Prämienzahlungen belohnen sollte. Die Entwicklung unternehmerischen Denkens muss mit der Möglichkeit echter Teilhaberschaft untermauert werden, wenn sich die Beschäftigten wirklich bevollmächtigt fühlen sollen. Dies ist natürlich ein kühner Schritt. Er verlangt nämlich vom Topmanagement, einen Teil seiner Macht abzugeben und bereit zu sein, die erzielten Gewinne mit den Mitarbeitern zu teilen. Er beinhaltet aber auch, dass die Beschäftigten echtes Verantwortungsgefühl entwickeln müssen – nicht nur für den aus den Fortschritten resultierenden Nutzen, sondern auch für das Risiko einer negativen Geschäftsentwicklung. Mit zunehmendem Einfluss auf die Ergebnisse müssen Mitarbeiter eine klare (positive und negative) Verbindung zwischen ihrer Leistung und ihrer Vergütung erkennen können. Selbstverantwortung muss sowohl auf persönlicher wie auf organisatorischer Ebene von entsprechenden Unterstützungsmechanismen begleitet werden.

In einem mittelständischen Unternehmen waren die Mitarbeiter in Bezug auf das Programm, das die Firma von einer Hierarchie zur Selbstverantwortung führen sollte, sehr entmutigt. Sie fragten sich, ob all diese Veränderungen überhaupt der Mühe wert waren. Dann wurden sie über die Leistungs- und Rentabilitätssteigerungen informiert, die ihre Bemühungen dem Unternehmen beschert hatten. Um die Beschäftigten auf sinnvolle Weise an diesem Gewinn teilhaben zu lassen, erhielt jeder Mitarbeiter die Möglichkeit, für sich zu entscheiden, für welchen gemeinnützigen Zweck eine einmalige Sonderspende von mindestens 1 000 Dollar pro Angestelltem bzw. mindestens 500 Dollar pro Teilzeitmitarbeiter verwendet werden sollte. Alle Beschäftigten wussten, dass diese Mittel ein Resultat ihrer Anstrengungen waren. Jeder konnte frei entscheiden, welcher wohltätigen Vereinigung er seinen Anteil an der Spende unmittelbar zukommen lassen wollte. Die daraus resultierenden positiven Energien, die Besitzermentalität und das Engagement für das Selbstverantwortungsprogramm des Unternehmens sowie das Gefühl, zum Wohle der Allgemeinheit handeln zu können, weckte in den Mitarbeitern Stolz auf ihre Betriebszugehörigkeit. Das stärkte ihre Entschlossenheit, im nächsten Jahr noch bessere Ergebnisse zu erzielen.

Fazit

Wir haben jetzt einen Einblick gewonnen, wie der ungehinderte Zugang zu Informationen und die damit verbundenen Maßnahmen Mitarbeitern helfen können, die Enttäuschungen in der zweiten Phase des Veränderungsprozesses hin zur Selbstverantwortung zu überwinden. Diese Phase der Desillusionierung und Entmutigung ist ganz natürlich, aber beunruhigend für alle Beteiligten. Zu diesem Zeitpunkt geben viele Unternehmen und Führungskräfte den Versuch auf, ihre Beschäftigten zur Selbstverantwortung zu führen. Selbstverständlich können auch die beiden anderen Schlüsselbedingungen den Beteiligten helfen, dieses schwierige Stadium zu meistern. Wenden wir uns nun der Diskussion und der Beantwortung von Fragen zur zweiten Schlüsselbedingung – Autonomie durch Abgrenzung – zu. Wie kann sie als Gegenmittel für die Frustration in dieser entscheidenden und unangenehmen zweiten Phase des Veränderungsprozesses genutzt werden?

Kapitel 7

Die zweite Schlüsselbedingung: Erweiterung der Grenzen

Da das Konzept der Mitarbeiterselbstverantwortung den meisten Unternehmen völlig fremd ist, verwundert es nicht, wenn viele Organisationen beim Übergang von der hierarchischen Kultur zur Selbstverantwortung irgendwann nicht mehr weiterwissen. Der Weg, der zu diesem Ziel führt, ist nicht mehr klar erkennbar. Daher ist es erforderlich, die Richtlinien für das Handeln in einer Selbstverantwortungskultur neu zu überdenken. Die anfängliche Begeisterung über diese Initiative weicht einem allgemeinen Gefühl der Entmutigung. Die Beschäftigten müssen daran erinnert werden, welches Ziel sie erreichen wollen und wie sie dahin gelangen können. Vom Weg abgekommen zu sein ist niemals ein angenehmes Gefühl. Ganz besonders unbehaglich fühlt man sich, wenn man sich gerade im freien Fall von der Sicherheit der Hierarchie zur Freiheit der Selbstverantwortung befindet. Manche im Unternehmen wollen jetzt aufgeben. Dies ist genau der Zeitpunkt, zu dem es nötig ist, das Ziel fest im Auge zu haben und die Verantwortung klar zu verteilen. In diesem Kapitel werden wir einige der Fragen beantworten, die in diesem Zusammenhang oft gestellt werden.

Warum ist Selbstverantwortung so schwer zu erreichen, obwohl alle sie wollen?

1. Bei ihren Bemühungen um mehr Selbstverantwortung in allen Teilen einer Organisation oder eines Betriebs verlieren die Be-

teiligten leicht die hinter diesem Konzept stehende Vision aus den Augen. Sie werden nur noch sehen, welche Probleme eine Verantwortungserweiterung mit sich bringt, und die Vorteile der Mitwirkung am Entscheidungsprozess nicht mehr wahrnehmen. Wenn Schwierigkeiten auftreten – was unweigerlich der Fall sein wird –, neigen sowohl Manager als auch Mitarbeiter dazu, sich auf die von ihnen zu steuernden Einzelheiten sowie die Tatsache zu konzentrieren, dass der Prozess nicht so reibungslos vonstatten geht, wie sie erwartet hatten. Jetzt brauchen sie jemanden, der ein offenes Ohr für ihre Sorgen hat, ihnen aber auch die Vorteile der Selbstverantwortung, auf die sie sich zubewegen, klar und inspirierend beschreiben kann. Man kann sich ohne weiteres vorstellen, wie Bergsteiger, die den Mount Everest erklimmen wollen, sich unterwegs entmutigt fühlen und nicht mehr genau wissen, wo sich eigentlich der Gipfel befindet. Ausnahmslos alle erfolgreichen Expeditionen hatten Führer, denen es gelang, den Blick ihrer Kollegen auf den Berggipfel zu lenken und ihnen zugleich die Freiheit und Verantwortung einzuräumen, die täglichen Anliegen des Teams so zu managen, dass sie ihre Aufgabe erfüllen konnten.

2. Sowohl Teamleiter als auch Teammitglieder werden sich jetzt vermutlich fragen, ob die von ihnen erlebte Mutlosigkeit typisch ist. Interessant ist in diesem Zusammenhang die Beobachtung, dass die meisten Menschen glauben, sie seien in dieser Situation weitaus stärker entmutigt als Mitarbeiter anderer Unternehmen, die ähnliche Programme durchlaufen haben. Sie neigen zu der Annahme, dass irgendjemand etwas falsch macht (Teammitglieder vermuten, dass es die Führungskräfte sind, während die Teamleiter umgekehrt die Mitarbeiter für die Schuldigen halten) oder dass ihre Situation so einzigartig ist, dass Selbstverantwortung sich in diesem Betrieb einfach nicht verwirklichen lässt. Sie fragen sich, ob sich die ganze Mühe lohnt, wie lange das Projekt denn wohl dauern wird und ob diese Veränderungen wirklich eine Wende zum Besseren herbeiführen werden. Wenn Selbstverantwortung im Unterneh-

men tatsächlich zur Norm werden soll, müssen diese Zweifel ausgeräumt werden. Dabei kann es sehr hilfreich sein, zu erläutern, dass dieses frustrierende Gefühl, sich verirrt zu haben und nicht immer genau zu wissen, was man als Nächstes tun soll, auf dem Weg zur Selbstverantwortung ganz normal ist. Uns ist noch kein Projekt begegnet, in dem die Beteiligten nicht diese Phase der Desillusionierung durchlaufen haben. In allen Teilen des Unternehmens, von der Chefetage bis zur Basis, müssen die Beteiligten daran erinnert werden, dass die Schaffung einer Selbstverantwortungskultur harte Arbeit bedeutet. Für ein solches Vorhaben gibt es keinen schnellen Erfolg. Es müssen dabei einige tief verwurzelte Überzeugungen, wie sich Menschen in einem organisatorischen Umfeld verhalten sollen, über Bord geworfen werden. Der Erfolg hängt in starkem Maße davon ab, ob es gelingt, diese Tatsache zu akzeptieren, aber zugleich weiterhin das Bild einer von Selbstverantwortung geprägten Kultur allen deutlich sichtbar vor Augen zu halten.

3. Denken Sie über die folgende Geschichte nach:

> In einem Kabelfernsehsender, mit dem wir arbeiteten, fragten wir die Geschäftsleitung: »Wünschen Sie sich eine Belegschaft, die sich verhält, als würde ihr das Unternehmen gehören, und eine Besitzermentalität entwickelt, die stolz auf ihre Arbeit ist – sich also dem Prinzip Selbstverantwortung verschreibt?« Die Topmanager bejahten dies eindeutig. Dann fragten wir die Mitarbeiter: »Möchten Sie auf Ihre Arbeit stolz sein, das Gefühl haben, dass Sie am Arbeitsplatz einen wertvollen Beitrag leisten und die Ergebnisse beeinflussen können – also selbstverantwortlich denken und handeln?« Wieder erhielten wir als Antwort ein eindeutiges Ja. Der einzige Haken an der Sache war, dass sich nichts bewegte. Eine kurze Problemanalyse ergab, dass sich das mittlere Management den Veränderungen widersetzte, weil diese Führungskräfte am meisten zu verlieren hatten (Kontrolle, Macht, Status etc.). Wir stellten jedoch fest, dass der wahre Schuldige das System und die von ihm unterstützten Verhaltensweisen waren. Nachdem wir ein klares Bild von der Vision der Selbstverantwortung gezeichnet und die Mess- und Beurteilungsgrößen geändert hatten, begannen sich auch die Verhaltensweisen zu wandeln. Mit anderen Worten: Hätten wir weiterhin nur die finanziellen Ergebnisse gemessen, hätten sich die

Mitarbeiter auch nur dafür verantwortlich gefühlt und ihr Verhalten nicht geändert. Zu viel stand für sie auf dem Spiel. Als das Unternehmen jedoch neben den Finanzkennzahlen auch Verhaltensweisen und Prozesse zu messen begann, machte die Entwicklung in Richtung Selbstverantwortung schnellere Fortschritte.

Diese Geschichte zeigt, wie wichtig es ist, die Beteiligten immer wieder mit Worten in die richtige Richtung zu lenken (in der Phase schadet es nichts, wenn man sich wiederholt) und zu beschreiben, wie die von Selbstverantwortung geprägte Organisation aussehen soll (der Berggipfel). Dieser Prozess wurde bereits zu einem früheren Zeitpunkt in der ersten Phase des Übergangs zur Selbstverantwortung initiiert, muss aber jetzt fortgesetzt werden. Noch wichtiger ist vielleicht die Notwendigkeit, den Menschen begreiflich zu machen, was Selbstverantwortung in ihrem spezifischen Teil dieser neuen Welt bedeutet. Welche Rolle spielen sie für die neue Vision, und wie wird ihre Leistung gemessen werden? Wenn mehr Informationen denn je verfügbar sind und allgemein der Eindruck entsteht, dass alle mehr Verantwortung tragen, könnten viele Mitarbeiter den Eindruck gewinnen, dass andere im Unternehmen entweder Selbstverantwortung sehr viel besser verinnerlichen können als sie selbst oder umgekehrt darin weitaus weniger Geschick beweisen. In beiden Fällen muss jeder einzelnen Person das Gefühl gegeben werden, dass sie selbst in ihrem Verantwortungsbereich die Freiheit zu eigenverantwortlichem Handeln hat. Dabei ist es von entscheidender Bedeutung, ob der Dialog zwischen Teamleitern und Teammitgliedern aufrechterhalten werden kann. Sinn und Zweck dieses Dialogs ist die weitere Beschreibung der Vision einer selbstverantwortlichen Organisation auf individueller Ebene, um sicherzustellen, dass das Verhalten der Beschäftigten auf allen Ebenen der Organisation an den gleichen Werten und Zukunftsbildern ausgerichtet ist.

4. Besonders überzeugend lassen sich Abgrenzungen hinsichtlich der Vision und der Wertvorstellung durch die Handlungen der Teamleiter definieren und klarstellen. Da in einer von

Selbstverantwortung geprägten Kultur beispielsweise Fehler den Wert »Lernmöglichkeit« haben müssen, sollten Führungskräfte Ausschau nach Fehlern halten, die Menschen bei dem Versuch machen, Ergebnisverantwortung zu übernehmen. Dann sollten sie die Betreffenden für ihre Anstrengungen loben und ihnen helfen, ohne Schuldgefühle aus ihren Fehlern zu lernen. Teamleiter und auch Topmanager stehen hier ständig im Rampenlicht: Mitarbeiter versuchen herauszufinden, ob ihre Taten auch den erklärten Werten entsprechen. Der Grundsatz, dass Fehler positiv zu sehen sind, wenn sie im Bemühen um Selbstverantwortung begangen werden, muss sich auch im täglichen Handeln der Leitenden niederschlagen. Selbstverständlich müssen auch Manager darauf hingewiesen werden, wenn ihr Vorgehen nicht mit dieser oder anderen Wertvorstellungen übereinstimmen.

Die Geschäftsleitung einer Einzelhandelsfirma veranstaltete regelmäßig Sitzungen, deren Schwerpunkt auf Abgrenzungen und der Verstärkung der Bemühungen des Unternehmens um mehr Selbstverantwortung am Arbeitsplatz lag. In der Regel enthielt die Tagesordnung folgende Punkte:

1. Einzelberichte über Erfolgsstorys aus dem Tagesgeschäft mit namentlicher Nennung der Beteiligten
2. Berichte über Servicereklamationen und Problemlösungen
3. Berichte über verantwortungsbewusstes, autonomes Handeln seitens der Teammitglieder
4. Diskussionen über die Abschaffung der alten, hierarchischen Ansätze
5. Begangene Dummheiten, in denen die alte Hierarchie fortlebte, wie zum Beispiel einseitige Entscheidungen
6. Lobende Berichte über Menschen, die ihr Urteilsvermögen geschickt einsetzten
7. Diskussionen über Anregungen der Mitarbeiter bzw. Teams, die vom Management aufgegriffen wurden
8. Präsentation neuer Ideen zu Themen wie Kostenkontrolle, Qualitätsverbesserungen oder anderen Erfordernissen des Unternehmens durch Mitarbeiter beziehungsweise Teams
9. Präsentation der Gewinn-und-Verlust-Rechnung ihrer Abteilung durch die Teams

10. Diskussion über Beispiele von Entscheidungen, die ohne die Intervention von Führungskräften getroffen wurden
11. Austausch von Erfolgsstorys, die zeigen, wie man seit der letzten Sitzung jemandem geholfen hat, sich neue Fähigkeiten anzueignen
12. Vorstellung der Qualifizierungsmaßnahmen der Mitglieder durch die Teams

Bei jedem Treffen wurden zwar nicht alle, aber doch die meisten dieser Punkte erörtert. Dahinter stand die Absicht, das Topmanagement kontinuierlich zu einer Triebfeder der Bemühungen um Selbstverantwortung zu machen. Dabei wurde Wert darauf gelegt, das Hauptaugenmerk der Topmanager auf die Messung von Faktoren zu lenken, die nicht finanzieller Natur waren, so dass die Messgrößen die volle Palette der Handlungen und Ergebnisse abdeckten, die Voraussetzung für die Umsetzung der Grundsätze der Selbstverantwortung sind.

Ist Zielfestlegung in dieser Phase des Übergangs zur Selbstverantwortung ein geeignetes Instrument?

1. In der zweiten Phase des Veränderungsprozesses in Richtung Selbstverantwortung müssen die Beteiligten das Gefühl haben, spezifische Handlungen und Verantwortlichkeiten steuern zu können. Bei der Förderung selbstverantwortlichen Handelns besteht eine nicht zu unterschätzende Gefahr darin, dass Mitarbeiter an der Realität der Vision und der Wertvorstellungen des Unternehmens zweifeln. Sie sehen wenig Bezug zwischen diesen großen Entwürfen und ihren täglichen Aufgaben und halten sie daher für nutzlos. Aus diesem Grund sind Mechanismen zur Übertragung dieser übergeordneten Vorstellungen auf konkrete Einzelbilder unabdingbar, damit die Beschäftigten nach eigenem Ermessen darauf hinarbeiten können. Wir haben festgestellt, dass individuelle und kollektive Ziele in dieser Prozessphase sogar noch wichtiger sind als zu Beginn. Denken Sie unbedingt daran: *Am Anfang jeder guten Leistung stehen klare Ziele.* Ihre Mitarbeiter verfügen nun über mehr Informationen und Erfahrung; jetzt brauchen sie klare Aussagen darüber, wie sie autonom und verantwor-

tungsbewusst handeln können. Die Formulierung von Zielen liefert diese Aussagen, insbesondere wenn die Ziele kooperativ festgelegt wurden. Wenn Teammitglieder Zugang zu mehr Informationen haben, können sie erkennen, warum es erforderlich ist, Ziele festzusetzen, die zu wichtigen Ergebnissen führen, Probleme lösen und Innovationen oder Projekte vorantreiben. Durch ihre Beteiligung an dem gemeinschaftlichen Prozess der Zielfestlegung entsteht bei den Beteiligten ein echtes Gefühl der Teilhaberschaft, das mit Selbstverantwortung einhergeht.

Ein Informationsdienstleister wählte in dieser Phase des Veränderungsprozesses zur Selbstverantwortung einen recht kühnen Ansatz. Die Führungsspitze war der Meinung, dass Mitarbeiter mit mehr Informationen in Zusammenarbeit mit ihren Führungskräften einige ihrer eigenen Ziele erarbeiten könnten. Von den fünf bis acht Leistungszielen, die üblicherweise für Teammitglieder galten, sollten die Beschäftigten nach dem Wunsch ihrer Manager drei bis vier selbst festlegen. Anfangs entstand einige Verwirrung, aber die Mitarbeiter fanden bald Gefallen an dieser Idee, da sie explizit auf ihren Input zurückgriff und ihnen das Gefühl der Teilhaberschaft gab. Auch den Teamleitern gefiel dieser Gedanke, weil sie die Last der Identifizierung und Definition der für die Abteilungsleistung entscheidenden Ziele nicht mehr allein tragen mussten. Daraus ergab sich eine kollegiale Diskussion, in der alle Ziele so gesteckt wurden, dass sie spezifisch, motivierend, ausführbar, relevant und transparent (SMART) waren.

2. Im Veränderungsprozess, der Vorgesetzte und Untergebene in Teamleiter und Teammitglieder verwandeln soll, tritt der Aufbau eines partnerschaftlichen Verhältnisses jetzt in eine kritische Phase ein. Neben der Zielfestlegung kann auch eine Diskussion über die unterstützende Rolle, die Teamleiter bei der Erreichung dieser Ziele für Teammitglieder spielen, der Verbesserung dieser Partnerschaft dienen. Wenn Ziele festgelegt werden und ein Teammitglied glaubt, diese ohne sekundierendes Verhalten des Managers erreichen zu können, müssen sich Teamleiter und Teammitglied auf einen Prozess einigen, der er-

sterem erlaubt, auf der Basis vereinbarter Leistungsstandards die Fortschritte des Mitarbeiters zu beobachten. Wenn es sich bei dem Ziel dagegen um eine neue Herausforderung für das Teammitglied handelt, muss die Führungskraft möglicherweise stärker mit dirigierendem und sekundierendem Verhalten eingreifen. Der Teamleiter muss in diesem Fall den Mitarbeiter coachen und ihm zeigen, wie er seine Aufgabe erfüllen kann und ihm zugleich bei Problemen Rückendeckung bieten. Mit anderen Worten: Führungskräfte müssen lernen, alles in ihrer Macht Stehende zu tun, um den Beschäftigten zu helfen, ihre Ziele zu erreichen und volle Selbstverantwortung zu entfalten.

Ein interessantes Beispiel für die neuartigen Ziele und Rollen von Führungskräften in diesem Umfeld lieferte einer unserer Kunden, der die Aufmerksamkeit der Beteiligten nicht nur auf Leistungsziele, sondern auch auf den Bezug zwischen diesen Zielen und den Werten des Unternehmens lenken wollte. In der Erkenntnis, dass Ziele festgelegt, Wertvorstellungen dagegen gelebt werden, wollten die Führungskräfte sicherstellen, dass die Beschäftigten die Werte in ihre Entscheidungen einbezogen, die für selbstverantwortliches Handeln relevant waren. Für den Wert »Bessere Beziehungen zwischen Abteilungen« ergab sich folgende Frage: Was werde ich im laufenden Jahr tun, um die Beziehungen zwischen meiner eigenen und anderen Abteilungen zu verbessern? Um den Wert »Erweiterung der Kenntnisse und Fähigkeiten der Beschäftigten« zu verwirklichen, stellten sich die Mitarbeiter folgende Frage: Welche neue Fähigkeit werde ich mir im laufenden Jahr aneignen, und wie werde ich sie demonstrieren? Die Manager erlebten, dass Wertvorstellungen und Leistungsziele auf diese Weise für die Beschäftigten ganz klar verständlich wurden und sie auch die Verantwortung dafür übernahmen. In Verbindung mit der Erwartung, dass Manager alles Erdenkliche tun würden, um die Mitarbeiter bei der Erreichung ihrer Ziele zu unterstützen, begriffen sich Teamleiter als Dienstleister der Teammitglieder: Ihre Aufgabe war es, sicherzustellen, dass alle weiter wachsen und gewinnen konnten.

3. Indem sich Teamleiter die Ideen der Mitarbeiter anhören und möglichst viele davon umsetzen, können sie einen Prozess in

Gang setzen, in dem die Teammitglieder lernen, Daten und Probleme einzuschätzen und sich individuelle und kollektive Ziele zu setzen. Solche Gespräche helfen den Menschen zu erkennen, dass dem Management wirklich etwas an ihrem Input zu Produkt-, Dienstleistungs- und Qualitätsproblemen liegt. Sie tragen auch viel zur Identifizierung potenzieller Ziele bei, die unter Umständen vom Management übersehen wurden.

> In einem verarbeitenden Unternehmen lancierten die Manager einen solchen Dialog und waren überrascht, wie viele wichtige, von den Führungskräften nicht erkannte Dinge von den Mitarbeitern identifiziert wurden. Viele dieser Punkte hatten für sich genommen geringe Auswirkungen auf Gewinn, Qualität oder Kundenservice. In der Summe schlugen sie sich aber so deutlich nieder, dass Teamleiter und Topmanagement begeistert waren. Diese Auswirkungen zeigten den Teammitgliedern auch, dass ihre Erfahrungen und Ideen von der Führung honoriert wurden und zur Unternehmensleistung beitrugen. Untersuchungen des U.S. Quality Institute zufolge lassen solche Prozesse die Zahl der Verbesserungsvorschläge pro Mitarbeiter von 0,21 pro Jahr auf mehr als 25 pro Jahr ansteigen. Dabei liegt die Kapitalrendite (RoI) bei über 4000 Prozent. Die Einbeziehung der Mitarbeiter in Zielfindungsprozesse eines Unternehmens lohnt sich also sehr.

4. Die Beteiligung der Mitarbeiter an der Festlegung (nicht nur an der Umsetzung) von Zielen zur Verbesserung der Leistung des Unternehmens oder des Standorts belegt eindrucksvoll die wichtige Rolle der Teammitglieder in einer Organisation, die sich dem Prinzip der Selbstverantwortung verschreibt. Wenn Führungskräfte den Input der Teammitglieder abfragen und nutzen, erkennen die Beschäftigten, dass die Manager ihre Ideen zu schätzen wissen und umsetzen werden und sie somit partnerschaftlich in den Prozess der Verbesserung der Leistungskennziffern des Unternehmens eingebunden sind.

Sollten wir das selbstverantwortliche Handeln im Team durch kollektive Teamziele fördern?

1. Kollektive Teamziele zu erstellen ist ein wichtiges Instrument, um Mitarbeiter und Führungskräfte in einen Dialog einzubinden, der nicht nur zu klaren Zieldefinitionen führt, sondern das Team auch zu einer Einheit zusammenwachsen lässt. Die meisten Menschen haben erheblich mehr Erfahrung mit individuellen Zielen, die entweder von ihren Vorgesetzten bestimmt wurden oder – in aufgeklärteren Unternehmen – aus Manager-Mitarbeiter-Gesprächen hervorgingen. Kollektive Ziele sind ihnen weniger vertraut. In dieser Phase des Übergangs zur Selbstverantwortung ist es wichtig, individuelle und kollektive Ziele miteinander zu vermischen, um die bisherigen Erfahrungen der Beschäftigten als Basis für eine Kultur zu nutzen, in der alle Entscheidungsverantwortung übernehmen. Im Laufe der Zeit kann dann der Anteil der teambezogenen Ziele sukzessive erhöht und kollektive Leistungsmessgrößen können eingeführt werden. Für effektive Teamziele gelten die gleichen Kriterien wie für effektive individuelle Ziele. Wie wir in Kapitel 4 gesehen haben, sollten diese Ziele SMART (**s**pezifisch, **m**otivierend, **a**usführbar, **r**elevant und **t**ransparent) sein und die mit diesem Akronym verbundenen fünf Fragen beantworten. Die Gespräche, die ein Team mit seinem Leiter über die fünf Elemente eines als SMART zu bezeichnenden Ziels führt, können zu sehr *motivierenden* Abgrenzungen für autonomes Handeln führen. Insbesondere helfen Diskussionen über die *spezifischen* Maßnahmen und die Frage, wie sie *transparent* gemacht werden können, dem Team bei der Nutzung der jetzt zur Verfügung stehenden Informationen. Gespräche über die *Ausführbarkeit* von Zielen können dem Team die Festlegung »ambitionierter« Ziele erleichtern, dank derer es weitaus mehr erreichen kann als eine Gruppe von Einzelpersonen. Diskussionen über die *Relevanz* der betreffenden Ziele für den Standort oder das Unternehmen zeigen dem Team, in welchem übergeordneten Rahmen es seine wichtige Rolle wahrnimmt.

2. Wenn Führungskräfte die Teammitglieder bitten, sich auf die Teamleistung zu konzentrieren (sowohl in finanzieller wie auch in nicht finanzieller, prozessorientierter Hinsicht) und zu bestimmen, wo Leistungsverbesserungsziele möglich sind, erhalten sie wertvolle Erkenntnisse aus vielen unterschiedlichen Perspektiven, nicht nur aus ihrer eigenen Sicht. Teams können nicht nur mehr leisten als einzelne Mitarbeiter, sondern auch in der Datenbewertung, der Einschätzung von Chancen und Risiken und der Planung von Verbesserungen Ergebnisse erzielen, die Individuen – und insbesondere Führungskräfte – in Erstaunen versetzen werden. Dabei darf jedoch nicht vergessen werden, dass die Teams in dieser Entwicklungsphase der Selbstverantwortungskultur nach wie vor Hilfestellungen bei der Zielfestsetzung und Zielumsetzung benötigen. Die Mutlosigkeit, die sie in dieser Phase des Veränderungsprozesses empfinden, könnte ihre Leistungsfähigkeit untergraben. Deshalb muss es gelingen, durch partnerschaftliche Festlegung kollektiver (und individueller) Ziele ihren Freiraum für autonomes Handeln abzustecken und sie darin zu ermutigen, ihre Fähigkeiten für diese Ziele einzusetzen. Die in der Abbildung gezeigte und von Ken Blanchard und Robert Lorber in ihrem Buch *Die Praxis des Ein-Minuten-Managers*[1] beschriebene Struktur ist als Ausgangspunkt für diesen Prozess und die Festlegung des Autonomierahmens hilfreich. Leistungssteigerungen, so die Autoren, können mit Hilfe des DRILL-Systems (Definieren, Reorganisieren, Informieren, Lehren & Lernen und Leistungen beurteilen) erreicht werden. Dieser fünfstufige Prozess führt durch klare Anweisungen, die Festlegung von Messgrößen und die Entwicklung eines für die Teammitglieder verpflichtenden Aktionsplans zu Leistungsverbesserungen.

Dieses Modell kann den Teams die erforderliche Struktur vorgeben, innerhalb derer sie Freiraum für eigenständige Leistungsverbesserungen haben. In Verbindung mit den Grundsätzen der situationsbezogenen Führung eignet sich das DRILL-System sehr gut als Grundlage für partnerschaftlich erzielte Leistungssteigerungen. Die Schritte *Definieren,*

Reorganisieren und *Informieren* bestimmen die Ziele und den geeigneten Führungsstil. In der Stufe *Lehren & Lernen* wird der vereinbarte Führungsstil angewandt. Die letzte Stufe, *Leistungen beurteilen*, stellt sicher, dass rechtzeitiges Feedback gegeben und empfangen werden und ein neuer DRILL-Kreislauf in Gang gesetzt werden kann.

3. Helfen Sie Teams und ihren Leitern dabei, die erhaltenen – und laufend eingehenden – Informationen regelmäßiger zur Identifizierung von Bereichen zu nutzen, in denen sie kontinuierliche, schrittweise Verbesserungen umsetzen können. Wenn sie sich statt auf bahnbrechende auf schrittweise Verbesserungen konzentrieren, werden Teamleiter und Teammitglieder das Gefühl haben, dass sie Fortschritte machen und selbstverantwortlicher handeln können. Wie bereits erwähnt, sind Informationen das Lebenselixier einer Organisation, der es auf Selbstverantwortung ankommt. Wenn Sie die Teams dabei unterstützen, Informationen effektiv zur Zielfestlegung, Fortschrittsbeurteilung und Erfolgsmessung zu nutzen, stärken Sie die Fähigkeiten der Beschäftigten sowie ihren Glauben an die Teamautonomie.

In einem kleinen verarbeitenden Unternehmen führten erste Versuche der Einbeziehung der Teams in die Festlegung der Leistungsverbesserungsziele nur zu wenigen Vorschlägen. Die Teamleiter ließen in ihren Bemühungen jedoch nicht nach und honorierten ausnahmslos alle Verbesserungsvorschläge. Mit entsprechenden Schulungsmaßnahmen und der klaren Erwartung, dass sich die Mitarbeiter an diesem Prozess beteiligten, gelang es ihnen, die Zahl der Vorschläge allmählich zu steigern. In nur zwei Jahren stieg die Zahl der Anregungen auf mehr als fünf pro Mitarbeiter und Jahr. Gut 60 Prozent davon wurden umgesetzt. (Im Durchschnitt liegen diese Zahlen in den USA bei 0,21 Vorschlägen pro Mitarbeiter; die Umsetzungsquote beträgt nur 10 Prozent.) Einige der Vorschläge hatten zudem erhebliche Auswirkungen. So führte etwa ein Vorschlag zur Teileverwertung zu Einsparungen von mehr als 100 000 Dollar innerhalb von gut zwölf Wochen. Außerdem spiegelten die Kommentare der Teammitglieder ihr inzwischen entwickeltes unternehmerisches Denken wider: »Es spielt keine Rolle, welcher Name am Tor steht – das hier ist mein Unternehmen.«

Das DRILL-System

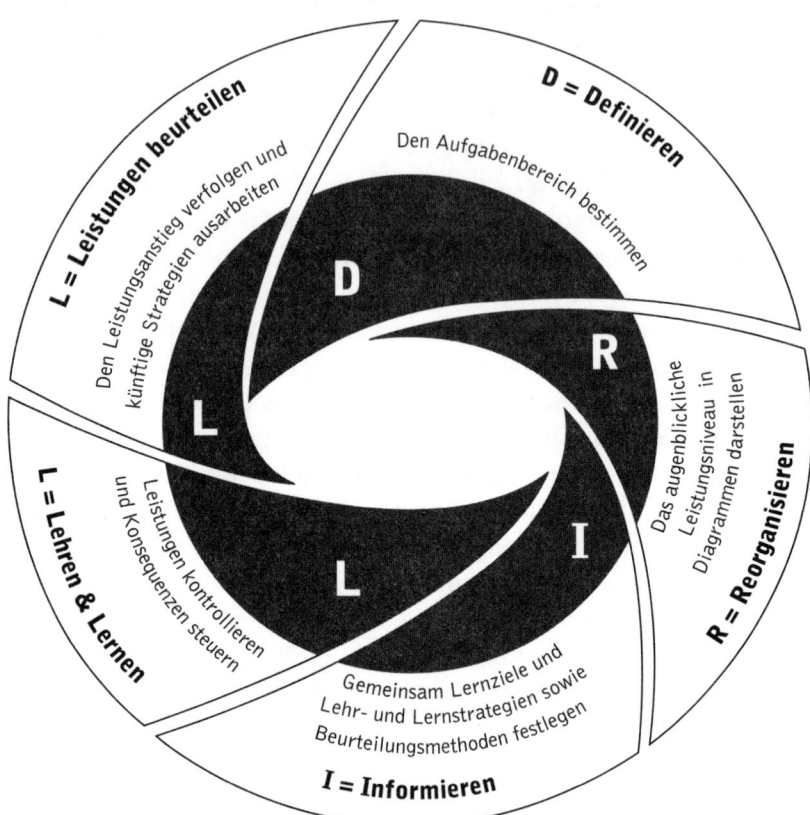

Kenneth Blanchard und Robert Lorber:
Die Praxis des Ein-Minuten-Managers, S. 94

4. Es genügt nicht, wenn sich Teams allein auf die Festlegung von Leistungszielen konzentrieren. Sie müssen auch Ziele für die Qualifizierung und Karriereplanung ihrer Mitglieder aufstellen. Indem Teamleiter die Aufmerksamkeit der Teams auf die Maßnahmen lenken, die sie zur Verbesserung des Leistungsniveaus ergreifen müssen, können sie den Teams dabei helfen,

die Fertigkeiten zu ermitteln, die auf individueller und kollektiver Ebene entwickelt werden müssen. In vielen Fällen haben wir festgestellt, dass Teammitglieder lernen müssen, wie sie effektiv zusammenarbeiten können. Dazu müssen sie lernen, Konsensentscheidungen zu treffen, Konflikte zu lösen und im Teamumfeld aktiv zuzuhören. Eine Klärung dieser Qualifizierungsziele erleichtert es dem Team, die Verantwortung für seine Kooperationsfähigkeit zu übernehmen. Sie bestätigt auch das Argument, dass dem Unternehmen an langfristiger Selbstverantwortung gelegen ist und dass dieses Programm zur Entwicklung einer Selbstverantwortungskultur ernst zu nehmen ist und die Firmenkultur verändern wird. Neben diesem langfristig angelegten Konzept können bestimmte Fähigkeiten, die einzelne Mitarbeiter im Teamkontext erwerben, auch bei der Verwirklichung persönlicher Karriereziele hilfreich sein. Alle Teammitglieder werden zu »Entwicklungsprojekten«: Sie müssen persönliche Karriereziele definieren, die die langfristigen Bemühungen des Teams und des Unternehmens unterstützen. Solche Abgrenzungen geben den einzelnen Mitarbeitern im Laufe der Zeit das Gefühl, ihr Schicksal wirklich in der Hand zu halten – eine zentrale Voraussetzung für eine von Selbstverantwortung geprägte Kultur.

Wie muss das Leistungsmanagementsystem des Unternehmens verändert werden?

1. In dieser Phase des Veränderungsprozesses werden die Mitarbeiter höchstwahrscheinlich auf Unstimmigkeiten zwischen dem Leistungsmanagementsystem des Unternehmens und den Wertvorstellungen einer von Selbstverantwortung geprägten Kultur hinweisen. Erstens handelt es sich bei den meisten Unternehmensystemen in Wahrheit nicht um Systeme im eigentlichen Sinne, sondern lediglich um einmal jährlich wiederkehrende hektische Manöver, die darauf hinauslaufen, für jeden Mitarbeiter des Unternehmens ein Formular auszufüllen. Zu einem solchen »System« müssen einige kritische Fragen ge-

stellt werden. Was halten die Menschen im Unternehmen – sowohl Führungskräfte als auch Mitarbeiter – von diesem Prozess? Wie viele sind damit zufrieden? Wie viele halten ihn für gerecht? Wie viele betrachten ihn mit Angst und Schrecken? Fördert er die Weiterentwicklung oder behindert er sie eher? Beruht er auf partnerschaftlicher Zusammenarbeit zwischen Leitern und Teammitgliedern? Die meisten unserer Kunden fanden nur negative Antworten auf diese Fragen. Wie können die Beteiligten mit einem Prozess zufrieden sein, in dessen Zentrum ein Formular steht, in das begrenzte Informationen mit übermäßiger Betonung der jüngsten Ereignisse des vergangenen Jahres stehen? Wie können sie diesen Prozess für gerecht halten, wenn zu Beginn des Beurteilungszeitraums keine klaren Zielvorgaben und Leistungsmaßstäbe festgelegt wurden? In der Regel weist ein Formular zur Leistungsbeurteilung, das den Anforderungen einer Hierarchie möglicherweise Genüge leistete, in der neuen Selbstverantwortungskultur schwere Defizite auf. Der Prozess muss völlig neu konzipiert werden.

Ein amüsantes Beispiel, das Ken seit Jahren verwendet, geht zurück auf seine Lehrtätigkeit am College. Die meisten anderen Dozenten hüteten ihre Abschlussprüfungen offenbar wie ihren Augapfel. Ken dagegen teilte seine Prüfungsfragen am ersten Unterrichtstag aus. Seine Kollegen hielten ihn für verrückt. Seine Reaktion darauf: »Ich dachte, wir sollten diese jungen Menschen etwas lehren. Daher verteile ich nicht nur die Prüfungsbögen gleich zu Beginn, sondern bringe den Studenten auch die Antworten auf die Prüfungsfragen bei. Ich möchte, dass alle meine Studenten sehr gute Noten bekommen. Sie etwa nicht?« Seine Kollegen schüttelten nur ungläubig den Kopf. Unserer Meinung nach sollten im Leistungsmanagement die Menschen zu sehr guten Leistungen ermutigt werden. Als Führungskräfte sollten wir all unseren Mitarbeitern zum Erfolg verhelfen wollen. Die Leistungsplanung sollte der Verteilung der Prüfungsfragen am ersten Tag entsprechen. Durch kontinuierliches Coaching sollten Manager den Beschäftigten zeigen, wie sie erfolgreich sein können. Die Leistungsbeurteilung schließlich sollte einer Prüfung ähneln, auf die sich alle gründlich vorbereiten konnten.

2. Um den Erfolg der Entwicklung zur Selbstverantwortung zu sichern, muss das Leistungsmanagementsystem des Unternehmens unbedingt so überarbeitet werden, dass es eine effektive Zielfestlegung unterstützt und verstärkt. Bei einem System, das den Leistungsprozess auf der Basis von SMART-Zielen in Gang setzt, wissen die Mitarbeiter genau, welche Ziele im laufenden Beurteilungszeitraum wirklich wichtig sind. Es ist geradezu eine Selbstverständlichkeit, dass Menschen ohne klare Zielsetzungen unweigerlich Zeit und Arbeitskraft vergeuden, was zu Ineffizienzen führt oder sogar die für eine Selbstverantwortungskultur unabdingbare Partnerschaft zwischen Mitarbeitern und Führungskräften in Frage stellt. Obwohl bereits in der ersten Phase des Veränderungsprozesses Ziele gesteckt wurden, müssen sie jetzt noch verdeutlicht und nachvollziehbar mit wichtigen Unternehmenssystemen wie Leistungsfeedback und -beurteilung verbunden werden. Neben der partnerschaftlichen Festlegung von Zielen für die einzelnen Teammitglieder müssen sich Mitarbeiter und Teamleiter auch von vornherein auf den Führungsstil einigen, den die Manager für jedes von den Beschäftigten angestrebte Ziel verwenden sollen. Auf diese Weise wird sichergestellt, dass die Teams für jedes einzelne Ziel auf die richtige Art und Weise und im richtigen Umfang gecoacht werden – und dieser Prozess legt den Grundstein für eine Partnerschaft zwischen Teammitgliedern und Teamleitern. Auch würden wir Ihnen dringend ans Herz legen, die Leistung anhand einer breitgefächerten Zielpalette zu messen. Legen Sie den Schwerpunkt nicht allein auf finanzielle Erfolge, wenn Sie Verhaltensweisen fördern wollen, die für Teamarbeit in einer Selbstverantwortungskultur Voraussetzung sind. Ziehen Sie in der Beurteilung der Teammitglieder auch andere Maßstäbe in Erwägung, zum Beispiel die Zahl der vom Team erarbeiteten Antworten auf größere Reklamationen, die Anzahl der ohne Intervention des Teamleiters gelösten Probleme und die Auswirkungen der Verbesserungsvorschläge des Teams. Als Messgrößen für Teamleiter bieten sich unter ande-

rem die den Teammitgliedern gebotenen Qualifizierungsmöglichkeiten, die Häufigkeit der Beteiligung der Mitarbeiter an Problemlösungen, die Beibehaltung des vereinbarten Führungsstils und die Unterstützungsmaßnahmen für die Beschäftigten bei der Erreichung ihrer Ziele an.

Einige unserer Kunden haben ihren Leistungsbeurteilungsprozess gründlich überarbeitet beziehungsweise faktisch durch einen Leistungsmanagementprozess ersetzt. Sie erkannten, dass ihre Beurteilungsformulare und die Umsetzung des Bewertungssystems selbstverantwortliches Handeln nicht gerade förderten. Eine Folge dieser Umstrukturierung war die Definition von drei entscheidenden Schritten für einen erfolgreichen Prozess:

1. *Planung:* Zielfestlegung für Teammitglieder und Einigung auf den vom Teamleiter anzuwendenden Führungsstil
2. *Coaching:* effektives Beobachten, Zuhören und Feedback sowie ein auf das Ziel abgestimmter Lösungsansatz
3. *Überprüfung:* Messen der Leistungen der Teammitglieder bezüglich der gesteckten Ziele und Beurteilung der Leistung des Teamleiters bezüglich seines Führungsstils

Schulung von Führungskräften und Mitarbeitern spielt in diesem Veränderungsprozess eine ebenso entscheidende Rolle wie die Überwachung der Funktionsweise des Systems und der erforderlichen Veränderungen. Das zu verwendende Formular ist der zuletzt zu entwickelnde Bestandteil, muss aber auf jeden Fall alle drei Prozessschritte unterstützen und die Kooperation zwischen den Teammitgliedern und den Führungskräften fördern. Unternehmen, die sich die Mühe machten, ein solches System zu entwickeln, das zu selbstverantwortlichem Handeln ermutigt, konnten in vielerlei Hinsicht davon profitieren – nicht zuletzt in Form von Leistungssteigerungen.[2]

3. Viele mit dem Leistungsmanagementprozess in Beziehung stehende Unternehmenssysteme, -strukturen und -verfahren müssen analysiert werden. Ein Großteil davon muss Veränderungen unterzogen werden, die zu einer Struktur führen, in der selbstverantwortliches Denken und Handeln gefördert werden. In dieser Phase des Veränderungsprozesses müssen Sie unbedingt ein offenes Ohr für die Sorgen der Beteiligten ha-

ben. Sie sehen oft keinen Ausweg aus ihrem Dilemma. Viele der strukturellen Restriktionen, die für die alte hierarchische Kultur galten, müssen angepasst werden, doch wenn dies der Fall ist, reagieren die Menschen im Unternehmen meist mit gemischten Gefühlen. Sie fragen sich, was sie jetzt wie tun sollen; sie bedauern in gewisser Hinsicht den Strukturverlust (selbst wenn ihnen viele der von der alten Struktur vorgegebenen Sachzwänge nicht behagten, sie wussten zumindest, nach welchen Regeln das Spiel gespielt wurde). Die Mitarbeiter wollen gelenkt werden, erkennen aber zugleich, dass sich die alten Verfahren und Vorgehensweisen nicht für selbstverantwortliches Handeln eignen. Sie fragen sich, welche Wünsche sie äußern sollen, und fürchten sich bisweilen zugleich davor, dass man ihnen ihre Wünsche erfüllen könnte.

> Als ein international tätiges Medizintechnik-Unternehmen seine Bezirksmanager ermutigen wollte, in den Installationsprojekten für ihre Kunden mehr Zeit auf die Planung zu verwenden, ergab sich eine interessante Situation. Gewiss wurde viel Zeit verschwendet. Viele Projekte überschritten die zeitlichen Vorgaben und warfen daher weniger Gewinn ab als ursprünglich erwartet. In Schulungen in den Bereichen Projektplanung und -management wurde deutlich, dass strukturelle Begrenzungen der Umsetzung neuer Ideen im Weg standen: Wenn die Planungszeit eine bestimmte Höhe überschritt, minderte dies die Prämien der Bezirksdirektoren. Welcher vernünftig denkende Mensch würde bewusst etwas tun, das seine Prämien herabsetzte? Die Lösung bestand darin, die Formel für die Berechnung von Prämien so abzuändern, dass die für die Planung aufgewandte Zeit belohnt wurde. Die Umsetzung dieser strukturellen Neuerung hatte merkliche Auswirkungen auf die Erzielung der zeitlichen Projektvorgaben und die Gewinnmargen.

4. Denken Sie über die Einführung eines Vergütungssystems nach, das Teammitglieder wie Geschäftseigentümer belohnt. Eines der Ziele der Bevollmächtigung von Mitarbeitern besteht in der Verbesserung der Standort- und Unternehmensleistung gemessen am erwirtschafteten Nettogewinn. Wenn Menschen in allen Teilen des Unternehmens mehr Verantwortung übernehmen

und dies zu positiven Ergebnissen führt, stellen die daraus resultierende Zufriedenheit und das Gefühl, einen wertvollen Beitrag leisten zu können, anfangs einen Lohn für die Beteiligten dar. Letztendlich werden sich die Menschen ab der zweiten Phase des Veränderungsprozesses aber allmählich fragen, wann ihr unmittelbarer Beitrag zur Verbesserung der Unternehmensleistung auch finanziell honoriert wird. Ein System, in dem Mitarbeiter wie Anteilseigner behandelt werden, verknüpft Vergütung und Risiken direkt mit der Leistung. Wenn der Betrieb oder das Unternehmen gute Ergebnisse erzielt, profitieren die Mitarbeiter in Form von höheren Prämienzahlungen oder gegebenenfalls Aktienoptionen. Lässt jedoch die Leistung des Unternehmens zu wünschen übrig, tragen die Mitarbeiter das Risiko gemeinsam mit dem Topmanagement. Ein weiterer Schritt wäre die Beteiligung der Teams an der Prämienverteilung, sofern die Unternehmensleistung dies zulässt. Durch diese Ansätze können Sie die Vergütungsphilosophie von einer zeit- auf eine leistungsbezogene Entlohnung umstellen.

Ein Fertigungsunternehmen entschied sich für ein Modell, das es sich von der Basketballweltmeisterschaft abgeschaut hat. Viele Spitzenligamannschaften haben ein System eingeführt, in dem die Zahl der Weltmeisterschafts- oder Entscheidungsspiele oder die Anteile, die einzelne Spieler für die Teilnahme oder den Sieg in einer Spielreihe erhalten, durch Abstimmung ermittelt werden. In dem Unternehmen aus unserem Beispiel entwickelte das Topmanagement ein System, in dem die Teams Budgets bekamen, die sich aus Geldern entsprechend der Unternehmens-, Geschäftsbereichs- und Teamleistung zusammensetzten. Die Teams konnten jedoch frei entscheiden, wie diese Summen auf die einzelnen Mitglieder aufgeteilt werden sollten. Anfangs verteilten sie den Gesamtbetrag gleichmäßig auf alle Kollegen. Dabei fühlten sich jedoch diejenigen, die einen größeren Teil der Arbeitslast getragen hatten, ungerecht behandelt. Nach einigen Diskussionen begann man, den einzelnen Mitgliedern je nach ihrem individuellen Beitrag unterschiedliche Beträge zuzuweisen. Als dies jedoch zu Konkurrenzdenken führte, ging man schließlich dazu über, klar zu definieren, welche Beiträge von jedem einzelnen Mitglied erwartet wurden. Als alle diese Vorgaben erfüllten, wurde die neue, höhere Prämie gleichmäßig unter den Teammitgliedern aufgeteilt.

5. Leistungsmanagementsysteme brauchen einen anderen Schwerpunkt als die meisten anderen Systeme zur Mitarbeiterbeurteilung. Bei vielen Unternehmen wird lediglich die Leistung des einzelnen Mitarbeiters beurteilt. Beim Übergang zu einer von Selbstverantwortung geprägten Kultur muss sich das Augenmerk zumindest teilweise auf eine teambasierte Beurteilung verlagern. Um es ganz direkt zu sagen: Wenn wir kollektive Leistung erwarten, aber nur individuelle Leistung honorieren, werden wir auf Teamebene nicht den gewünschten Leistungsstand erhalten. Zwischen den Mitgliedern des Teams wird Wettbewerb entstehen, der nicht förderlich für die Teamleistung ist. *Wer gute Teamarbeit haben möchte, muss diese erwarten, messen und belohnen.* Die Beurteilung der Leistungen der einzelnen Mitglieder können Sie dann den Teams selbst überlassen.

Wie sollten sich jetzt Art und Umfang der von Mitarbeitern zu treffenden Entscheidungen ändern?

1. Beim Umgang mit der Entmutigung, die Mitarbeiter in dieser Phase des Veränderungsprozesses zur Selbstverantwortung empfinden, kann eine Erweiterung des Entscheidungsspielraums der Beschäftigten sehr effektiv sein. Dadurch erhalten die Mitarbeiter in allen Teilen der Organisation ein klares Signal der Unterstützung und Ermutigung. Wenn die Menschen das Gefühl haben, dass es auf ihre Ideen ankommt und man ihnen jetzt bedeutendere Entscheidungen anvertraut, glauben sie auch, dass man ihnen Wertschätzung entgegenbringt. Dann fühlen sie sich weniger entmutigt. Die Entscheidungen, die in dieser Phase von Mitarbeitern getroffen werden können, sollten komplexer als in der ersten Phase sein. Wie wir bei unseren Diskussionen der Autonomie durch Abgrenzung in der ersten Veränderungsphase betonten (Kapitel 4), hat unser australischer Kollege Trevor Keighley in diesem Zusammenhang ein sehr nützliches Bewertungsinstrument (»Self Directed Assessment« bzw. SDA) entwickelt.[3] Dieses Instrument

führt zu zunehmend komplexeren Entscheidungsarten und dient somit als Wegweiser für die horizontale und vertikale Ausweitung des Entscheidungsspielraums.

> In den Frühphasen der Entwicklung zur Selbstverantwortung sollten Teams Entscheidungen fällen dürfen, die nicht zu komplex sind. In dem von Trevor Keighley von der australischen PTD Group entwickelten SDA-System wird die Ansicht vertreten, dass in der Anfangsphase des Veränderungsprozesses bereits Entscheidungen zu »Sauberkeit und Sicherheit am Arbeitsplatz«, »internen Kundenkontakten« und »Qualitätsmessung« an Mitarbeiter delegiert werden können. In der zweiten Phase sollten »Festlegung von Weiterbildungsanforderungen«, »Produktionsplanung und -steuerung« und »Management von Lieferanten« in den Zuständigkeitsbereich der Teams fallen. Jedes Unternehmen befindet sich in einer einzigartigen Situation. Die Vorschläge aus dem SDA-System sind daher nur als mögliche Alternativen zu verstehen, die Ihre Phantasie anregen sollen.

2. Bei der Erweiterung des Entscheidungsspielraums, der von den Mitarbeitern wahrgenommen werden soll, kann es hilfreich sein, das Unternehmen in Profitcenter aufzuteilen. Diesen Profitcentern werden Spezialaufgaben zugewiesen, doch tragen sie zugleich auch Ergebnisverantwortung. Der Hauptzweck der Umstrukturierung besteht darin, Mitarbeitern zu helfen, wie Geschäftsleute zu denken, die Ergebnisse steuern müssen. Durch die Erweiterung ihres Entscheidungsspielraums auf der Managementebene, nicht mehr nur auf der gleichen Verantwortungsebene, werden Teammitglieder lernen, sich wie Unternehmenseigentümer zu verhalten. Sie werden erkennen, was es bedeutet, nicht nur für die Erfüllung ihrer Aufgaben, sondern auch für Umsätze, Kosten und Rentabilität verantwortlich zu sein.

3. Betonen Sie weiterhin, dass Teams und ihre Mitglieder Ergebnisverantwortung tragen. Verlangen Sie von den Beschäftigten, Probleme zu identifizieren und zu lösen, und erwarten Sie von ihnen, dabei auf die ihnen zur Verfügung gestellten Informationen sowie auf ihre eigenen Fachkenntnisse zurückzugreifen. Im Falle

von Leistungsstörungen sollten Teamleiter nicht automatisch eingreifen, um eine Lösung herbeizuführen. Sie müssen mit den Teammitgliedern auf der Grundlage der Fähigkeiten, Kenntnisse und Motivation der Mitarbeiter an einer Verbesserung der Situation arbeiten. Führungskräfte müssen ständig nach selbstverantwortlichem Handeln und besseren Ergebnissen Ausschau halten und Bemühungen um Ergebnisverbesserungen anerkennen und loben, die in einer Selbstverantwortungskultur erwünschte Verhaltensweisen und Resultate verstärken. Auch wenn die Mitarbeiter jetzt Ergebnisverantwortung tragen, bleibt es Aufgabe der Führungskräfte, den Prozess auf die Vision eines von selbstverantwortlichem Handeln geprägten Unternehmens hinzulenken. Wenn die Ergebnisverantwortung der Mitarbeiter nicht mit einer Verantwortung der Leitenden für die Lenkung und Beeinflussung von Verhaltensweisen einhergeht, werden die Bemühungen um mehr Selbstverantwortung in dieser Phase der Entmutigung scheitern. Werden dagegen beide Verantwortlichkeiten parallel umgesetzt, können echte Fortschritte erzielt werden.

4. Arbeiten Sie mit den Mitarbeitern, um zu erfahren, was ihrem Bemühen um selbstverantwortlicheres Verhalten im Wege stehen könnte. Viele Ansätze, die in einer Hierarchie sinnvoll waren, taugen nicht für ein Umfeld, in dem Mitarbeiter eigenständig handeln sollen. Fragen Sie die Beschäftigten, was sie ihrer Meinung nach daran hindert, selbstständig tätig zu werden, Entscheidungen von großer Tragweite zu treffen und Verantwortungsbewusstsein zu zeigen. Beispiele für solche Hindernisse sind Genehmigungsprozeduren, die vor der Umsetzung von Maßnahmen das Einholen vieler Unterschriften fordern, eine Unternehmenspolitik, die in allen Einzelheiten vorschreibt, was Mitarbeiter nicht tun dürfen und wen sie um Erlaubnis fragen müssen, bevor sie tätig werden, oder dicke Verfahrenshandbücher, die offenbar jedes erdenkliche Szenario abdecken sollen. Solche Relikte der alten hierarchischen Kultur ersticken jegliche Eigeninitiative von Mitarbeitern, die selbstverantwortlich handeln wollen, im Keim und verstärken

die Zweifel derer, die immer noch nicht an die Aufrichtigkeit der Führungsspitze in Sachen Mitarbeiterbevollmächtigung glauben. Der Haken an der Sache ist, dass sich Führungskräfte die Konsequenzen all dieser Vorgehensweisen und Verfahren nicht einmal vorstellen können. Wenn den beteiligten Teammitgliedern also die Möglichkeit gegeben wird, sich zu äußern, bringt dies nicht nur die Probleme ans Tageslicht, sondern ermöglicht den Beteiligten auch, die Steuerung des Prozesses selbst in die Hand zu nehmen. Durch Beseitigung dieser Barrieren entziehen Teammitglieder und Führungskräfte auch Ausflüchten den Boden, die Mitarbeiter unter Umständen für ihre Untätigkeit und ihre mangelnde Verantwortungsbereitschaft vorbringen. Außerdem wird dadurch der Veränderungsprozess in Richtung Selbstverantwortung beschleunigt.

5. Ein weiteres Element, das Sie sich genauer ansehen und zu dem Sie das Feedback der Mitarbeiter einholen sollten, sind Auslegungen und Verstärkungen der Unternehmenspolitik in einer Art und Weise, die selbstverantwortlichem Handeln im Wege steht. Teammitglieder sollten ermutigt werden, Manager darauf hinzuweisen, wenn anvisierte Vorgehensweisen »falsch« interpretiert werden. Dann muss das Management Maßnahmen zur Änderung der Unternehmenspolitik oder deren Umsetzung ergreifen.

Ein Erlebnis, das John hatte, ist ein gutes Beispiel für eine solche Situation. Er ging in einen Laden, um Batterien zum Preis von 2,79 Dollar zu kaufen. Der Kassierer fragte ihn nach seinem Namen. John erwiderte: »Na gut, ich heiße John Carlos.« Daraufhin wollte der Verkäufer seine Adresse wissen. Diesmal antwortete John: »Sie brauchen mich nicht auf Ihre Mailing-Liste zu setzen. Ich will nur diese Batterien kaufen.« Der Kassierer gab zurück: »Ich kann Ihnen die Batterien nicht verkaufen, wenn Sie mir diese Informationen nicht geben.« John sagte: »Vergessen Sie die Batterien. Ich will diesen Computer da drüben für 4 800 Dollar kaufen.« Wieder erhielt er die gleiche Antwort: ohne Informationen kein Verkauf. Daraufhin meinte John: »Verstehe ich Sie da richtig? Sie nehmen meine 4 800 Dollar nur dann, wenn ich Ihnen erst diese Informationen gebe?« Der Kassierer nickte: »Ja, das stimmt.

Das schreibt unsere Unternehmenspolitik vor.« Später erfuhren wir, dass die Marketingabteilung ursprünglich darum gebeten hatte, *diese Daten möglichst ohne Unannehmlichkeiten für den Kunden zu erheben.* Dann wollte einer der Manager aber mehr Informationen und veranstaltete einen Wettbewerb, um zu sehen, welcher Laden die meisten Namen und Adressen zusammentragen konnte. Folglich bestanden die Geschäftsleiter in den Läden darauf, dass ihre Mitarbeiter auf jeden Fall die Namen und Adressen der Kunden in Erfahrung bringen sollten. In einigen Läden schlugen die Angestellten mit Sicherheit einfach das Telefonbuch auf und gaben willkürlich Namen und Adressen ein, nur um ihre Chefs bei Laune zu halten. Eine gute Idee wurde schlecht umgesetzt. In solchen Fällen können die Teammitglieder am besten beurteilen, was schief gelaufen ist. Hören Sie Ihnen also genau zu!

Fazit

Die Phase der Entmutigung ist ein großer Stolperstein auf dem Weg zur Selbstverantwortung. In gewisser Weise ist es paradox, dass die Erweiterung der Verantwortlichkeiten der Mitarbeiter (durch vertikale und horizontale Expansion der Abgrenzungen) dieser Mutlosigkeit entgegenwirken kann. Dies funktioniert jedoch deshalb, weil auf diese Weise der Sorge entgegengewirkt wird, dass die Teammitglieder nicht zu selbstverantwortlichem Handeln fähig oder bereit sind oder das Management diese Initiative nicht ernsthaft durchziehen will oder Angst vor Machtverlust haben könnte. Die Abgrenzungen in der Selbstverantwortungskultur werden die Beschäftigten zu weiteren Fortschritten im eigenverantwortlichen Handeln anspornen und inspirieren. Der Erfolg kann jedoch nur dann gesichert werden, wenn die bevollmächtigten Teams sich weiterentwickeln und ihre Mitglieder unterstützen. Wenden wir uns nun der dritten Schlüsselbedingung zu, um folgende Frage zu beantworten: Wie kann der Ersatz der Hierarchie durch selbstgesteuerte Teams mit Abgrenzungen und Informationen zusammenwirken, um Mitarbeitern zu helfen, diese Phase der Entmutigung zu überwinden?

Kapitel 8

Die dritte Schlüsselbedingung: Teams übernehmen weitere Aufgaben der Hierarchie

Beim Übergang zu einer von Selbstverantwortung geprägten Kultur fühlen sich die Beteiligten unter Umständen in der Phase der Desillusionierung und Entmutigung völlig allein und sind sich offenbar nicht bewusst, dass andere um sie herum mit den gleichen Problemen zu kämpfen haben. In dieser Situation gehen ihnen Gedanken wie diese durch den Kopf:

1. Ich frage mich, ob sich die anderen auch so ungeschickt vorkommen und ob ihnen diese Veränderungen ebenso fremd sind wie mir.
2. Früher wusste ich, was geschah und wie ich meine Arbeit zu erledigen hatte. Jetzt bin ich verwirrt und weiß nicht so recht, wie ich meine Aufgaben erfüllen soll.
3. Ich bin nicht sicher, ob ich über die Fähigkeiten verfüge, die in einer Selbstverantwortungskultur verlangt werden.
4. Wie viele dieser Veränderungen kann ich noch verkraften? Wann wird dieser Prozess jemals aufhören?
5. Manche Menschen scheinen den Wandel mit offenen Armen zu begrüßen, aber ich bin noch nicht soweit.
   Oder umgekehrt: Ich bin bereit, mich zu verändern, doch scheinen alle anderen diese Veränderungen hinauszögern zu wollen.
6. Sind das alles nur schöne Worte oder werde ich wirklich belohnt werden, wenn ich Eigeninitiative entwickle und mein Urteilsvermögen nach besten Kräften einsetze?

7. Werden die Messgrößen jemals angepasst werden, um der Team-Autonomie Rechnung zu tragen?

In diesem Zusammenhang ist die Tatsache interessant, dass alle mehr oder weniger das gleiche fühlen, obwohl jeder Mitarbeiter meint, er sei als einziger desillusioniert. Leider bekommt man in dieser Phase am häufigsten die Stimmen zu hören, die den Veränderungsprozess zur Selbstverantwortung negativ bewerten. Diese Phase der Entmutigung geht an die Substanz und ist schwer zu überwinden. Manchmal sind sowohl Mitarbeiter als auch Führungskräfte am Ende ihrer Weisheit und wissen nicht, wie sie sich aus dieser misslichen Lage befreien können. Eine Lösung können Teammitglieder und Teamleiter nur gemeinsam finden. Auf diesem Weg zur Selbstverantwortung haben die Beteiligten in der Regel jedoch viele Fragen bezüglich der Rolle, die Teams in dieser Situation spielen können.

Welche Aufgaben können Teams in dieser Phase des Übergangs zu einer Selbstverantwortungskultur übernehmen?

1. Auf den ersten Blick ist die Frage schwer zu beantworten. Die selbstgesteuerten Teams sind noch nicht voll entwickelt oder bevollmächtigt. Sie funktionieren noch nicht reibungslos und treffen noch keine komplexeren Entscheidungen. Ein wichtiger Unterschied zwischen traditionellen und selbstgesteuerten Teams ist die Besitzermentalität und der Stolz, den letztere entwickeln, wenn sie wichtige Entscheidungen treffen. Allerdings sind autonome Teams auch dem gesamten Druck ausgesetzt, den früher nur Führungskräfte auf sich nehmen mussten. Die Teams haben in dieser Phase der Entmutigung noch nicht die erforderlichen Teamfähigkeiten entwickelt und sind daher frustriert. Wie aus den in Kapitel 2 beschriebenen Modellen der Situational Leadership® II und der situationsbezogenen Teamführung hervorgeht, müssen Teamleiter in dieser Phase die Teams lenken und anleiten, damit sie wissen,

was sie wie zu tun haben (dirigierendes Verhalten). Zugleich müssen sie den Teams Unterstützung bieten (sekundierendes Verhalten). Einen Vorteil von Teams im Entwicklungsprozess sollte man jedoch herausstellen: Die Teammitglieder können sich jetzt gegenseitig unterstützen und ermutigen, während sie alle versuchen, ihren Weg aus der Desillusionierungsphase heraus zu finden. Der Teamleiter spielt dabei eine entscheidende Rolle, da er dirigierendes und sekundierendes Verhalten vorlebt. Damit regt er die Teammitglieder zu den gleichen Verhaltensweisen an. Jedes Teammitglied verfügt über einzigartige Informationen oder Erkenntnisse und leistet so einen Beitrag zur Vielfalt im Team. Tritt dann ein Problem auf, das mit Hilfe genau dieser Informationen oder Erkenntnisse gelöst werden kann, kann der oder die Betreffende eine Führungsrolle übernehmen und den übrigen Teamkollegen den Weg in die richtige Richtung weisen. Auch werden einzelne Teammitglieder ihre Frustration zu unterschiedlichen Zeiten erleben. Die weniger entmutigten Kollegen können den anderen Angehörigen des Teams in diesen schweren Zeiten den Rücken stärken.

> In einer Firma aus der Informationsdienstleistungsbranche bemühten sich die Teams bewusst, die versteckten Fähigkeiten der einzelnen Teammitglieder zu identifizieren. Sie nannten dies »Inventur des Teamvermögens«. Das Ergebnis dieser Suche wurde allen Teammitgliedern mitgeteilt. Wenn nun Probleme auftraten, die ein bestimmtes fachliches Wissen erforderten, wurde die geeignete Person vom Teamleiter ermutigt, bei der Arbeit an der Problemlösung eine Führungsrolle zu übernehmen. Die Teammitglieder scheuten sich zunächst, ihre Fähigkeiten zu nutzen, bis andere Kollegen sie dazu ermutigten. Nachdem der Boden für eine gemeinsame Führung bereitet war, erkannten immer mehr Teamkollegen, wann sie einen Beitrag leisten konnten, und meldeten sich freiwillig zu Wort – manchmal mit Ideen oder Vorschlägen, manchmal nur, um andere im Team zu ermutigen und zu loben.

2. Teamleiter können den Teams bei der Überwindung dieser Phase der Entmutigung konkret helfen, indem sie von Mitar-

beitern erwarten, dass sie eine immer größere Rolle in der Erfüllung ihrer Aufgaben spielen. Es ist jedoch wichtig, dass die Führungskräfte in dieser Phase des Veränderungsprozesses nicht »von Bord gehen« und die ganze Last der Verantwortung den Mitarbeitern aufbürden. Dazu sind die Teams noch nicht bereit; würde man jetzt von ihnen die Übernahme der ganzen Verantwortung erwarten, würde man damit eine Katastrophe und die völlige Abkehr vom Grundsatz der Selbstverantwortung heraufbeschwören. Fast ebenso verheerende Folgen kann es allerdings haben, wenn man in dieser Phase von den Teams nicht mehr erwartet als im ersten Veränderungsschritt. Sie müssen zwar noch viel lernen, doch zeigen ihnen höhere Erwartungen an dieser Stelle, welche Fortschritte sie bereits gemacht haben. Sie werden dann richtig stolz darauf sein, dass man ihnen mehr Verantwortung zugesteht. Der Trick besteht darin, den Teams Entscheidungsbefugnisse zuzuweisen, die einerseits eine Herausforderung für sie darstellen, sie andererseits aber nicht überfordern. Gute Möglichkeiten zur Überwachung ihrer Reaktion sind Gespräche mit den Teammitgliedern über ihre Erwartungen sowie über ihre Arbeitsergebnisse.

Unsere Kollegen Eunice Parisi-Carew und Don Carew ermutigen frustrierte Team, den eingeschlagenen Kurs beizubehalten, indem sie die in Kapital 5 angesprochene, äußerst wirksame Technik der »Teamsatzung« weiterführen.[1] Der fortgesetzte Einsatz dieses Verfahrens sorgt dafür, dass die Teammitglieder weiterhin unter der Führung ihres Teamleiters zentrale Fragen klären und »ad acta legen«. Dadurch verbessert sich die Fokussierung und Leistung des Teams, was wiederum zur Überwindung der für diese Prozessphase typischen Desillusionierung beiträgt. Der komplexe, umfassende Prozess, der zur Erarbeitung einer Teamsatzung nötig ist, hilft dabei, Einigung in acht Kernbereichen zu erzielen: 1.) Unternehmensvision, -mission und -werte, 2.) Teamvision, -mission und -werte, 3.) Normen und Grundregeln, 4.) Rollen, 5.) zentrale Verantwortungsbereiche und Zielvorgaben, 6.) Kommunikationsstrategien, 7.) Entscheidungsfindung, Befugnisse und Verantwortlichkeiten und 8.) Ressourcen. Die Teams arbeiten einen Punkt nach dem anderen ab, definieren auf diese Weise Regeln für die Zusammenarbeit und haben zugleich das Gefühl, gemeinsam etwas erreicht zu haben. Beides gibt den Beteiligten wieder neue Zuversicht.

3. Sorgen Sie dafür, dass Teams bereits erworbene Fähigkeiten auch tatsächlich einsetzen. Die Teammitglieder können unter Umständen gut miteinander kommunizieren, Probleme lösen oder verfügen über eine Vielzahl anderer Teamfähigkeiten. In diesem Zusammenhang müssen Sie unbedingt herausfinden, wo das betreffende Team Stärken hat, und von den Mitgliedern den Einsatz dieser Fähigkeiten einfordern. Gleichzeitig müssen Sie sich auch vergewissern, dass die Schwachstellen des Teams durch geeignetes Training ausgemerzt werden. So sind oft Weiterbildungsmaßnahmen in Bereichen wie Konsensbildung, Konfliktlösung, Zuhören und Loben erforderlich. Finden Sie heraus, wo Ihre Teams noch Defizite aufweisen, und arbeiten Sie am Ausbau dieser Fähigkeiten seitens der Teammitglieder. Dabei hilft es, wenn sich die Teams im Klaren darüber sind, dass die derzeit empfundene Enttäuschung ganz normal bzw. sogar eine notwendige Stufe in der Entwicklung zu einem selbstverantwortlich denkenden und handelnden Team ist.

Ein Finanzdienstleistungskonzern lancierte ein zwölfmonatiges Trainingsprogramm, in dessen Rahmen wir den Teams Fähigkeiten in einem Just-in-Time-Ansatz vermitteln sollten. Dabei wurde laufend untersucht, welche Fähigkeiten den Teammitgliedern fehlten. Die Schulungsangebote wurden daraufhin entsprechend angepasst. Die Teams bemühten sich dann, neu erworbene Fähigkeiten regelmäßig anzuwenden, und informierten uns, wenn Probleme auftraten. Nach Ablauf des Programms bewiesen die Teammitglieder erhebliches Geschick in der Teamkommunikation, Konsensbildung, Konfliktlösung, gegenseitigen Unterstützung und gemeinsamen Führung. Ihre Ergebnisse spiegelten in vielen Messgrößen die Anwendung der neuen Fähigkeiten in Form nachweislicher Leistungssteigerungen wider.

In einem anderen Unternehmen aus dem Lebensmitteleinzelhandel einigten sich die Teams auf eine bestimmte Vorgehensweise im Falle von Konflikten. Erstens würden sie diskutieren, was jedes einzelne Teammitglied aus welchen Gründen über die Sache dächte. Zweitens würden sie darüber sprechen, was sich ändern müsste, damit sich alle Teammitglieder wohl fühlten. Drittens würden sie sich darauf konzentrieren, was jeder Einzelne zu tun bereit wäre, um einen für alle akzeptablen Konsens finden. Viertens würden sie diskutieren, welche Unterstützung sie seitens des Managements benötigten. Fünftens würden sie alle unternehmenspolitischen Vorgehensweisen identifizieren, die selbstverantwortlichem Handeln oder einer Konfliktlösung im Wege stünden.

Welche Erwartungen kann man in dieser Phase in Bezug auf die Übernahme von Verantwortung in das Team setzen?

1. In dieser Phase der Desillusionierung und Entmutigung brauchen die Teams Erfolgserlebnisse. Dadurch bessert sich nicht nur die Einstellung der Mitarbeiter zum Team, sondern sie erkennen auch, dass sie einen Beitrag zum Erfolg des Betriebs oder Unternehmens leisten. Dabei muss unbedingt sichergestellt sein, dass die Teams an Problemen arbeiten, die sie einerseits herausfordern, die aber andererseits eine vernünftige Aussicht auf Erfolg haben. Ein sinnvoller Ansatz besteht darin, dass der Teamleiter, der nach wie vor eine Führungsrolle spielen muss, mit den Teammitgliedern in einem Gespräch auf der Basis der verfügbaren Informationen geeignete Probleme zu identifizieren versucht. Eine solche Diskussion sorgt dafür, dass das Team die ihm an die Hand gegebenen Informationen erkennbar nutzt. Wenn der Leiter lenkend eingreift, ist die Wahrscheinlichkeit größer, dass die Teammitglieder anspruchsvolle, aber doch lösbare Probleme auswählen.

2. Die Teams werden in dieser Phase des Veränderungsprozesses frustriert sein. Als Teamleiter brauchen sie daher erfahrene Manager, die sich für die Werte der Selbstverantwortung engagieren. Die Hauptaufgabe der Teamleiter besteht weiter darin, die Teams zu lenken (da diese noch nicht in der Lage sind, ih-

ren Weg ganz allein zu gehen) und die Mitglieder zu ermutigen, einige Führungsaufgaben selbst zu übernehmen. Diese Phase des Veränderungsprozesses ist schwierig. Die Teammitglieder sind noch nicht sonderlich risikofreudig und zweifeln zudem daran, dass die Teamleiter fähig und willens sind, ihnen aus dieser heiklen Situation herauszuhelfen. Teamleiter müssen das Team weiter coachen und sekundieren, um ihm zu zeigen, wie es sich in Eigenregie lenken kann. Man muss jedoch beachten, dass die Teamleiter selbst bisweilen nicht genau wissen, was sie als Nächstes tun sollen, oder sogar am Erfolg des gesamten Selbstverantwortungsprojekts zweifeln, auch wenn sie noch so erfahren sind und hundertprozentig hinter diesem Konzept stehen. Dann sind es oft die Teams, die ihren Führungskräften Mut machen, da alle lernen, in einer von Selbstverantwortung geprägten Kultur miteinander zu arbeiten.

> In einem technischen Konstruktionsbüro stürzten sich die Teams mit viel Begeisterung und Bereitschaft zur aktiven Mitarbeit auf ihre Aufgaben. Sie unterbreiteten viele Vorschläge und versuchten, sie für die Entscheidungsfindung aufzubereiten, waren jedoch bei vielen Problemen nicht in der Lage, effektive Teamentscheidungen zu treffen. Daraufhin waren sie enttäuscht und begannen sich zu beklagen, dass sie nicht wüssten, was sie tun sollten. Sie gaben ihren Teamleitern die Schuld an der Misere. Ihre Manager wussten ebenso wenig, wie sie sich verhalten sollten, sodass die Teammitglieder dirigierendes und sekundierendes Verhalten größtenteils aus den laufenden Teamschulungen beziehen mussten. Allmählich verinnerlichten die Mitarbeiter die Schulungsinhalte. Sie fühlten sich weniger verunsichert bei der Übernahme von Führungsaufgaben, und den Teamleitern machte es weniger aus, sich wie Teammitglieder zu verhalten, die ihrer Erfahrung entsprechende Führungsaufgaben übernahmen. Nach ungefähr zwölf Monaten zeigten die Teams erste Anzeichen selbstverantwortlichen Handelns. Sie nahmen wichtige Probleme im Unternehmen in Angriff, entschieden sich für Lösungsansätze und setzten ihre Ideen um. In mehreren für die Firmenleistung wichtigen Messgrößen wurden Verbesserungen beobachtet.

3. Dies ist ein günstiger Zeitpunkt für die Teamleiter, um den Ideenschatz der Teams anzuzapfen: Bitten Sie die Teammitglie-

der um Vorschläge, wie man die Leistung verbessern, die Kunden besser zufrieden stellen oder die Kosten reduzieren kann. Die Verantwortung für die Identifizierung von Verbesserungschancen muss irgendwann weitgehend den selbstgesteuerten Teams übertragen werden. Jetzt ist der richtige Zeitpunkt, um langsam damit anzufangen. Die Ergebnisse werden häufig die Teamleiter und sogar die Teammitglieder selbst überraschen. Mitarbeiter und Manager werden aus nächster Nähe erleben, welches Potenzial in den Teams steckt, wenn es um die Ermittlung und Lösung realer Probleme im Unternehmen geht. Sie werden den Wert selbstverantwortlichen Handelns bei begrenzten Anliegen kennen lernen und somit allen Beteiligten helfen, die Phase der Entmutigung zu überwinden.

4. In der ersten Phase des auf Selbstverantwortung abzielenden Veränderungsprozesses trafen die Teams erste, einfache Entscheidungen. In der zweiten Phase ist es hilfreich, wenn man auf zuvor vermittelte Entscheidungskompetenz zurückgreift und den Teams mehr Entscheidungsverantwortung überträgt. Macht man komplexere Entscheidungen, die bislang den Führungskräften vorbehalten waren, zur Teamaufgabe, können die Teams ihre Fähigkeiten festigen und fühlen sich ermutigt, das Gelernte praktisch anzuwenden. Unser australischer Kollege Trevor Keighley hat in seinen Arbeiten einige Beispiele für solche Entscheidungen aufgezeigt: Unterbrechung der Arbeit zur Lösung von Qualitätsproblemen, Festlegung einer Reaktion auf Kundenreklamationen oder aufgabenübergreifende Schulung der Teammitglieder.[2] Dahinter steht die Absicht, Entscheidungen und Aufgaben mit zunehmendem Komplexitäts- und Schwierigkeitsgrad und immer größerer Tragweite zu identifizieren. Die Teams sind jetzt bereits besser für anspruchsvollere Aufgaben und Entscheidungen gerüstet, doch darf man keinesfalls zu weit vorpreschen und sie bitten, Probleme anzugehen, bei denen das Risiko eines Misserfolgs zu groß ist. Offensichtlich erfordert dies viel Fingerspitzengefühl, und daher müssen die Teamleiter sich auch weiterhin an den Diskussionen im Team beteiligen und ihren

Fortschritt überwachen. Das von Trevor Keighley postulierte SDA-Modell (Self Direction Assessment) bietet nützliche Anregungen zu der Frage, wie man Teams den Weg zur Autonomie ebnen kann (vgl. Abbildung auf Seite 195).

In jeder der vier Stufen in diesem Modell werden dem Team weitreichendere Entscheidungsbefugnisse übertragen. Die Fläche unter der abwärts geneigten Diagonale spiegelt den relativen Umfang der Entscheidungsbefugnisse des Teamleiters wider: Sie nehmen von Stufe 1 bis 4 ab. (Bitte beachten Sie, dass die Kurve auf der rechten Seite beginnt.) Die Fläche über der Linie symbolisiert den Entscheidungsspielraum der Teams: Er nimmt von Stufe 1 bis 4 stetig zu. Stufe 1 zeigt ganz eindeutig eine hierarchische Organisation bzw. ein Unternehmen, das gerade erst mit der Übertragung von Verantwortung auf Mitarbeiter begonnen hat. In Stufe 2 und 3 erhalten die Teams dann erweiterte Entscheidungsbefugnisse. Keighleys Arbeiten liefern hier detaillierte Beispiele zu den Entscheidungsarten, die für die jeweilige Entwicklungsstufe geeignet sind. Auf Stufe 4 nähert sich das Team der Phase der Autonomie und des selbstverantwortlichen Handelns.

5. Versuchen Sie, Verzögerungen im Veränderungsprozess zu antizipieren. Die Teams sind möglicherweise nicht immer bereit, die Entscheidungsverantwortung so schnell zu übernehmen, wie es das Management gerne hätte. Es kann sich aber auch gerade umgekehrt verhalten: Manchmal wollen Teams Verantwortung übernehmen, die das Management – vor allem die Teamleiter – noch nicht aus der Hand geben möchte. Der Übergang zur selbstverantwortlichen Entscheidungsfindung und Problemlösung wird alles andere als reibungslos verlaufen, da sich Teammitglieder und Teamleiter unter Umständen mit unterschiedlichem Tempo und bisweilen auch in verschiedene Richtungen entwickeln. Angesichts dieser vielfältigen Faktoren ist es essenziell, dass Mitarbeiter und Manager einen laufenden, offenen Dialog aufrechterhalten. Ein wechselseitiger Informationsfluss ist Voraussetzung für die Glättung des Prozesses und führt zur Übertragung von Ver-

Modell zur Bewertung der Selbststeuerung von Teams (Self Direction Assessment)

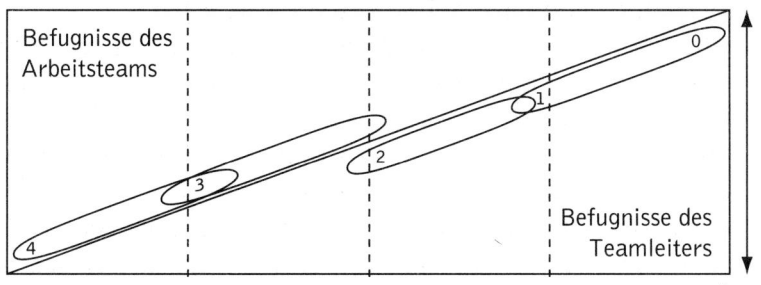

Freiraum im Entscheidungsprozess · weitreichend

Befugnisse des Arbeitsteams

Befugnisse des Teamleiters

gering

Bevollmächtigungsstufen im Entscheidungsprozess

4	3,5	3	2,5	2	1,5	1	0,5	0

Stufe 4	Stufe 3	Stufe 2	Stufe 1
umfassende Entscheidungsbefugnisse	begrenzte Entscheidungsbefugnisse	sehr begrenzte Entscheidungsbefugnisse	keine Entscheidungsbefugnisse
Innerhalb klarer Abgrenzungen trifft das Team Entscheidungen und ergreift Maßnahmen, ohne Teamleiter und andere Manager im Vorfeld zu konsultieren.	Der Entscheidungsspielraum der Teams ist insofern beschränkt, dass sie bei allen Entscheidungen und Diskussionen zu eventuellen Maßnahmen im Vorfeld die Teamleiter und das Management einschalten müssen.	Das Team wird konsultiert, bevor das Management Entscheidungen trifft oder Maßnahmen ergreift.	Teams dürfen bezüglich ihrer Aufgaben keine Entscheidungen treffen oder Maßnahmen ergreifen.
3,5 Das Team hat begonnen, seine eigenen Entscheidungen zu fällen. Zunächst kann der Umfang der Entscheidungen begrenzt sein (zum Beispiel kürzere Zeiträume, geringe Budgets).	2,5 Mitarbeiter haben begonnen, Entscheidungen zu einer Aufgabe oder Verantwortung zu treffen, doch greifen die Manager in die Diskussionen ein.	1,5 Die Meinungen, Ideen und Emotionen der Mitarbeiter werden manchmal in Erfahrung gebracht, bevor das Management Entscheidungen trifft.	0 Die Mitarbeiter kennen ihre Aufgabe nicht (haben also keinerlei Informationen zu diesem Thema zur Verfügung).
4 Das Team berichtet innerhalb des für die jeweiligen Aufgaben üblichen finanziellen oder zeitlichen Rahmens über die getroffenen Maßnahmen und Entscheidungen.	3 Entscheidungen können ohne große Beteiligung von Managern in zeitlicher und sachlicher Hinsicht getroffen werden.	2 Die Mitarbeiter werden stets umfassend zu allen getroffenen Entscheidungen oder Maßnahmen befragt, bevor das eigentliche Entscheidungen vom Management gefällt.	0,5 Die Mitarbeiter sind zumindest teilweise über ihre Aufgabe informiert.
			1 Die Mitarbeiter sind gut über alle Entscheidungen und Maßnahmen informiert, die ihre Aufgabe betreffen.

Stufe 1 (rechts) ist typisch für Teamarbeit in hierarchischen Organisationen.
Stufe 2 beschreibt die Frühphase einer von Selbstverantwortung geprägten Kultur.
Stufe 3 entspricht den Teamentscheidungen in der zweiten Phase des Übergangs zur Selbstverantwortungskultur.
Stufe 4 symbolisiert vollständig selbstverantwortlich handelnde, autonome Teams.
Entwickelt von Trevor Keighley © PTD Development Trust, 1996

Aus: Trevor Keighley, **Empowering for Performance**, 1996, S. 18

antwortung von Führungskräften auf Mitarbeiter im Rahmen der Entwicklung einer Selbstverantwortungskultur.

6. Denken Sie daran, dass ein Hauptgrund für die Enttäuschung der Beteiligten die Tatsache sein könnte, dass die Teams nicht daran glauben, dass die Verantwortlichkeiten sich wie versprochen geändert haben. Die Unternehmensleitung muss bereit sein, auch Resultate und Prozesse auf Teamebene sowie die Entwicklung der Teamfähigkeiten der Mitarbeiter in die Beurteilung einzubeziehen. Neben finanziellen und fertigungstechnischen Elementen muss auch das Management von Konsequenzen gemessen werden; andernfalls werden die Messgrößen in der Gesamtheit der Aktivitätenpalette des Unternehmens oder Standorts nicht als wichtig erachtet. Ferner muss die oberste Führungsspitze sich selbst sowie das mittlere Management dazu verpflichten, den schönen Worten von »mündigen Mitarbeitern« auch Taten folgen zu lassen. Die Erfüllung dieser Verpflichtung ist eine entscheidende Voraussetzung zur Überwindung der pessimistischen Einstellung der Teams und zur Beschleunigung des Veränderungsprozesses hin zu einem Umfeld, in dem Mitarbeiter selbstverantwortlich handeln können.

Welche Systemänderungen können Teams unterstützen und gleichzeitig ihre Ergebnisverantwortung sicherstellen?

1. Zu Beginn der Entwicklung einer Selbstverantwortungskultur wurden die Mitarbeiter davon in Kenntnis gesetzt, dass sich die Verantwortung von den Führungskräften auf bevollmächtigte Teams verlagern würde. In der jetzigen Phase hilft es, daran zu erinnern und klarzustellen, dass die Teams Rechenschaft über die Erfüllung der Werks- und Unternehmensziele sowie über den zu ihrer Erreichung gewählten Weg ablegen müssen. Selbstverantwortung ist mehr als ein Mitspracherecht der Beschäftigten in den Unternehmensbelangen. Die Menschen werden auch sehr viel stärker für das Unternehmenser-

gebnis zur Verantwortung gezogen, als dies in einer hierarchischen Kultur jemals der Fall war, in der diese Last primär von den Managern getragen wurde und die Mitarbeiter meistens nur Anweisungen befolgten. Durch Festsetzung von Teamzielen, die direkt mit den Unternehmens- und Standortzielen verknüpft sind, können Teams für ihren Beitrag zur Firmenleistung verantwortlich gemacht werden. In dieser Prozessphase müssen die Teamleiter die Teams jedoch unbedingt so coachen, dass sie lernen, wie sie erfolgreich agieren können. Daher müssen Sie Erfolge feiern (selbst die kleinsten) und den Mitarbeitern zeigen, wie sie Fehler korrigieren und effektivere Leistungen erbringen können.

Bei einem Lebensmittelhersteller wurden im Laufe der Zeit viele Vorgänge im Unternehmen geändert, um Mitarbeiterteams mehr Verantwortung zu übertragen. Nachdem die Teamfähigkeiten mehrere Jahre lang entwickelt und die Verantwortlichkeiten allmählich verlagert worden waren, waren die Teammitglieder weitgehend für die Aufgaben zuständig, die normalerweise Führungskräften zugewiesen werden. Sie entschieden über die Einstellung und Entlassung von Mitarbeitern, kümmerten sich um die Beurteilung der Teamkollegen, stellten Arbeitspläne auf, verwalteten das Budget und lösten die meisten der kritischen Probleme, mit denen sie konfrontiert waren. Sie managten sich tatsächlich selbst. All das schlug sich äußerst positiv im Gewinn nieder. Unterwegs mussten jedoch viele Hindernisse überwunden werden. Die Leiter mussten bei der Korrektur von Fehlern behilflich sein und den Teams beibringen, wie sie solche Fallstricke in Zukunft vermeiden konnten. Sie konnten aber auch gemeinsam mit den Teams Erfolge feiern und positive Aspekte verstärken und dabei die Dynamik des Wandels in den Teams aufrechterhalten.

2. Jetzt ist die Zeit gekommen, erste bedeutende Veränderungen im Leistungsmanagementsystem des Unternehmens vorzunehmen. Das dreistufige Modell (Planen, Coachen, Überprüfen), das in einem der Beispiele in Kapitel 7 beschrieben wurde, kann die Entwicklung eines neuen Systems lenken, in dem Mitarbeiter für selbstverantwortliches Denken und Handeln belohnt werden. Allerdings müssen die Teams auf transpa-

rente und nachvollziehbare Weise in diesen Prozess eingebunden werden. Teambasierte Ziele müssen sich im Unternehmen immer mehr durchsetzen. Setzen Sie zunächst kollektive Beurteilungen und Belohnungen im Rahmen der Überprüfungsaktivitäten des Leistungsmanagementsystems ein. Vergewissern Sie sich, dass der Beurteilungs-/Prüfschritt des Prozesses die Ereignisse im Leistungszeitraum auch angemessen berücksichtigt. So sollten Teams zum Zeitpunkt der Überprüfung keine neuen Informationen erhalten. Das bedeutet nun nicht, dass individuelle Ziele und Beurteilungen jetzt tabu sind. Wenn wir jedoch Teams zu selbstverantwortlichem Denken und Handeln erziehen wollen, sollte mehr Augenmerk auf Teamziele und -beurteilungen gelegt werden. Was bringt es, wenn einzelne Mitarbeiter Erfolge einheimsen, das Team aber scheitert? Durch die Verbindung von Teamverantwortung und Unternehmensleistung können die organisatorischen Systeme die Bemühungen der Teams um eigenverantwortliches Handeln unterstützen bzw. Selbstverantwortung von den Teams geradezu verlangen. Dann können die Teams erstmals ihren Input zu individuellen Zielsetzungen und Beurteilungen liefern und damit in ersten Ansätzen die Zukunft vorwegnehmen, in der Teams eine Schlüsselrolle im Leistungsmanagement jedes einzelnen Kollegen (einschließlich seiner beruflichen Entwicklung und seiner Beurteilung) spielen werden. Ohne diese systemimmanente Erwartung und Unterstützung der bevollmächtigten Teams erreichen diese möglicherweise niemals auch nur annähernd ein Niveau, auf dem sie wirklich autonom und selbstverantwortlich agieren können. Dies könnte die Selbstverantwortungsinitiative zu Fall bringen.

Ein Mobilfunkunternehmen versuchte, alle Ebenen abzudecken, indem es die Entscheidung über die Höhe der Prämie für jeden einzelnen Mitarbeiter von den Leistungen auf drei Ebenen abhängig machte: auf Mitarbeiter-, Team- und Unternehmensebene. Wenn ein Mitarbeiter seine individuellen Zielvorgaben erreichte, erhielt er 50 Prozent der verfügbaren Prämienzahlung. Weitere 25 Prozent wurden ausbezahlt, wenn auch das Team des oder der Beschäftigten seine Ziele erreichte, und die verbleibenden 25 Prozent hingen von der Erfüllungen der Unternehmensziele ab. Dahinter stand der Gedanke, Synergien zwischen Mitarbeitern und Teams sowie zwischen Teams und dem Gesamtunternehmen freizusetzen. Für die Beschäftigten war dies ein Anreiz, mit ihren Kollegen im Team positiv zusammenzuarbeiten und zugleich ihre Einzelaufgaben gut zu erfüllen. Die Teams wurden dafür belohnt, wenn sie als Gesamtorganisation kooperierten. Dieses Prämiensystem vermittelte eine klare Botschaft: Der Einsatz des Einzelnen für die Team- und Unternehmensleistung wurde großzügig honoriert.

3. Eine sinnvolle Systemänderung ist die Verringerung der Zahl der Abteilungs- und Stabssitzungen und ihr Ersatz durch Meetings auf Teamebene. Wenn Teams für Ergebnisse zur Verantwortung gezogen werden sollen, müssen sie auch außerhalb des Tagesgeschäfts zusammenarbeiten können, um Probleme und Verbesserungschancen zu identifizieren und ihre Fähigkeit zur eigenverantwortlichen Kooperation zu schärfen. An diesen Sitzungen sollten Teamleiter teilnehmen, um je nach Bedarf dirigierend und sekundierend einzugreifen und die Entwicklung der Teams zu Leistungs- und Personalentwicklungseinheiten, die sich selbst managen können, zu erleichtern. Nur wenn Teammitglieder gemeinsam auf Ergebnisse hinarbeiten und Teamkompetenzen und -vertrauen entwickeln, können sie zu autonomen, leistungsstarken Teams werden. Durch Verlagerung des Schwerpunkts von der Abteilungs- auf die Teamebene erleichtert das Management somit den Übergang zu einer von Selbstverantwortung geprägten Kultur, zumal wenn die Beschäftigten an der Aufrichtigkeit des Engagements der Führungsspitze für dieses neue Konzept zweifeln.

Ein Versorgungsunternehmen, das wir mehrere Jahre lang auf seinem Weg begleiteten, sah sich mit einigen gravierenden Problemen konfrontiert, als es die Verantwortung nicht auf die Teamebene verlagerte. Die Manager gewährten den Mitarbeitern freien Zugang zu Informationen und änderten den Prozess der Leistungsbeurteilung, doch blieb der Schwerpunkt auf der Beziehung zwischen

Vorgesetzten und Untergebenen. Daher beschwerten sich die Beschäftigten, dass sie ihre Ideen immer noch nicht umsetzen durften. Ein Mitarbeiter formulierte es so: »Die Manager führen immer Sicherheitsüberlegungen an. Denken die vielleicht, dass unsere eigene Sicherheit uns nicht am Herzen liegt? Wenn man uns unsere eigenen Ideen realisieren ließe, würden wir alle zusammen unsere Aufgaben schneller, besser und genauso sicher erledigen können!«

Mit welchen Problemen werden die Teams konfrontiert sein, und wie kann man ihnen helfen, diese zu überwinden?

1. Eines der lähmendsten Probleme, mit dem Teams in dieser Phase der Entmutigung konfrontiert sein können, ist die quälende Angst vor dem Scheitern. Wenn in dieser zweiten Phase des Veränderungsprozesses die unvermeidlichen Schwierigkeiten auftreten, sind solche Selbstzweifel seitens der Teammitglieder ganz natürlich. Es ist aber ein genauso typisches Verhalten, dass die Teammitglieder ihren Leitern und dem Topmanagement die Schuld an ihren Schwierigkeiten geben. Teamleiter können Teams begreiflich machen, dass Angst vor Misserfolgen auf dem Weg zur Selbstverantwortung ganz natürlich ist. Alle Teams machen sich deswegen Sorgen. Wenn sie ihre Augen nicht von der Vision eines autonom handelnden Teams abwenden und an der Verbesserung ihrer Kooperation arbeiten, werden sie dieses Gefühl aber überwinden. Teamleiter müssen hier selbst gecoacht werden, damit sie wissen, wie sie den Beschäftigten am besten erklären können, wie und weshalb solche Ängste entstehen. Sie sind hauptsächlich darauf zurückzuführen, dass eine andere Arbeitsweise als in der Vergangenheit verlangt wird. Fehler sind zu erwarten, doch galten diese früher wohl als inakzeptabel (zumindest aus der Sicht der Mitarbeiter). Daher ist eine der überzeugendsten Gesten, die Manager hier machen können, Fehler als Lernchancen und nicht als Vorboten eines Fehlschlags zu begreifen. Teamleiter dürfen die Mitarbeiter oder Teams keinesfalls bestrafen, wenn sie mit den besten Absichten handeln

und dabei Fehler machen. Ihre Bemühungen müssen gelobt werden, und sie müssen dabei unterstützt werden, aus ihren Fehlern zu lernen.

2. Teams sind jetzt noch nicht in der Lage, wirklich effizient zusammenzuarbeiten. Sie haben einige der Fähigkeiten entwickelt, die Voraussetzung für Teamarbeit sind, wie zum Beispiel Kommunikation in der Gruppe oder Austausch von Informationen. Sie verfügen bereits über begrenzte Fähigkeiten bei der Identifizierung von Problemen. Fähigkeiten, die zu Leistungssynergien führen, müssen aber noch erweitert werden: Konsensbildung, Mittragen von Konsensentscheidungen, Teilung von Führungsverantwortung, Lösung von Konflikten zwischen Teammitgliedern und effektives Zuhören in der Gruppe. Das Fehlen dieser Fähigkeiten wird das Funktionieren der Teams noch beeinträchtigen. Daher müssen unbedingt weitere Maßnahmen ergriffen werden, um den Zusammenhalt der Teams zu stärken. Geben Sie den Teams Gelegenheit, in Schulungen auf der Basis von theoretischen Beispielen sowie in realen Arbeitssituationen Teamfähigkeiten zu erlernen und zu üben. Da einige Teams in diesem Entwicklungsprozess vielleicht schon weiter vorangekommen sind als andere, können auch einige teamübergreifende Aktivitäten von Nutzen sein. Das kann einen zusätzlichen Vorteil haben: Es kann durchaus vorkommen, dass die Teams in ihrer Arbeit tatsächlich mit Problemen zu kämpfen haben, die Teamgrenzen überschreiten. Die Schulungsmaßnahmen geben ihnen dann Gelegenheit, diese Angelegenheiten in einem Lernumfeld in Angriff zu nehmen.

3. Da Teams in dieser Phase meist ihre Fähigkeiten in Zweifel ziehen, muss ihr Wachstum und ihre Entwicklung unbedingt unterstützt werden, indem man ihnen erneut vor Augen führt, wie gut sie komplexe Probleme bereits lösen können. Nehmen Sie simulierte und reale Probleme, um Teammitgliedern und Teamleitern die Vorteile selbstverantwortlich handelnder Teams zu zeigen. Bestärkung durch Erfolge ist ein äußerst wirksamer Motivationsfaktor für die Weiterentwicklung der

Teams. Die Teamleiter müssen dabei kontinuierlich nach Gelegenheiten suchen, die Teams dabei zu »erwischen«, wie sie gut kooperieren, und ihnen dann entsprechend positives Feedback geben. Damit können sie die Motivation der Teams deutlich stärken und ihre Weiterentwicklung beschleunigen.

Fazit

In diesem Abschnitt haben wir einige Ansätze vorgestellt, wie man den negativen Kräften entgegenwirken kann, die in der Phase der Entmutigung typisch sind. Viele Organisationen, Führungskräfte und Mitarbeiter scheitern in dieser schwierigen Phase des Veränderungsprozesses, obwohl dies gar nicht nötig wäre. Es ist ganz natürlich, dass die Beteiligten an der Aufrichtigkeit der Bemühungen um mehr Selbstverantwortung zweifeln. Mitarbeiter sind nicht sicher, ob das Management es wirklich ernst damit meint, während die Führungskräfte sich fragen, ob die Beschäftigten jemals in der Lage sein werden, Verantwortung für ihr Handeln zu übernehmen. Die Teamleiter hingegen sitzen irgendwo zwischen den Stühlen. Durch die in diesem und den beiden vorausgegangenen Kapiteln beschriebenen Maßnahmen können die Potenziale der drei Schlüsselbedingungen – Zugang aller zu Informationen, Autonomie durch Abgrenzung und Ersatz der Hierarchie durch selbstgesteuerte Teams – zur Überwindung der Phase der Desillusionierung und Entmutigung genutzt werden. Außerdem erhöhen diese Vorgehensweisen die Wahrscheinlichkeit erheblich, dass der Prozess, der in Selbstverantwortung münden soll, sein Ziel tatsächlich erreicht. Im nächsten Teil wenden wir uns der dritten Etappe auf dem Weg zur Selbstverantwortung zu. In dieser Phase wird der Traum von der Selbstverantwortung verinnerlicht und verwirklicht, wenn auch zunächst in recht begrenztem Umfang.

Phase 3

Verinnerlichung und Verstärkung

Wenn der Prozess, der zur Selbstverantwortung führen soll, in die dritte Phase der Verinnerlichung und Verstärkung eintritt, sind erste Anzeichen für eine volle Integration der neuen Wertvorstellungen, Vorgehensweisen und Einstellungen erkennbar. An dieser Stelle erliegen viele Menschen der Versuchung, sich nicht mehr sonderlich um diese Initiative zu kümmern und einfach davon auszugehen, dass von nun an alles wie am Schnürchen laufen wird. Dahinter steht die Annahme, dass Selbstverantwortung jetzt automatisch praktiziert wird. Eine solche Erwartung würde jedoch alle bisher unternommenen Anstrengungen ernsthaft gefährden. Noch sind bei den Beteiligten nicht alle Zweifel ausgeräumt. Außerdem sind die Fähigkeiten, die für selbstverantwortliches Handeln benötigt werden, noch nicht zu Gewohnheiten geworden und müssen weiter verbessert werden.

Dies geschieht auf ähnliche Weise wie bei allen anderen neuen Gewohnheiten auch. Nehmen wir als Beispiel die Sportart Golf. Wenn Sie einen neuen Stand für den Approach wählen, müssen Sie zunächst Ihre alte Position »loslassen« bzw. »verlernen«, die Ihnen in Fleisch und Blut übergegangen war, obwohl Sie damit keine großen Erfolge verbuchen konnten. Anfangs müssen Sie bei jedem Approach bewusst nachdenken. Mit viel Übung auf der Drivingrange und dem Golfplatz werden Sie schließlich den neuen Stand einnehmen, ohne darüber nachdenken zu müssen. Damit haben Sie eine neue Gewohnheit entwickelt. Solange Sie aber bei jedem Approach bewusst nachdenken müssen, haben Sie den neuen Stand noch nicht völlig verinnerlicht.

Ganz ähnlich wie in diesem Beispiel verhält es sich auch mit selbstverantwortlichem Handeln. Sie müssen lange wachsam bleiben und Ihre neu erworbenen Fähigkeiten bewusst einsetzen. Sie kennen diese zwar und können sie nutzen, aber eben nur, wenn Sie auf die Einzelheiten achten. In ihrem Buch *Talent zum Coach hat jeder!* beschreiben Don

Shula und Ken Blanchard dieses Phänomen als »Überlernen« (overlearning).[1] Als Football-Trainer wollte Shula seine Spieler immer so gut vorbereiten, dass sie ihre Aufgaben ganz automatisch erfüllen konnten. Dann konnten sie ungeahnte Leistungen erreichen, weil sie nicht bewusst über grundlegende Verantwortlichkeiten nachdenken mussten. Ein hohes Maß an Selbstverantwortungskompetenz bedeutet, dass die Beteiligten auch unter Druck selbstständig handeln können, ohne überlegen zu müssen.

In diesem Abschnitt werden wir einige Fragen beantworten, die sich auf den Integrationsprozess beziehen. Aus dem Modell der situationsbezogenen Führung (Situational Leadership® II) können wir ableiten, dass Menschen in dieser Entwicklungsstufe zögernde, aber fähige Mitstreiter sind (einige oder viel Kompetenz, aber wenig Selbstvertrauen – Entwicklungsstufe 3). Sie brauchen weiterhin das für Führungsstil 3 typische sekundierende Verhalten, um ihr Selbstvertrauen weiter auszubauen und ihre Kompetenz im eigenverantwortlichen Denken und Handeln zu festigen. In den nächsten drei Kapiteln werden wir uns erneut mit jeder der drei Schlüsselbedingungen beschäftigen. Als Erstes werden wir die Frage aufwerfen, wie der Informationszugang während der allmählichen Verwirklichung der Selbstverantwortung noch sinnvoller genutzt werden kann. Dann wenden wir uns der Weiterentwicklung Autonomie schaffender Abgrenzungen zu. Und schließlich werden wir zeigen, wie selbstgesteuerte Teams ihr volles Potenzial entfalten können. Auch in diesem Teil werden wir wieder Fragen aufgreifen, die Führungskräfte und Mitarbeiter in dieser Prozessphase stellen, und diese dann auf der Grundlage der Erfahrungen beantworten, die wir selbst und unsere Kunden gemacht haben. Beginnen wir nun also mit dem Informationsaustausch in dieser letzten Prozessphase der Verinnerlichung und Verstärkung der Selbstverantwortung.

Die erste Schlüsselbedingung: Leistungssteigerung durch verbesserten Informationsaustausch

Die meisten Menschen empfinden die dritte Phase des Prozesses, der zu einer Selbstverantwortungskultur führen soll, nämlich Verinnerlichung und Feinabstimmung der Selbstverantwortung, nach den Wirren der Desillusionierung als Erleichterung. Die Versuchung ist jetzt groß, den Blick von der Vision der vollen Selbstverantwortung abzuwenden, die nicht nur von Beteiligung an Entscheidungen und Problemlösungen, sondern auch von Ergebnisverantwortung gekennzeichnet ist. In Unternehmen, deren Mitarbeiter eigenständig handeln sollen, müssen alle erheblich mehr Verantwortung tragen. Dazu gehört, dass Menschen ihrer Meinung Ausdruck verleihen, unterschiedliche Ansichten vertreten, Argumente für ihre Positionen vorbringen und den Druck der Leistungsverantwortung auf sich nehmen. Dazu gehört auch eine Besitzermentalität, die Tatsache, dass Menschen angehört und verstanden werden, sowie der Einsatz und die Weiterentwicklung der Fähigkeiten der Beschäftigten. Manche Menschen konzentrieren sich zu sehr auf die positiven Aspekte und versuchen, sich von der vorherigen Phase der Desillusionierung zu distanzieren. Manchen jagt der Gedanke an einige der unbequemeren Aspekte der Selbstverantwortung Angst ein, obwohl es ihnen schwer fällt, dies in Worte zu fassen.

Zwar wurden in den ersten beiden Prozessphasen viele Fragen beantwortet, doch hegen die Beteiligten immer noch gewisse Zweifel. Manche ihrer Fragen konzentrieren sich auf die persönliche Ebene, andere dagegen sind breiter gefasst, was an und für sich schon ein gutes Zeichen für den zu Selbstverantwortung führenden Entwicklungsprozess ist. Welche Fragen gehen den Beschäftigen jetzt durch den Kopf?

1. Ich hatte gewisse Erfolge mit selbstverantwortlichem Handeln. Werde ich aber in der Lage sein, alles zu lernen, was für eine Selbstverantwortungskultur erforderlich ist?
2. Lohnt sich der Veränderungsprozess wirklich? Wird uns das Management bis zur vollen Selbstverantwortung unterstützen? (Die Führungskräfte dagegen fragen sich wahrscheinlich: Sollen wir diesen Prozess wirklich durchziehen? Wird das Endergebnis mehr Verantwortungsbewusstsein sein?)
3. Beeinflussen wir die Ergebnisse des Unternehmens oder des Standorts wirklich positiv?
4. Wer hat sich noch nicht dem Konzept der Selbstverantwortung verschrieben? Wie könnten wir die Betreffenden stärker einbinden? Müssen diejenigen, die nichts von dieser Initiative halten, wirklich mit entsprechenden Konsequenzen rechnen? Wie sehr behindern sie alle anderen Mitarbeiter?
5. Wie kann unser Team effektiver zusammenarbeiten? Was hindert uns daran, ein selbstgesteuertes Team zu werden?
6. Wie können wir eine noch wichtigere Rolle in der geschäftlichen Entwicklung des Unternehmens spielen? Können wir auch an strategischen Entscheidungen mitwirken?

Im Modell der situationsbezogenen Führung, das wir in Kapitel 2 beschrieben haben, werden diese Fragen als Auswirkungs-, Kooperations- und Feinabstimmungsfragen bezeichnet. In dieser Phase erleben wir, dass Informationsfragen, persönliche Fragen und Umsetzungsfragen weitgehend beantwortet sind. Nun können sich die Beteiligten den drei anderen Fragenkomplexen zuwenden. Lassen Sie uns nun also auf einige der spezifischen Fragen eingehen, die Führungskräfte und Mitarbeiter in dieser letzten Veränderungsphase auf dem Weg zur Selbstverantwortung zum Informationsaustausch haben.

Wie können Informationen den Prozess
weiter vorantreiben?

1. In dieser Phase des Veränderungsprozesses beginnen die Teams die Informationen, die ihnen zugänglich gemacht wurden, tatsächlich zu nutzen. Diese Erfahrung wird sie auch in die Lage versetzen, genauer festzulegen, welche Informationen sie wirklich zur Steigerung ihrer Leistungen benötigen. Jetzt ist es auch an der Zeit, die Teams zu fragen, wie sie die Informationen verwenden, die ihnen derzeit zur Werks- und Unternehmensleistung zur Verfügung stehen. Fragen Sie, ob sie mehr Informationen zu bestimmten Themen oder weniger Informationen zu anderen beziehungsweise Daten in anderem Umfang oder einem anderen zeitlichen Rahmen benötigen. Welche zusätzlichen Informationen wünschen sie außerdem? Solche Fragen werden dem Topmanagement und den Teams dabei helfen, den gleichen Informationen den gleichen Wert und die gleiche Bedeutung beizumessen und die gleichen Erfolgsmaßstäbe zu verwenden. Wenn Diskrepanzen zwischen den von den Teams und der Führungsspitze verwendeten Informationen bestehen, sind viele Bemühungen vergebens. Die Teams müssen sich unbedingt darüber im Klaren sein, welche Informationen am engsten mit den Unternehmenszielen verbunden sind. In dieser Phase ist es aber auch wichtig, dass die Geschäftsleitung wirklich ein offenes Ohr für die Teammitglieder hat, wenn es darum geht, die Messgrößen für diese Ziele zu bestimmen.

Ein Unternehmen aus der Verpackungsindustrie übertrug einigen Teams in der Organisation schließlich die vollständigen Steuerungsmöglichkeiten. Jedes Team wurde wie ein kleines Unternehmen innerhalb eines größeren Konzerns organisiert. Die Teams kontrollierten den Informationsaustausch, wurden gefragt, was sie benötigten, und erstellten einen Großteil ihrer Informationen selbst. Einmal im Vierteljahr kamen alle Teams zusammen, um ihre Quartalsergebnisse auszutauschen und sie zur Leistung des Gesamtunternehmens in Beziehung zu setzen. Alle Teamberichte wurden gemeinsam mit anderen wichtigen Leistungsmessgrößen wie

Materialabfall, Ausfall von Maschinen, Zahl der ausgelieferten Sendungen, Umsatz und Stückkosten zu einer Quartals-Gewinn-und-Verlust-Rechnung des Konzerns konsolidiert. Durch den offenen Dialog bei diesen Treffen erfuhren alle, welche zentralen Messgrößen zur Beurteilung der Unternehmensleistung verwendet wurden und welche neuen Kennzahlen die Genauigkeit verbessern könnten.

2. Die Frage des Vertrauens zwischen Führungskräften und Teams muss kontinuierlich beantwortet werden. Wenn die Teams um immer vertraulichere Informationen bitten, könnte das Management der Versuchung erliegen, in manchen Fällen einen Riegel vorzuschieben. Für den langfristigen Erfolg der Selbstverantwortungsinitiative ist es unerlässlich, den Teams alle Informationen anzuvertrauen, die sie für nötig erachten. Wenn Führungskräfte bestimmte Informationen für besonders vertraulich halten und meinen, sie könnten in den Händen der Konkurrenz großen Schaden anrichten, müssen sie dies sagen und dann den Mitarbeitern vertrauen, dass sie diese Daten ebenso sorgsam hüten, wie es die Manager selbst tun würden. Dies liegt sicher auch im Interesse der Mitarbeiter. Nachdem Sie so große Fortschritte auf dem Weg zur Selbstverantwortung gemacht haben, sollten Sie nicht zulassen, dass ein vermeintlicher Vertrauensmangel Ihre Bemühungen zunichte macht.

3. Fragen Sie die Teams, weshalb sie zusätzliche Informationen benötigen oder schneller zur Verfügung gestellt bekommen möchten. Dabei geht es nicht etwa darum, die Entscheidungen der Teams in Frage zu stellen. Vielmehr sollten die Teams die Führungsspitze über ihre Denkweise und ihre Nutzung von Informationen in Kenntnis setzen. Schließlich liegt ihr Schwerpunkt in erster Linie auf operativen Fragen. Die neuen oder rechtzeitigeren Informationen benötigen sie daher primär für verantwortlichere Entscheidungen, die zu geschäftlichen Resultaten führen sollen. Wenn sie ihre Argumente vorbringen dürfen, werden sich die Teams noch stärker als Partner der Geschäftsleitung fühlen. Nur weil das Topmanagement bislang

bestimmte Informationen nicht in seine geschäftlichen Einschätzungen einbezogen hat, heißt das noch lange nicht, dass sie künftig nicht für solche Zwecke verwendet werden sollten. Wichtig ist dabei, den Teams allmählich die Kontrolle über die benötigten Informationen zu geben und zugleich sicherzustellen, dass Mitarbeiter und Führungskräfte auf der gleichen »Wellenlänge« sind.

4. Bei zusätzlichem Informationsbedarf muss auch die andere Seite der Medaille geprüft werden. In dieser Phase verfügen die Teams über mehr Erfahrung im Umgang mit Informationen und wissen, welche Daten sie zur Erreichung ihrer Ziele benötigen. Sie könnten jetzt zu dem Schluss gelangen, dass einige der Informationen, die ihnen zur Verfügung gestellt werden, einfach nicht erforderlich sind. Das Aussondern nicht benötigter Informationen kann den Teams dabei helfen, den Prozess des Informationsaustauschs zu rationalisieren. Diese Erfordernisse können sich durch die Lösung von Problemen, Erreichen von Zielen und Beantwortung von Fragen durch die Teams im Laufe der Zeit ändern.

Einer unserer Kunden gewann vor kurzem den begehrten Deming-Qualitätspreis. Im Rahmen der Anmeldung zu diesem Preis mussten die Beschäftigten ungeheure Datenmengen sammeln. Dadurch gewöhnten sie sich so an die Datenerhebung, dass sie praktisch alles, was sie taten, schriftlich dokumentierten. So wurde beispielsweise über ein Jahr lang die Reaktionszeit der Empfangsmitarbeiter gemessen und dabei ein sehr gleichmäßiges Muster festgestellt. Die Reaktionszeit ging zwischen 11.30 und 12.30 Uhr sowie zwischen 13.00 und 14.00 Uhr zurück. Es wurde festgestellt, dass die Antwortzeit sich verlangsamte, wenn eine der beiden Empfangsdamen zum Mittagessen ging, und sich beschleunigte, wenn beide anwesend waren. Niemand hatte sich die Mühe gemacht zu fragen, ob die längere Reaktionszeit tatsächlich ein Problem darstellte. Als die Empfangsdamen feststellten, dass sich niemand darüber beklagte, hörten sie auf, diese nutzlosen Daten zu erfassen. Hätte jedoch die langsamere Reaktion Probleme aufgeworfen, wären sie in der Lage gewesen, dafür eine Messgröße zu definieren und erste Schritte in Richtung auf eine Problemlösung zu unternehmen.

5. In dieser Prozessphase werden mit Sicherheit bereits einige Veränderungen im EDV-System des Unternehmens stattgefunden haben. Möglicherweise erzeugt das System jetzt schneller mehr Informationen in der von den Teams benötigten Form. Was nun? Können wir die Informationen in Echtzeit auf Abfrage zur Verfügung stellen? Können die Teams problemlos auf die benötigten Informationen zugreifen? Können ohne weiteres Veränderungen im System vorgenommen werden, um den Wünschen der Teams ohne übermäßige Verspätungen Rechnung zu tragen? Mit anderen Worten: Sie sollten die Informationstechnologie zu einem flexiblen Werkzeug zur Bereitstellung der von den Teams benötigten Informationen machen, um Mitarbeitern zu ermöglichen, effektiv Entscheidungen zu fällen und Probleme zu lösen und so das Leistungsniveau des Standorts und des Unternehmens zu steigern.

> Eine Bekleidungskette setzte sich Ziele für den Aufbau eines EDV-Systems, das allen Mitarbeitern sofortigen Zugriff auf alle benötigten Informationen gewähren sollte. Das Management des Unternehmens wollte diese Daten auch möglichst zeitnah zur Verfügung stellen. Dies erforderte natürlich ein System, das tägliche Aktualisierungen und den Zugriff aller Beschäftigten auf allen Organisationsebenen zuließ. Es wurden beträchtliche Anstrengungen unternommen, um dieses Ziel zu erreichen. Das Projekt erwies sich als recht schwierig. Dennoch sind spürbare Fortschritte erzielt worden, und das Engagement für diese hohe Datentransparenz hat nicht nachgelassen. Dieses Projekt hat die Mitarbeiter in allen Teilen der Organisation motiviert, zugängliche Informationen nach besten Kräften zu nutzen.

Spielt der Informationsaustausch jetzt eine ebenso wichtige Rolle wie in der Frühphase der Selbstverantwortungsinitiative?

1. Der Informationsaustausch ist jetzt ebenso wichtig wie zu Beginn des Prozesses, wenn auch aus anderen Gründen. Anfangs setzte der freie Zugang aller zu Informationen den Pro-

zess der Verantwortungs- und Vertrauensbildung in Gang. Vor Beginn des Selbstverantwortungsprogramms hatten Mitarbeiter keinen Zugang zu Informationen, die Voraussetzung für verantwortungsbewusste Geschäftsentscheidungen sind, und fällten daher solche Entscheidungen auch nicht. Da man ihnen diese Daten vorenthielt, gewannen die Mitarbeiter zudem den Eindruck, ihre Vorgesetzten würden ihnen nicht vertrauen, und sie begegneten dem Management somit auch ihrerseits mit Misstrauen. Durch den Informationsaustausch begann sich dieses Bild zu verändern. Inzwischen spielt der freie Informationszugang aller Beschäftigten eine entscheidende Rolle für die weitere Vertrauensbildung und die Verbesserung des Vertrauensverhältnisses.

2. Informationsaustausch ist ein zentraler Bestandteil einer Organisation, die sich vollständig auf das Prinzip der Selbstverantwortung verlässt. Zudem ist er eine zentrale Voraussetzung für kontinuierliche Verbesserungen. In einem von Selbstverantwortung geprägten Unternehmen wollen die Mitarbeiter zu immer besseren Arbeitsleistungen herausgefordert werden. Ihnen ist deutlich bewusst, dass kontinuierliche Verbesserungen die Gesundheit und Wettbewerbsfähigkeit ihrer Organisation gewährleisten. Zugleich wissen sie aber auch, dass sie sich auf diese Weise Erfolg, Zufriedenheit und Erfüllung in ihrem Beruf und ihrer Karriere sichern können. Ungehinderter Zugang aller zu Informationen ist schlicht und einfach das Lebenselixier eines vom Selbstverantwortungsgedanken getragenen Betriebs. Ohne ihn werden Mitarbeiter niemals über einen längeren Zeitraum hinweg ganz selbstverantwortlich denken und handeln können.

Ein Unternehmen aus der metallverarbeitenden Industrie wählte für dieses Problem eine interessante Lösung. Da der Betrieb gewerkschaftlich organisiert war, behagte der Geschäftsleitung der Gedanke, den Beschäftigten *alle* Informationen zugänglich zu machen, zunächst nicht – zumal der Start der Selbstverantwortungsinitiative zeitlich mit Tarifverhandlungen zusammenfiel. Wir rieten den Verantwortlichen, zunächst einige weniger heikle Informationen weiterzugeben. Als die Mitarbeiter an der Basis und die Gewerkschaftsfunktionäre darauf positiv reagierten, ermutigte dies die Manager, weitere Informationen offen zu legen. Im Laufe der Zeit nahm der Informationsstrom von der Führungsspitze zu den Beschäftigten stetig zu. Das Ergebnis war eine verbesserte Partnerschaft zwischen Leitern, Teammitgliedern und Gewerkschaftlern. In dieser Firma setzt sich das Konzept der Selbstverantwortung langsam durch. Haupttriebfeder ist dabei der immer bessere Informationsaustausch.

3. Informationsaustausch ist der Mechanismus, der ermöglicht, dass Mitarbeiter für die Erreichung von Zielen und höheren Leistungsstandards zur Verantwortung gezogen werden können. Durch den freien Zugriff aller auf Informationen wird zudem sichergestellt, dass Mitarbeiter und Teams sich *selbst* für ihre Fortschritte bei der Zielerreichung *verantwortlich machen* können. Außerdem sind Informationsaustausch (und freier Zugang zu Informationen) der Schlüssel zur Verfolgung der Fortschritte in Richtung auf die gewünschten Resultate. Auf dieser Grundlage können Mitarbeiter und Teams sich dann *selbst* in die richtige Richtung *lenken*. Informationen ermöglichen ihnen, Pläne zu ändern, zu erkennen, wann sie härter oder intelligenter arbeiten müssen, sich anstehender Probleme bewusst zu werden und zu wissen, wann Etappensiege gefeiert werden müssen. Sie können sich als echte Partner des Topmanagements erweisen, indem sie sich so wichtigen Themen wie der besseren Bedienung interner und externer Kunden widmen. Kunden erwarten heute sehr viel von ihren Dienstleistern. Wenn ihnen kein hohes Serviceniveau geboten wird, muss sich die Abteilung oder Organisation bald mit negativen Konsequenzen herumschlagen. In dieser Phase können und müssen die Teams ihre Kunden sogar *begeistern*, das heißt, zu Menschen machen, die so zufrieden mit ihrer Behandlung sind, dass sie ihre Dienstleister in den höchsten Tönen loben. Wenn sich ein Team das Ziel setzt, seine Kunden durch den gebotenen Service zu begeisterten Anhängern des Unternehmens zu machen, kann es von den in der Grafik beschriebenen drei

Schritten profitieren, die Ken Blanchard und Sheldon Bowles in ihrem Buch zu diesem Thema beschrieben haben.[2]

Wie man Kunden begeistert

1. Stellen Sie fest, was Sie wollen

   Das Team muss sich darüber klar werden, wie es sich für seinen Service engagieren will.

2. Finden Sie heraus, was der Kunde will

   Das Team muss den Kunden ständig zuhören, um zu erfahren, was wichtig ist und wie sein Service beurteilt wird.

3. Die Kundenwünsche um ein Prozent übererfüllen

   Das Team muss die Servicedefizite überwinden und einen Plan für die Verbesserung der Servicequalität entwickeln, der die Kundenerwartungen kontinuierlich um ein Prozent übertrifft.

Ken Blanchard, Sheldon Bowles und Raving Fans: **A Revolutionary Approach to Customer Service**, S. 22, 51, 101

Im ersten Schritt – Feststellen, was Sie wollen – einigen sich die Teammitglieder auf eine bestimmte Vorgehensweise. Werden sie beispielsweise im Umgang mit enttäuschten Kunden als Strategie für den Kundenservice Wiedergutmachungsmechanismen einsetzen oder sind sie bereit, die Regeln zu ändern, die großartigem Service im Wege stehen, und den Teammitgliedern die Autonomie einzuräumen, die Voraussetzung für die Begeisterung der Kunden ist? Wenn sich die Aufmerksamkeit auf den zweiten Schritt verlagert – Herausfinden, was der Kunde will –, müssen die Teammitglieder bereit sein, Servicequalität mit der gleichen Leidenschaft wie Gewinn- und Verlustzahlen zu messen. Zudem müssen sie bereit sein, die Anregungen der Kunden bewusst aufzunehmen. Ein sinnvolles Instrument zur Einschätzung der Lücke zwischen Anspruchsniveau und Realität ist der »Raving Fans Gap Finder«: Hier werden Kunden gebeten, für eine Vielzahl von Messgrößen dem Team eine Wertung zu geben, es mit anderen ähnlichen Teams zu vergleichen und die Gewichtung der einzelnen Messgrößen zu bestimmen.[3] Der dritte Schritt – Die Kundenwünsche um ein Prozent übererfüllen – erlaubt dem Team, sich direkt an der Umsetzung eines Plans zur Begeisterung der Kunden zu beteiligen. Vorteilhaft an diesem Ansatz ist, dass Mitarbeiter wichtige geschäftliche Angelegenheiten in Angriff nehmen dürfen. Früher wären solche Maßnahmen durchweg als Managementaufgabe betrachtet worden. In einer Organisation, die sich dem Gedanken der Selbstverantwortung verschrieben hat, stellen sie jedoch eine Herausforderung für Teams und einzelne Mitarbeiter dar.

Wie können Unternehmen den ständigen Veränderungen in der Zusammensetzung der Belegschaft gerecht werden?

1. Bei jedem Veränderungsprozess muss die Frage beantwortet werden, wie man mit neuen Mitarbeitern umgehen soll, die nach Beginn der Initiative zum Unternehmen stoßen. Die entstehenden Problemen hängen natürlich davon ab, ob der oder die Betreffende extern rekrutiert oder aus einem Standort der Organisation versetzt wurde. Ein von außerhalb hinzukommender Mitarbeiter muss den gesamten Prozess der Selbstverantwortung kennen lernen: die genaue Definition des Begriffs in diesem Unternehmen, die Geschichte des Veränderungsprozesses, die neuen Erwartungen in der von Selbstverantwortung geprägten Kultur, die Anforderungen an den Informationsaustausch, die derzeitigen operativen Abgrenzungen und die Teamentwicklungsstufe. Mitarbeiter, die von einem anderen Standort überwechseln, sind mit den allgemeinen Charakteristika des Unternehmens vertraut, müssen aber die spezifischen Gegebenheiten am neuen Standort in Bezug auf Informationsaustausch, Abgrenzungen und Teamarbeit kennen lernen. Die in Kapitel 5 beschriebene Teamsatzung kann als wertvolle Informationsquelle für neue Teammitglieder

dienen, ganz gleich ob sie von außerhalb oder aus anderen internen Bereichen kommen.

Ein gutes Beispiel für diesen Prozess auf Unternehmensebene ist die Disney Corporation. Jeder neue Mitarbeiter einschließlich des Vorstandsvorsitzenden muss den Kurs »Traditions« absolvieren. Hier werden den Beschäftigten die Wertvorstellungen und die Geschichte der Organisation nahe gebracht. Sie erfahren, welche Erwartungen an jeden Einzelnen gestellt werden, und lernen den Stolz kennen, der typisch für alle Mitarbeiter dieser Firma ist. Bei Armstrong Industries wurde ein überdimensionales Bilderbuch konzipiert, das die wichtigsten Vorgehensweisen, Werte und Erwartungen beschreibt. Dieses Buch wird Besuchern des Unternehmens, Lieferanten und neuen Mitarbeitern gezeigt. Dies vermittelt eine klare Botschaft: Wenn Sie Geschäfte mit uns machen oder in dieser Organisation arbeiten wollen, ist es ratsam (oder unabdingbar), dass Sie vorher unser Buch lesen. Damit gewährt das Unternehmen neuen Mitgliedern einen glaubhaften und klaren Einblick in die Organisation.

2. Da Informationsaustausch den Schlüssel zur Ankurbelung des Veränderungsprozesses und den Ausgangspunkt für den Aufbau der für selbstverantwortliches Handeln erforderlichen Verantwortungs- und Vertrauensbasis darstellt, ist es nur logisch, dass auch jedes neue Mitglied diesen Schritt als erstes durchlaufen muss. Zeigen Sie den Neuen, welche Wertvorstellungen und Erwartungen in Ihrem Unternehmen in Bezug auf den Informationsaustausch gelten. Wie zu Beginn des Veränderungsprozesses wird diese Erklärung auch die Integration neuer Mitarbeiter in die Unternehmenskultur der Selbstverantwortung erleichtern. Erläutern Sie, welche Informationen in welcher Form wie oft weitergegeben werden und welche Verantwortlichkeiten dem oder der Betreffenden in Bezug auf diese Informationen zugewiesen werden. Erklären Sie auch, welche Erwartungen in Bezug auf die Weitergabe von Informationen gestellt werden, die sich im Besitz der neuen Mitarbeiter befinden.

3. Geben Sie auch weiterhin Informationen weiter, um alle über Ereignisse in der gesamten Organisation auf dem Laufenden

zu halten. Nicht nur das Umfeld des Unternehmens, sondern auch die Mitarbeiter selbst werden sich ändern. Hier sprechen wir von den Menschen, die von Anfang an den Veränderungsprozess miterlebt haben. Manchmal vergessen wir, dass sich Menschen auf dem Weg zur Selbstverantwortung ändern. Zu Beginn des Prozesses sind alle an das Arbeiten in einer hierarchischen Kultur gewöhnt. Jetzt gewöhnen sie sich allmählich daran, eigenverantwortlich zu denken und zu handeln. Sie verstehen, dass ihre Rolle und die in sie gesetzten Erwartungen ganz anders sind, und erwarten andere Verhaltensweisen von der Führungsspitze und den Teamleitern ihres Unternehmens. Wenn der bilaterale Informationsfluss zwischen Teammitgliedern einerseits und Teamleitern und Topmanagern andererseits ein anerkannter Wert und allgemeine Praxis ist, wird sich eine reife, hochqualifizierte Selbstverantwortungskultur entwickeln, die herausragende Ergebnisse erzielt und der Konkurrenz einen Schritt voraus bleibt.

Wie verhindert man, dass Informationen irgendwo in der Organisation hängen bleiben?

1. In einer Selbstverantwortungskultur muss unbedingt sichergestellt werden, dass alle, vom Topmanagement über die mittleren Führungskräfte bis hin zu den Teammitgliedern, wissen, dass dem Informationsaustausch ein großer Wert beigemessen wird. Daher sollte Mitarbeitern, denen es gut gelingt, anderen Informationen zugänglich zu machen, für ihre Umsetzung der neuen Wertvorstellungen Anerkennung gezollt werden. Wer keine Daten mit Kollegen austauscht, muss unmissverständlich darauf hingewiesen werden, dass Horten von Informationen in der neuen Kultur nicht akzeptabel ist. Stattdessen muss das Topmanagement sicherstellen, dass niemand Informationen hortet bzw. horten kann oder nicht an andere im Unternehmen weitergibt. Dies kann man unter anderem dadurch erreichen, dass Teammitglieder regelmäßig von Topmanagern gefragt werden, ob ihnen alle Informatio-

nen zur Verfügung stehen, die sie ihrer eigenen Meinung nach zur Leistungsverbesserung benötigen. Zugleich sollte auch die Führungsspitze darüber nachdenken, welche zusätzlichen Informationen für die Teammitglieder hilfreich wären. Diese Strategie wird dazu beitragen, die Kommunikationskanäle in allen Teilen der Organisation offen zu halten. Wenn den Mitarbeitern Informationen fehlen, fragen Sie sie, ob sie wissen, wo sich diese befinden. Falls nicht, sollten Sie herausfinden, wer diese Daten hat, und sie den Teams beschaffen.

2. Eine sehr effektive Strategie für den Informationszugang, die viele der in einer Selbstverantwortungskultur erwünschten Verhaltensweisen fördern wird, besteht darin, Teammitglieder und Teamleiter zu belohnen, die bei der Umsetzung dieser Verhaltensweisen mit gutem Beispiel vorangehen. Dabei muss es sich nicht um finanzielle Vergütungen handeln. Eine öffentliche Anerkennung, bei der klar ist, was hier honoriert wird, trägt dazu bei, den Informationsaustausch zu festigen, der dem Unternehmen zur vollständigen Umsetzung der Selbstverantwortungsprinzipien verhelfen wird. Andererseits müssen Mitarbeiter, die nicht angemessen mit Informationen umgehen, daran erinnert werden, dass es in der neuen Selbstverantwortungskultur nicht akzeptabel ist, Informationen zu horten oder einfach nicht zu nutzen. Durch klare Unterscheidung der Behandlung derjenigen, die Selbstverantwortung fördern, von denjenigen, die sie behindern, kann der Veränderungsprozess in eine Richtung gelenkt werden, die eine Integration selbstverantwortlichen Denkens und Handelns in die Vorgehens- und Verhaltensweisen und die Einstellungen aller Angehörigen der Organisation sicherstellt.

3. Ermutigen Sie die Beschäftigten weiterhin, Informationen über Fehler auszutauschen, damit alle daraus lernen können und eine wirksame Lösung gefunden und umgesetzt werden kann. Denken Sie daran, dass mündige Mitarbeiter positive *und* negative Informationen weitergeben sollten. Wenn wir andere von Problemen in Kenntnis setzen, können sich alle an der Suche nach kreativen Lösungen beteiligen. Außerdem

können Berichte über negative Erfahrungen auch zur frühzeitigen Problemerkennung beitragen – zu einem Zeitpunkt, zu dem eine Lösung noch leichter gefunden werden kann. Dies führt zu besseren Leistungen in den Unternehmen bzw. Betrieben, die sich Problemen in dieser aufgeklärten Weise stellen.

> Ein Unternehmen, mit dem wir arbeiteten, entwickelte eine interessante Methode, um die Mitarbeiter zu belohnen, die ein Problem im System oder in der Unternehmenspolitik erkannten und eine Lösung fanden, die den Kunden zufrieden stellte. Viele Unternehmen vergeben eine Auszeichnung, wenn Mitarbeiter mehr tun, als ihre Pflicht wäre. Dieses Unternehmen wählte einen gegenteiligen Ansatz, um zu verhindern, dass Mitarbeiter Probleme unter den Teppich kehrten und Verfahrensregeln als Entschuldigung für mangelnden Kundenservice vorschoben. Sie verliehen Preise an diejenigen Mitarbeiter, die ihr gutes Urteilsvermögen bewiesen, indem sie eine »dumme Regel oder Vorschrift« missachteten. Solche Maßnahmen dienten einerseits unmittelbar dem Kunden, identifizierten aber auch Verfahrens- und Systemprobleme, die überwunden werden mussten. Mit diesen Preisen wurden Teammitglieder als Partner anerkannt, die in der Lage waren zu erkennen, welche Grenzen im Unternehmen sie an eigenverantwortlichem Handeln hinderten. Sie verstärkten auch die Anstrengungen der Mitarbeiter und Führungskräfte, selbstverantwortlich zu handeln.

4. Der Prozess des Informationsaustauschs kann auch durch die Art und Weise, wie Informationen erhoben und genutzt werden, vom Weg abkommen. Das kann dazu führen, dass Informationen, die von den Teammitgliedern an höhere Führungsebenen weitergereicht werden, irgendwo in der Organisation hängen bleiben. Am Anfang dieses Problems steht in der Regel die Anforderung von Daten und Berichten von der Kundenfront durch einen Spitzenmanager, die die Mitarbeiter an der Basis in Bezug auf die Datenerhebung unter Druck setzt. Unter Umständen ziehen die Beschäftigten im operativen Bereich auch den Wert der zu sammelnden Informationen in Zweifel. Die Kommunikationskanäle müssen offen gehalten werden, damit solche Probleme frühzeitig erkannt und nicht zu Hindernissen für den Informationszugang werden.

Eine Lebensmittelkette geriet in Schwierigkeiten, als sie gravierende Hemmschwellen für selbstverantwortliches Handeln errichtete. Die Geschäftsleitung wollte wöchentlich einen Vergleich zwischen dem Becherbestand an der Getränketheke und dem Umsatz vorgelegt bekommen. Die Mitarbeiter in der Zentrale entwickelten dafür folgende Methode: Die Verkäufer mussten jeden Tag die Becher von Hand zählen und ein Formular ausfüllen, das täglich von ihren Vorgesetzten eingesammelt wurde. Diese Aufgabe kostete zwanzig Minuten zusätzlicher Arbeit. Zudem glaubten die Verkäufer, dass die Manager dies nur verlangten, um ihnen Schwund (Diebstahl durch Mitarbeiter) nachweisen zu können. Für diesen vermeintlichen Mangel an Vertrauen seitens der Geschäftsleitung »rächten« sich die Mitarbeiter, indem sie bei dieser Zählarbeit Überstunden schindeten. Einer der operativen Bereichsleiter tat schließlich etwas Unerhörtes, um seine Mitarbeiter zu unterstützen. Er teilte den Stabsabteilungen in der Zentrale mit, dass sie mit den Geschäftsführern der ihm unterstellten Läden nur noch über ihn kommunizieren dürften und dass alle Anfragen oder Verfahren seine Genehmigung erforderten. Alle Zentralabteilungen (Finanzen, Rechnungswesen, Rechtsabteilung, Marketing, Einkauf und Warenwirtschaft) protestierten. Aber sie hatten dieses Problem heraufbeschworen, indem sie sich eine Lösung ausdachten, die ihre Arbeit leichter und die der Verkäufer schwerer machte. Eine Verbesserung der Kommunikation war erforderlich, um das auf diese Weise erschütterte Vertrauen wiederherzustellen.

Fazit

Nachdem wir nun in die letzte Phase in der Entwicklung hin zu einer Selbstverantwortungskultur durch Informationsaustausch eingetreten sind, müssen wir uns wieder einmal vor Augen halten, dass die anderen beiden Schlüsselbedingungen ebenso wichtige Voraussetzungen für den Abschluss des Prozesses sind. Auch die Sicherung von Autonomie durch Abgrenzung und der Ersatz der Hierarchie durch selbstgesteuerte Teams müssen ihren Feinschliff erhalten, wenn die anvisierten Ziele erreicht werden sollen. Daher werden wir uns im nächsten Kapitel der Frage zuwenden, wie Abgrenzungen in dieser Phase der Verinnerlichung und Verstärkung der Selbstverantwortung die Autonomie der Beschäftigten verbessern können.

Kapitel 10

Die zweite Schlüsselbedingung: Abgrenzungen und Ziele

Während des gesamten Veränderungsprozesses, der bei den Mitarbeitern zu mehr Selbstverantwortung führen soll, mussten wir darauf achten, dass die drei Schlüsselbedingungen in harmonischer Interaktion den Wandel vorantrieben. Die letzte Phase unterscheidet sich hierin nicht von den beiden ersten, abgesehen davon, dass die Anweisungen für die Grenzziehungen jetzt von den Mitarbeitern selbst ausgehen. Abgrenzungen sind in einem Umfeld, in dem die Mitarbeiter selbstverantwortlich handeln, viel breiter gefasst als zu Beginn des Veränderungsprozesses. Die Herausforderung besteht darin, sie im letzten Schritt voll in das Wertesystem der Menschen im Unternehmen zu integrieren. Vorgesetzte sind weitgehend zu Teamleitern geworden, so wie ihre Untergebenen große Fortschritte in der Entwicklung hin zu Teammitgliedern gemacht haben. Das soll nun aber nicht heißen, dass Abgrenzungen als Richtlinien für autonomes Handeln jetzt nicht mehr benötigt werden. Allerdings sollen sie in dieser Phase so weit wie möglich von den Beschäftigten bestimmt werden. Lassen Sie uns nun einige der Fragen beantworten, die den Beteiligten in diesem Stadium häufig durch den Kopf gehen.

Wozu dienen Abgrenzungen an der Schwelle zur vollständigen Umsetzung der Selbstverantwortungskultur?

1. Die Vorstellung von der Organisation als Unternehmen, in dem die Mitarbeiter selbstständig denken und handeln, muss fein abgestimmt werden, um den bisherigen Fortschritten Rechnung zu tragen. Zu Beginn des Prozesses wurden die Mitarbeiter beziehungsweise Teammitglieder gebeten, einfachere, aufgabenrelevante Entscheidungen zu treffen (zum Beispiel zu Sicherheitsvorkehrungen und Reinigungsmaßnahmen, zur Messung des Kundenservices und der Qualität oder zur Auswahl der Arbeitsmethoden). Im weiteren Verlauf kamen dann komplexere Entscheidungen hinzu (Feststellung des Schulungsbedarfs, routinemäßige Instandhaltungsmaßnahmen, Notwendigkeit des Erlernens verschiedener Fähigkeiten, Produktionsplanung). Das Bild der Entscheidungsfindung im Unternehmen muss nun angepasst werden, um den Umfang und die Tiefe der Entscheidungen widerzuspiegeln, die die Mitarbeiter jetzt treffen. Außerdem müssen neue Schwerpunkte für die künftige Ausrichtung des Bevollmächtigungsprozesses gesetzt werden. Im Bereich der Entscheidungsfindung müssen die Teams ermuntert werden, noch umfangreichere und komplexere Entscheidungen zu übernehmen, beispielsweise Bildung funktionsübergreifender Teams, Einstellung neuer Teammitglieder, Maßnahmen zur Behebung von Leistungsstörungen bei Kollegen oder Budgetplanung. In dieser letzten Phase im Übergang zu einem Unternehmen, das dem Prinzip der Selbstverantwortung oberste Priorität einräumt, müssen die meisten Entscheidungsfelder der alten Hierarchie in die Vorgehensweisen der autonomen Teams integriert werden.

Ein im Bereich Lebensmittelherstellung und -vertrieb tätiges Unternehmen ging so weit, herkömmliche Stabsabteilungen wie Personal, Finanzen, Konstruktion, Instandhaltung und Schulung abzuschaffen. All diese Aktivitäten, die in hierarchischen Organisationen in funktionalen »Silos« gemanagt werden, gehörten nun zum Aufgabenbereich der selbstgesteuerten Teams. Diese hatten die alten hierarchischen Entscheidungsmuster ersetzt. Sie verabschiedeten das Budget, warteten ihre eigenen Anlagen, lösten Produktionsprobleme und führten alle Schulungsmaßnahmen für ihre eigenen Teammitglieder durch bzw. organisierten sie.

2. Viele, wenn nicht sogar alle der alten hierarchischen Grenzen müssen durch Visionen und Wertvorstellungen ersetzt werden, die von den Beschäftigten verinnerlicht wurden. Wie wir bereits erläutert haben, wird mit hierarchischen Grenzen definiert, *was nicht getan werden darf* und welche Vorgehensweisen bei bestimmten Maßnahmen befolgt werden müssen. In einer von Selbstverantwortung geprägten Kultur bestimmen sie *den Freiraum der Beschäftigten*, innerhalb dessen sie durch autonomes Handeln Ergebnisse beeinflussen können. In dieser letzten Phase des Veränderungsprozesses werden diese Grenzen nun ausgeweitet, um den Teams und ihren Mitgliedern mehr Autonomie und Verantwortung zu geben. Teamleiter müssen die Vision für das selbstverantwortliche Handeln sowie die zugehörigen Werte ganz deutlich erklären. Sie müssen auch künftig zusammen mit den Teams daran arbeiten, dass die Abgrenzungen in die Überzeugungen und Einstellungen aller Beteiligten integriert werden. Sie dürfen nicht in ihren Bemühungen nachlassen, mündige Mitarbeiterteams aufzubauen und dann darauf zu vertrauen, dass diese funktionieren.

In einem sehr wirksamen Bild, das wir in unserer Arbeit mit Unternehmen verwenden, bitten wir die Teilnehmer, sich die Linien eines Football-Feldes vorzustellen und sich dann zu fragen: »Wer hat das größte Spielfeld (die am breitesten gefassten Abgrenzungen) im Unternehmen?« In einer hierarchischen Organisation ist das eindeutig der Vorstandsvorsitzende bzw. Firmenchef. Mit jeder nachrangigen Führungsebene wird das Spielfeld kleiner. Auf der Ebene der operativen Mitarbeiter ist es unter Umständen winzig. In dem Prozess, der zur Selbstverantwortung führen soll, müssen diese Abgrenzungen allmählich ausgeweitet werden, sobald die Menschen lernen, verantwortungsbewusst zu handeln und ihre Fähigkeiten zur Erledigung ihrer Aufgaben zu nutzen. In dieser letzten Phase ist das Spielfeld zwar unter Umständen nicht so groß wie das des Firmenchefs, aber doch erheblich größer als zu Beginn des Prozesses. Die Grenzen sind als Richtlinien für die Autonomie aller Mitarbeiter zu verstehen und fördern darüber hinaus das Verantwortungsbewusstsein aller Menschen im Unternehmen.

Die Manager eines Finanzdienstleistungsunternehmens lernten während der zweiten Phase des Einführungsprozesses, der in Selbstverantwortung der Mitarbeiter münden sollte, dass ihre eigene Verwirrung und Unsicherheit ihnen häufig eine optimale Gelegenheit bot, die Teams um mehr Input und verantwortliches Handeln zu bitten. Als sie die dritte Prozessphase erreichten, hatten sich die Manager bzw. Teamleiter bereits daran gewöhnt, ihren Teams zu vertrauen, dass sie gute Entscheidungen treffen und innovative Problemlösungen finden würden. Die Reduzierung ihrer eigenen Arbeitslast und die vielen Anregungen, die zu Kosteneinsparungen und besserem Kundenservice führten, wurden von den Teamleitern als sehr positiv empfunden. Zahlreiche Führungskräfte erklärten, sie seien sehr froh, endlich mehr Zeit mit ihrer Familie verbringen zu können.

3. Bei der Feinabstimmung der Vision und der Wertvorstellungen müssen die Teammitglieder definitiv als gleichberechtigte Partner einbezogen werden. Zu Beginn des Prozesses mussten klare Abgrenzungen für sie gezogen werden. Nun sind die Beschäftigten aber selbst in der Lage, die Grenzen ihrer Arbeit und Entscheidungsbefugnis zu beurteilen und neu zu definieren. Teamleiter und Teammitglieder sollten gemeinsam nach Möglichkeiten zur Verbesserung des Prozesses suchen, der selbstverantwortliches Handeln fördert. Wenn Gedanken zum Zukunftsbild und zu den Wertvorstellungen ausgetauscht werden, profitiert das Unternehmen von einer größeren Ideenvielfalt und einem stärkeren Engagement für die letztendlich ausgewählten Optionen. Wie so häufig können bei betrieblichen Entscheidungen, die sich auf Gewinn, Qualität und Kundenzufriedenheit auswirken, die Vorschläge der Mitarbeiter sogar über die Vorstellungen des Managements hinausgehen.

Ein Einzelhandelsunternehmen fördert diese Partnerschaft in seinem Handbuch, das an alle Teammitglieder ausgeteilt wird. Dort steht: »Sie wurden wegen Ihres guten Urteilsvermögens eingestellt. Wir erwarten und gehen davon aus, dass Sie es in Ihren Transaktionen mit den Kunden in Übereinstimmung mit der Philosophie unseres Unternehmens einsetzen.« Danach wird erklärt: »Weitere Regeln gibt es nicht.« Mitarbeitern muss beigebracht werden, wie sie auf Kundenprobleme mit einer Einstellung und mit Maßnahmen reagieren, die den Kunden das Gefühl vermitteln, dass sie in guten Händen sind und ihr Problem gelöst werden kann und wird. Solche Erklärungen stecken natürlich einen sehr breiten Rahmen für partnerschaftliches Handeln ab. Sie belegen, wie großzügig die Grenzen in dieser letzten Phase des Veränderungsprozesses gezogen werden können.

4. Obwohl Abgrenzungen zur Definition des Freiraums dienen, innerhalb dessen Mitarbeiter ungehindert tätig werden können, dürfen wir nicht vergessen, dass damit auch die Handlungs- und Ergebnisverantwortlichkeiten definiert werden sollen. In dieser Phase des Veränderungsprozesses dürfte es den Teammitgliedern kaum etwas ausmachen, wenn sie mehr Verantwortung übernehmen müssen. Sie sollten weniger Angst vor Fehlern haben, sich aber deutlicher bewusst sein, dass sie weiterhin aus Fehlern lernen müssen. Ohne einen solchen Lernprozess werden das Unternehmen und die in ihm tätigen Menschen nicht im Wettbewerbsumfeld bestehen können. Daher müssen in dieser Phase unbedingt die für eine Selbstverantwortungskultur typische Freiheit und Verantwortung verstärkt werden.

5. Falls in den Teams Konflikte entstehen, dürfen diese unter keinen Umständen unter den Teppich gekehrt werden, weil man auf die Egos der Teammitglieder Rücksicht nehmen möchte. Vielmehr muss ein Wettstreit der Ideen gefördert werden, damit die Talentvielfalt den Teams bei der Lösung komplexer Probleme hilft, mit denen sie konfrontiert sind. Der wahre Schlüssel zum Erfolg liegt darin, Wertvorstellungen als Handlungsdeterminanten und Richtlinien zur Klärung der Entscheidungsfindung zu verwenden. In dieser

Phase, in der alle Mitarbeiter mit den im Unternehmen geltenden Werten vertraut sein sollten, wird die Entscheidungsfindung erleichtert, wenn ihr diese Wertvorstellungen zugrunde liegen.

Welche Schwerpunkte sollten bei den Zielen der neuen Selbstverantwortungskultur gelten?

1. In dieser Phase des Veränderungsprozesses sollten seitens des Unternehmens individuelle Vorgaben fast vollständig durch kollektive Ziele ersetzt worden sein. Selbstgesteuerte Teams sind jetzt aus Unternehmenssicht das Instrument zur Erreichung der Geschäftsziele. Daher müssen strategische Ziele in Zielsetzungen für einen Kooperationsprozess zwischen Geschäftsleitung, Teamleitern und Teammitgliedern übersetzt werden. Die autonomen Teams übernehmen die Verantwortung für diese Ziele und können auf dieser Basis dann individuelle Vorgaben für die einzelnen Mitglieder festlegen. Dabei stützen sich die Teams wieder auf einen kooperativen Prozess, mit dem sichergestellt wird, dass alle Teammitglieder wissen, wie sie das Team bei der Erfüllung seiner Ziele unterstützen können.

2. Da selbstgesteuerte Teams selbst die Verantwortung für die Erreichung ergebnisrelevanter Ziele übernehmen, gehört es auch zu ihren Aufgaben, ihren Fortschritt auf dem Weg dorthin zu überwachen und eventuell Kurskorrekturen vorzunehmen. Das heißt natürlich, dass Teams Informationen verwenden, um ihre Leistungen zu verfolgen und die Folgen der von ihnen umgesetzten Maßnahmen zu bewerten. Sie müssen außerdem alle zusätzlichen Informationen anfordern, die sie ihrer Meinung nach zur Zielerreichung benötigen. Ferner sind sie dafür verantwortlich zu überwachen, wie gut jedes einzelne Teammitglied auf dem Weg zu seinen Zielen vorankommt. Sie müssen dafür sorgen, dass kein Teammitglied vom eingeschlagenen Weg abweicht, damit das Team insgesamt ein hohes Leistungsniveau erreichen kann.

Eine Bank hatte zunächst erhebliche Schwierigkeiten mit diesem Ansatz hinsichtlich der Befugnisse und Verantwortlichkeiten. Das Erbe einer Kultur, in der Feedback nur im Falle von Fehlern gegeben wurde, erzeugte bei den Teammitgliedern Unbehagen, wenn sie einander Rückmeldungen zu ihren Leistungen geben sollten. Dieses Hindernis wurde schließlich überwunden, indem sie sich auf klare Ziele und Maßnahmen konzentrierten, die ihnen ermöglichten, ihre Leistungen selbst zu überwachen. Nun waren die Teammitglieder in der Lage, ihren Kollegen primär positives Feedback zu geben. Gleichzeitig wurden die Mitarbeiter ermutigt, um Unterstützung zu bitten, wenn sie erkannten, dass die Erreichung ihrer individuellen Ziele ihnen Probleme bereitete. Schritt für Schritt entwickelten die Teams die Fähigkeit, sich selbst zu steuern und zu kontrollieren. In erster Linie war dies darauf zurückzuführen, dass sie sich zunächst auf eine Änderung der Unternehmenskultur hin zu positivem Feedback und dann auf Problemlösungen konzentrierten, anstatt sich in schwierigen Situationen in Schuldzuweisungen zu ergehen.

3. In der neuen, von Selbstverantwortung geprägten Kultur muss es den Teams möglich sein, selbst alle Ziele festzulegen, die ihnen ihrer Meinung nach dabei helfen, die strategischen Zielvorgaben ihres Standorts oder Unternehmens zu erreichen. Die Strategie muss nach wie vor in unmissverständlichen Worten von der Geschäftsleitung formuliert werden. Dabei müssen die Topmanager aber jede Anregung, die ihnen die Teams geben, interessiert aufgreifen. Sobald die Teams sich auf die strategischen Ziele ihres Standorts oder ihres Unternehmens eingeschworen haben und sie verstehen, können sie selbstverantwortlich ihre eigenen Ziele definieren. Das Unternehmen muss ihnen zutrauen, dass sie ihre Autonomie zur Wahl erreichbarer Zielvorgaben nutzen, die es seinen strategischen Zielen näher bringen.

4. Beim Übergang zu einer Selbstverantwortungskultur lag der Schwerpunkt stets auf kontinuierlichen Verbesserungen. In dieser Phase sollten die Beschäftigten sich bereits mit dem Gedanken angefreundet haben, dass von ihnen immer wieder weitere Leistungsverbesserungen erwartet werden. Die Teams sollten sogar ein Stadium erreicht haben, in dem sie viele ver-

besserungsfähige Bereiche identifizieren, die sich auf operative Fragen und damit indirekt auch auf die Erreichung strategischer Ziele auswirken. Sie müssen ermutigt und aufgefordert werden, dass sie für jeden Prozess, an dem sie mitwirken, kontinuierliche Ziele zur Verbesserung aufstellen. In der Regel gibt ihnen der Stolz, den sie bei der Erreichung immer komplexerer Ziele empfinden, die Energie, auch in Zukunft weitere Verbesserungen in Angriff zu nehmen. Ermutigung und Lob seitens der Teamleiter und Topmanager kann jedoch die Bemühungen der Teams beschleunigen.

5. In dieser Prozessphase müssen sich die Teams unbedingt vor Augen halten, dass Ziele, die nicht im Kollektiv vereinbart wurden, Anweisungen gleichkommen und somit in krassem Gegensatz zu den Grundsätzen der Selbstverantwortung stehen. Die Bemühungen um die Einführung eines partnerschaftlichen Zielfestlegungsprozesses, die in den ersten beiden Phasen des Veränderungsprozesses unternommen wurden, dürfen jetzt nicht einfach beiseite geschoben werden. Teammitglieder erwarten jetzt, dass sie an der Bewertung von Informationen, der Identifizierung von Problemen oder Chancen sowie an der anschließenden Zieldefinition beteiligt werden. Sie sind inzwischen versiert in der Festlegung operativer Ziele und bereit, an der Informationsanalyse und der Zielfestlegung im Rahmen des strategischen Entscheidungsprozesses mitzuwirken. Kollektive Zielfestsetzung gehört zu den wichtigsten Elementen im Aufbau und in der Vervollkommnung eines partnerschaftlichen Verhältnisses zwischen Geschäftsleitung, Teamleitern und Teammitgliedern, das für eine von Selbstverantwortung geprägte Kultur typisch ist.

Wie sollte der Leistungsmanagementprozess in dieser Prozessphase gestaltet werden?

1. Zu Beginn des Veränderungsprozesses fand im Unternehmen höchstwahrscheinlich einmal jährlich eine punktuelle Beurteilung der einzelnen Mitarbeiter statt, in deren Mittelpunkt ein

einziges Formular und recht unvollständige Daten standen. *Auf dem Weg zur Selbstverantwortung wurde diese Form der Leistungsbeurteilung durch einen permanenten Leistungsmanagementprozess ersetzt.* Dieser ergänzt die Erziehung zur Selbstverantwortung, da er großen Wert auf kooperative Ziele als Ausgangspunkt legt, gefolgt von Überprüfungsschritten, in denen in echter Partnerschaft Einschätzungen vorgenommen werden und für die Zukunft gelernt wird. In der letzten Phase des Veränderungsprozesses müssen die Teams den Leistungsmanagementprozess allmählich selbst in die Hand nehmen. Die Firmenleitung sollte hier mit den Teams zusammenarbeiten und sich auf die Festlegung kollektiver Ziele, Coaching und Überprüfung des Prozesses konzentrieren. Im Gegenzug müssen die Teams ihren internen Leistungsmanagementprozess steuern. Das bedeutet, dass sie zu Beginn des Leistungszeitraums individuelle Ziele für die Teammitglieder festlegen. Im weiteren Verlauf müssen die Teams dann Informationen austauschen und die Leistung jedes einzelnen Kollegen verfolgen, wobei die Beschäftigten weitgehend auch selbst ihre eigenen Leistungen beobachten. Am Ende des Beurteilungszeitraums müssen die Teams sowohl intern als auch gemeinsam mit dem Topmanagement ihre kollektive Leistung beurteilen und die Beiträge der einzelnen Teammitglieder mit Blick auf mögliche künftige Verbesserungen bewerten. Wichtig ist dabei, dass die Teams ihren eigenen internen Prozess der Leistungssteuerung durchführen, während die Interaktion zwischen Topmanagement und Teams über teambasierte Leistungsmanagementprozesse erfolgt, die um den internen Teamprozess herum aufgebaut sind. Indem Führungsspitze und Teams Hand in Hand arbeiten, werden auf individueller Ebene, auf Teamebene und auf Unternehmensebene kontinuierlich die Zusammenarbeit und das Verantwortungsbewusstsein gefördert. Dies führt zu einer einheitlichen Ausrichtung, die einen höheren Leistungsstand im Unternehmen nach sich zieht.

2. Ein integraler Bestandteil des Leistungsmanagementprozesses ist das Entscheidungspaket, das sich mit Personalfragen be-

schäftigt. In einer Kultur, die selbstverantwortliches Handeln fördert, sollten den selbstgesteuerten Teams allmählich viele der Entscheidungen übertragen werden, die in einer hierarchischen Organisation der Personalabteilung zukommen. Dazu gehören Entscheidungen zur Einstellung und Entlassung von Teammitgliedern, Disziplinarmaßnahmen sowie Entscheidungen zur Überstundenplanung und Umsetzung von Vergütungsprogrammen, in denen die Fähigkeiten der einzelnen Kollegen berücksichtigt werden.

In einem verarbeitenden Unternehmen wurde die herkömmliche Personalabteilung nur noch für administrative Arbeiten, zur Archivierung und zur Gehaltsabrechnung eingesetzt. Die Teams selbst entschieden – mit Unterstützung der Personalabteilung – über die Rekrutierung und Entlassung von Kollegen. Bewerber durchliefen zunächst ein Vorgespräch mit einem Vertreter der Personalabteilung, der vom Team formulierte Kriterien verwendete. Dann wurden sie zum Vorstellungsgespräch mit den Teammitgliedern geladen. Diese trafen die endgültige Einstellungsentscheidung und unterbreiteten den Bewerbern Angebote. Neu eingestellte Teammitglieder erhielten von der Personalabteilung einige Informationen zu allgemeinen Unternehmensangelegenheiten, doch wurde ein Großteil ihrer Einarbeitung und Schulung von ihren neuen Kollegen selbst übernommen. Die Teams waren auch für Disziplinarmaßnahmen zuständig und hatten die Befugnis, Teammitglieder zu entlassen, wenn deren Leistung unzureichend war. Dabei berieten sie jedoch Experten aus der Personalabteilung, um mögliche rechtliche Konsequenzen zu vermeiden.

3. Bevollmächtigen Sie die Teams, ihre Mitglieder selbst für Fortschritte in Richtung auf die anvisierten Ziele zur Verantwortung zu ziehen, und betonen Sie, dass dies auch von ihnen erwartet wird. Es sollte außerdem zu den Aufgaben der Teams gehören, die Führungsspitze über ihre Fortschritte und gegebenenfalls über Anzeichen von Problemen zu informieren, die einer erfolgreichen Zielerfüllung im Wege stehen könnten. *Zu Beginn des Leistungszeitraums müssen sich Teams und Teamleiter mit der Geschäftsleitung auf die Messgrößen verständigen, die zur Leistungsbeobachtung verwen-*

det werden. Klar definierte Messgrößen beschreiben in betrieblichen Begriffen, was wichtig ist, und stecken zudem den Handlungsrahmen für die Teams ab. Letztere können dann auf der Basis der Unternehmensvision und -werte autonom an der Erreichung dieser Ziele arbeiten, die anhand der vereinbarten Messgrößen verfolgt werden. Andere Messgrößen dienen zur Beobachtung weniger wichtiger Aspekte, können jedoch zu einem wichtigen Leistungsmaßstab umdefiniert werden, wenn die praktische Prozesserfahrung dies nahe legt. Wichtig ist in diesem Zusammenhang, dass alle sich auf die gleichen Maßstäbe einigen müssen, da dies ein koordiniertes Vorgehen ermöglicht, das effizient und wirksam zu Ergebnissen führt. Im heutigen Wettbewerbsumfeld ist die Fokussierung der Energien der Mitarbeiter, die eine optimale Nutzung ihrer Zeit erlaubt, zur kritischen Variablen geworden, die über Erfolg oder Misserfolg eines Unternehmens entscheiden kann. Eine ganz zentrale Rolle spielt dabei die einheitliche Ausrichtung auf Messgrößen, die Teams erlauben, sich selbst zu überwachen, die Verantwortung für ihre Leistungen zu übernehmen und ihre Mitglieder zur Rechenschaft zu ziehen.

4. Unseren Erfahrungen zufolge sind Leistungsmanagementsysteme, bei denen Teammitglieder erst zum Zeitpunkt der Beurteilung neue Informationen über ihre Leistungen erhalten, unzulänglich. Ein Leistungsmanagementsystem kann in einer Kultur, die Wert auf selbstverantwortliches Handeln legt, nur dann funktionieren, wenn es am Ende des Beurteilungszeitraums keine Überraschungen gibt. Ein wirksames System sollte Mechanismen beinhalten, die sowohl seitens der Teammitglieder als auch seitens der Teamleiter kontinuierliche Aktualisierungen und Leistungsbeobachtungen gewährleisten. Wenn während des Beurteilungszeitraums neue Informationen auftauchen, bedeutet dies, dass die Ziele oder die Coaching-Strategie angepasst werden müssen. Diese Anpassungen werden in kollegialer Partnerschaft zwischen Teammitgliedern und Teamleitern vorgenommen. Auf diese Weise sorgt das Leistungsmanagementsystem für die Bestätigung, die sich

im Laufe der Zeit ergibt, wenn konsequente Kooperation und systematischer Austausch von Informationen stattfinden.

Können die Abgrenzungen bei neuen betrieblichen Verfahren erweitert werden?

1. Mit Eintritt in die letzte Phase des Veränderungsprozesses können die Teams zu echten Partnern des Managements werden, indem man sie ermutigt, an der Erschließung neuer Geschäftschancen mitzuwirken. Ein Großteil ihrer Tätigkeit dreht sich um die operativen Aufgaben, die zur Erreichung der von der Geschäftsleitung formulierten strategischen Ziele erfüllt werden müssen. Daran wird sich auch in Zukunft nichts ändern. Das selbstverantwortliche Handeln der Mitarbeiter konzentriert sich in erster Linie darauf, die Kunden des Unternehmens effektiver zu bedienen, die Kosten zu senken, die Effizienz zu sichern und flexibel auf die Anforderungen des externen Umfelds zu reagieren. In einer Organisation, in der die Grundsätze der Selbstverantwortung verwirklicht wurden, kann – und sollte – die Trennlinie zwischen strategischen und operativen Aspekten in manchen Fragen verwischen. So kann etwa die Bedienung der Kunden eng definiert werden als rechtzeitige, kostengünstige Herstellung des verlangten Produkts unter Einhaltung hoher Qualitätsstandards. Die Definition könnte aber auch breiter angelegt sein: Suche nach Produktvarianten oder verwandten Produkten, die sich Kunden wünschen, und Sorge für die rechtzeitige Bereitstellung dieser neuen Produkte bei gleichzeitiger Sicherung niedriger Kosten und hoher Qualität. Unternehmen, die das Prinzip der Selbstverantwortung realisiert haben, bitten alle Mitarbeiter um Vorschläge für neue Produkte und neue strategische Marschrichtungen – so wie sie ja auch alle um Anregungen zu operativen Verbesserungen bitten.

Ein mittelständischer Lebensmittelhersteller hörte auf den Vorschlag, den eine Sekretärin zur Erschließung neuer Märkte für die

Produkte des Unternehmens unterbreitete. Zuvor hatte die Firma ihre Produkte ausschließlich an Großhändler verkauft, die sie ihrerseits im Lebensmitteleinzelhandel vertrieben. Die Sekretärin schlug vor, einen Katologhandel aufzuziehen, um zusätzlich einen direkten Vertriebskanal zum Verbraucher zu erschließen. Sie wurde ermutigt, ihre Idee umzusetzen. Nach einem Jahr erzielte das von ihr geleitete Kataloggeschäft Umsätze von über einer Million Dollar und bot Wachstumschancen, die noch weit über dieses Volumen hinausgingen.

2. Ermutigen Sie Ihre selbstgesteuerten Teams, kontinuierlich nach Möglichkeiten zur Verbesserung der betrieblichen Praktiken zu suchen und so die Rentabilität des Unternehmens zu steigern. Da die Teammitglieder mit den Mechanismen der Produktherstellung und Dienstleistungserbringung täglich zu tun haben, können sie besser als jeder andere beurteilen, wo im Betriebsablauf Probleme auftreten und Verbesserungen möglich wären. Auf der Grundlage der ihnen zur Verfügung stehenden Informationen können sie Materialabfälle, Ausfallzeiten oder die zur Abwicklung von Dienstleistungen benötige Zeit analysieren. Unter Einsatz ihrer Kenntnisse, Erfahrungen und Motivation können sie dann Mittel und Wege finden, wie Verbesserungen bei einer Vielzahl von operativen Kennziffern erreicht werden. Solche Verbesserungen sollten sogar zum erklärten Ziel des Unternehmens erhoben werden, damit kein Zweifel über die Bedeutung dieses Themas besteht. Ebenso sollten Verbesserungen ein integraler Bestandteil des Leistungsmanagementprozesses sein und mit Vergütungsentscheidungen verknüpft werden. Eine Warnung ist hier jedoch angebracht: Sie müssen es den Teams unbedingt leicht machen, ihre Ideen zu entwickeln und umzusetzen. Stellen Sie sicher, dass dieser Prozess nicht etwa durch viele bürokratische Scherereien und Prozeduren erschwert wird. Unternehmen sollten einen schlanken Prozess zur Generierung neuer Ideen anstreben, bei dem der Erfolg primär an den Ergebnissen gemessen wird.

Ein Hersteller von Papierprodukten setzte Teams ein, um sein Augenmerk explizit auf operative Verbesserungen zu richten. Mit entsprechenden Informationen zur Leistung und Schulungen in wirksamer Teamkooperation waren die Mitarbeiter in der Lage, den Materialabfall um 40 Prozent und die Zykluszeit um 20 Prozent zu senken. Die Mitarbeiterfluktuation konnte nahezu auf Null reduziert werden. Um diese herausragenden Ergebnisse zu erzielen, fällten die Teams Budgetentscheidungen, nahmen Fertigungsprobleme in Angriff, zeigten eine Besitzermentalität und bewiesen in ihrer höchst verantwortungsbewussten Tätigkeit ihren Zusammenhalt.

3. Die selbstgesteuerten Teams müssen jetzt den Gedanken der Geschäftspartnerschaft mit dem Management in seiner ganzen Tragweite in die Wirklichkeit umsetzen. Mitarbeiter an der Basis, Teamleiter und Topmanager müssen als gleichberechtigte Partner die Verantwortung für den Unternehmenserfolg übernehmen. Positives und negatives Feedback zu Leistungen kann über alle Organisationsebenen nach oben, nach unten sowie horizontal gegeben werden. Operative Mitarbeiter liefern der Führungsspitze Anregungen und erwarten Maßnahmen. Umgekehrt kann auch die Geschäftsleitung von den Teammitgliedern an der Basis Meinungsäußerungen erwarten. Der Informationsaustausch funktioniert in alle Richtungen und geht jeweils von der geeignetsten Quelle aus und wird von jeder passenden Partei beantwortet. Beispielsweise kennen sich die operativen Mitarbeiter besser mit den Produktionsvorgängen beziehungsweise den Dienstleistungsabläufen aus. Daher können sie Ereignisse beobachten oder Daten erfassen, die außerhalb der Reichweite des Topmanagements liegen. Als Partner kommt ihnen die Aufgabe zu, diese Informationen an Teamleiter, andere Teamkollegen und die Geschäftsleitung weiterzugeben. Es ist auch ihre Aufgabe, Informationen zu berücksichtigen, indem sie geeignete Maßnahmen treffen, um Probleme zu lösen oder die Situation zu verbessern, und dann andere im Unternehmen über ihre Vorgehensweise informieren. Geschäftspartner arbeiten gemeinsam zum Wohle der von Selbstverantwortung geprägten Organisation. In dieser Phase

ermutigen sich alle Beteiligten gegenseitig zu partnerschaftlichem Handeln und erwarten partnerschaftliches Handeln voneinander.

4. In dieser Phase des Veränderungsprozesses sollten die Teams das Gefühl haben, dass sie selbstverantwortlich couragierte Schritte ergreifen können, um die geschäftliche Leistung zu verbessern. Zu den möglichen Maßnahmen gehören natürlich viele operative und strategische Initiativen, die sie steuern können. Sie können sich aber auch allmählich auf die Formulierung ehrgeiziger Zielvorgaben für das Topmanagement erstrecken. Unter Umständen sehen die Teams neue strategische Chancen, die von der Geschäftsleitung noch nicht bemerkt wurden, und drängen darauf, dass diese genutzt werden. Oder sie verlangen Investitionen, die nach ihren Analysen zu einer Verbesserung der Produktions-, Qualitäts- und Kostenkennziffern führen würden. Wichtig dabei ist, dass Führungskräfte nicht überrascht sein sollten, wenn Teams mit zunehmender Vertrautheit mit den Grundsätzen der Selbstverantwortung zu Initiatoren und Förderern kühner Maßnahmen werden. Ein guter Rahmen für das Verständnis der Entwicklungen, die in dieser Phase stattfinden, ist das von Trevor Keighley und seinen australischen Kollegen beschriebene Modell (siehe Kapitel 8).[1] Es versucht die Frage zu beantworten, welche Entscheidungen die Teams treffen und wie sie dabei vorgehen. In dieser letzten Phase des Veränderungsprozesses fällen Teams innerhalb klarer Grenzen Entscheidungen und setzen diese um, ohne im Vorfeld Teamleiter oder Topmanager zu konsultieren. Die Teams haben die nötige Autonomie und die Verantwortung, wichtige Geschäftsentscheidungen zu treffen, und werden für die Ergebnisse dieser Entscheidungen zur Rechenschaft gezogen.

Fazit

Nach dieser Diskussion des weiterentwickelten Einsatzes von Abgrenzungen als Basis für autonomes Handeln und den Anmerkungen zum fortgeschrittenen Informationsaustausch aus dem vorherigen Kapitel können wir uns nun der Frage zuwenden, wie die dritte Schlüsselbedingung (Teams statt Hierarchien) in dieser Phase vorteilhaft genutzt kann. Wie bereits mehrfach erwähnt, kann eine Selbstverantwortungskultur nur erreicht werden, wenn alle drei Schlüsselbedingungen in dynamischer Interaktion zusammenwirken. Im nächsten Kapitel werden wir zeigen, wie autonom handelnde Teams realisiert und verbessert werden können und wie uns dies zum Endziel der Selbstverantwortungskultur führt.

Kapitel 11

Die dritte Schlüsselbedingung: Teams statt Hierarchien

Da wir uns nun in der Endphase des Übergangs zu einer von Selbstverantwortung geprägten Organisation befinden, wollen wir das Potenzial autonomer Teams als Ersatz für die einstige hierarchische Struktur voll ausschöpfen. In den ersten beiden Phasen des Veränderungsprozesses durchliefen die Teams eine Orientierungsstufe, in der sie herauszufinden versuchten, was es bedeutete, Mitglied eines selbstverantwortlichen Teams zu sein. Dann folgte eine Etappe der Unzufriedenheit, in der sich die Teammitglieder fragten, ob es nicht besser wäre, in dieser neuen Unternehmenskultur allein, unabhängig von den Teams, zu arbeiten. In dieser letzten Phase des Veränderungsprozesses erreichen die Teams die Integrationsstufe. Die Probleme, die einem selbstverantwortlichen Handeln im Team im Wege standen, wurden inzwischen gelöst. Die Teams sind zusammengewachsen, sodass sie zu extrem hohen Leistungen in der Lage sind. Faktisch erreichen sie jetzt sogar die Stufe der Produktion, in der sie viele der Aufgaben übernehmen können, die in einer Hierarchie herkömmlichen Zuschnitts dem Management vorbehalten waren. Die jetzt noch verbleibenden Fragen beziehen sich auf diese letzten Schritte zur Teamautonomie und auf die Möglichkeiten, die Leistungsfähigkeit der Teams weiterzuentwickeln und zu stärken. Sehen wir uns einige der teamrelevanten Fragen an, die in dieser Prozessphase typisch sind.

Wie ersetzen die Teams in der Praxis viele der alten Funktionen der Managementhierarchie?

1. Die Teams besitzen jetzt Information, die vor Beginn der Selbstverantwortungsinitiative ausschließlich in den Händen des Managements lagen. Sie haben ein klares Zukunftsbild und Wertvorstellungen für ihre betriebliche Arbeit. Daher sind sie in der Lage, eine zentrale Rolle im Unternehmen zu spielen. Durch Kombination der Informationen mit klaren Abgrenzungen und Teamfähigkeiten können die Teammitglieder sich ihre Kenntnisse, Erfahrungen und Motivation zunutze machen, um eindrucksvolle Ergebnisse zu erzielen. Genauer gesagt können sie jetzt komplexe Entscheidungen von großer Tragweite treffen, die zuvor Führungskräften vorbehalten waren. So können sie beispielsweise Vorstellungsgespräche mit potenziellen neuen Teammitgliedern führen und Rekrutierungsentscheidungen treffen, Probleme in Bezug auf individuelle Leistungsschwächen lösen, Budgets aufstellen und überwachen und Sachinvestitionen arrangieren. Mit entsprechenden Informationen und klaren Abgrenzungen können autonome Teams sogar existierende oder mögliche Problembereiche identifizieren und Maßnahmen zur Problemlösung initiieren. Nach den Grundsätzen der situationsbezogenen Führung benötigen sie jetzt nur noch weitere Ermutigung, bis sie das Stadium erreichen, in dem sie ihre Teamkompetenz verinnerlicht haben und sich im Umgang miteinander darauf verlassen können, dass sie ihre Begabungen ausschöpfen.

Ein im Umweltbereich tätiges Unternehmen hatte Schwierigkeiten mit dieser Verantwortungsverlagerung. Die Teammitglieder erinnerten sich nur allzu gut an die vorherige Stufe der Unzufriedenheit. Daher behagte ihnen der Gedanke gar nicht, sich mit Leistungsstörungen ihrer Kollegen herumschlagen zu müssen. Ihre Lösung bestand darin, sich auf klare Erwartungen zu konzentrieren und alles in ihrer Macht Stehende zu tun, um solche Leistungsprobleme zu vermeiden. Dabei stellten sie fest, dass Leistungsstörungen immer seltener auftraten und zudem leichter zu beheben waren, da sie zu einem früheren Zeitpunkt erkannt wurden und die Erwartungen von Anfang an ganz klar waren.

2. Teams sollten es sich zur Pflicht machen, die strategischen Ziele des Unternehmens zu verstehen, dabei die gleichen Informationen zu verfolgen wie die Firmenleitung und Teamziele aufzustellen, die mit der Erreichung dieser strategischen Ziele verknüpft sind. Sie sollten sogar anfangen, Informationen zu interpretieren und der Führungsspitze Anregungen vorzulegen. Um sie in dieser Aufgabe zu unterstützen, sollte die Geschäftsleitung deutlich machen, dass diese analytischere, eher strategisch angelegte Tätigkeit von den Teams erwartet wird. Außerdem ist es nun an der Zeit, dass Teams die Aufgabe übernehmen, nach Innovationen zu suchen und Vorschläge zu erarbeiten, die zu Kostensenkungen, Qualitätsverbesserungen, Produktivitätssteigerungen, besserem Kundenservice oder mehr Flexibilität führen. Anders ausgedrückt: Selbstgesteuerte Teams sollten jetzt zu verantwortungsbewussten »Pionieren« wichtiger geschäftlicher Ergebnisse werden.

In einem Telekommunikationsunternehmen wurden Teams gebildet und beauftragt, die Fertigungsmethoden unter die Lupe zu nehmen und anschließend Verbesserungsvorschläge vorzulegen und umzusetzen. Die Teams ließen sich anfangs Zeit und machten nur wenige Vorschläge, doch erwiesen sich diese als wirkungsvoll. Binnen zwei Jahren stieg die Zahl der Vorschläge auf mehr als fünf pro Mitarbeiter und lag damit weit über dem landesweiten Durchschnitt. Außerdem kletterte die Zahl der umgesetzten Ideen rasch auf über 60 Prozent – mehr als das Sechsfache des Landesdurchschnitts. Die umgesetzten Vorschläge brachten zudem Einsparungen in Höhe von mehreren hunderttausend Dollar. Noch wichtiger war wohl der Einstellungswandel in der Belegschaft. Ein Teammitglied formulierte es so: »Es ist völlig gleichgültig, welcher Name auf dem Schild da draußen steht. Dieses Unternehmen gehört mit Sicherheit auch mir und meinen Kollegen.«

Wie kann ein Team selbst dafür sorgen, dass das Engagement seiner Mitglieder hoch bleibt und selbstverantwortlich gehandelt wird?

1. Eine der wichtigsten Herausforderungen, mit denen sich ein autonomes Team konfrontiert sieht, ist die Frage, wie es den einmal erreichten Entwicklungsstand halten kann, zumal wenn neue Mitglieder zum Team stoßen. Das Team muss erkennen, dass die Aufnahme eines neuen Mitglieds das Kollektiv zu den Orientierungsfragen zurückbringt, mit denen es zu Beginn des Teamentwicklungsprozesses konfrontiert war. Daher müssen sich die Kollegen in so einem Fall Zeit nehmen, dem Neuen klar und unmissverständlich zu sagen, wie dieses Team funktioniert und wie er sich anpassen muss. Aber auch das Team selbst muss sich an den neuen Kollegen gewöhnen. Dieser Integrationsprozess muss durchlaufen werden, damit das Team seine Fähigkeit zu selbstverantwortlichem Handeln nicht verliert. In Kapitel 5, in dem wir uns mit der Rolle der Teams in der ersten Phase des Veränderungsprozesses auseinander setzen, stellten wir ein mit dem Akronym LEISTEN umschriebenes Modell zur Beschreibung und Bewertung des Leistungsstands eines Teams vor. Jeder Buchstabe in diesem Akronym beschreibt eine Eigenschaft eines selbstverantwortlichen, leistungsstarken Teams:

L = Leitbild und Werte
E = Einsatz aller Begabungen
I = Interpersonelle Beziehungen und Kommunikation
S = Schnelligkeit und Flexibilität
T = Top-Leistungen
E = Ermutigung und Würdigung
N = Nachhaltige Steigerung der Arbeitsmoral

In dieser letzten Phase des Veränderungsprozesses, in der sich der Schwerpunkt auf Verinnerlichung und Feinabstimmung der Selbstverantwortungsprinzipien verlagert, werden die

Teams erkennen, wie sich diese unter dem Akronym LEIS-TEN zusammengefassten Elemente auf die Vorgehensweisen der einzelnen Mitarbeiter, Teams und Führungskräfte sowie der gesamten Organisation auswirken.

2. Ein weniger offensichtlicher Aspekt, der zur Erhaltung der Effektivität selbstgesteuerter Teams beiträgt, ist die Anerkennung der Veränderungsprozesse, die jedes einzelne Teammitglied durchläuft. Im Laufe der Zeit ändern sich die Einstellungen und Meinungen der Menschen durch persönliche Weiterentwicklung, und das Team wird aktiv daran arbeiten müssen, seine hohe Selbstverantwortungskompetenz zu erhalten. Ob dies gelingt, hängt häufig davon ab, ob die Teammitglieder trotz ihrer Veränderungen flexibel bleiben, im Team weiterhin relativ offen über ihre Einstellungen und persönlichen Anliegen sprechen und das Zukunftsbild einer Selbstverantwortungskultur nicht aus den Augen verlieren. Um das Team wie eine gut geölte Maschine am Laufen zu halten, muss man es pflegen und warten. Das erfordert Zeit, Konzentration und aktive Anstrengungen. Andernfalls wird das Team Schritt für Schritt seine Autonomie einbüßen.

In einer Software-Engineering-Firma hatten die Mitarbeiter bereits großen Entscheidungsspielraum. Es war üblich, dass sich die Teams regelmäßig zu Klausurtagungen zurückzogen, um den erreichten Leistungsstand zu erhalten. Diese Tagungen boten den Teammitgliedern Gelegenheit, fernab von der Hektik des Tagesgeschäfts persönliche Veränderungen der einzelnen Mitarbeiter nachzuvollziehen, die sich negativ auf das Team auswirken könnten. Zudem konnten auf diesen Veranstaltungen neue Teammitglieder besser integriert und der Blick aller Beteiligten wieder auf die Herausforderungen gelenkt werden, mit denen das Unternehmen und die Teams konfrontiert waren. Solche Klausurtagungen verbesserten jedes Mal die Dynamik und Fokussierung der Teams und halfen ihnen, überdurchschnittliche Leistungs- und Verbesserungsfähigkeiten dauerhaft zu erhalten.

3. Teams müssen zu einer Erweiterung ihrer Einflusssphäre ermutigt werden. Gewiss können einige Teams den Gedanken der

Selbstverantwortung schneller umsetzen als andere. Durch Kooperation mit anderen Teams können sie ihre Kollegen positiv beeinflussen und dazu anspornen, in ihren Bemühungen um selbstverantwortlicheres Handeln nicht nachzulassen. Berichte über die Erfolge autonomer Teams belegen dem Unternehmen gegenüber, dass Selbstverantwortung zu positiven Ergebnissen führen kann und selbstgesteuerte Teams spannende Arbeitsinhalte bieten. Eigentlich kann man die interessantesten Beobachtungen in Situationen machen, in denen mehrere selbstgesteuerte Teams an Problemlösungs- und Entscheidungsprozessen mitwirken. Da ein Großteil der Tätigkeiten in den heutigen Organisationen auf Systemen beruhen, können die Teams diese höchstwahrscheinlich nicht in völliger Isolation abwickeln. Wenn die Führungskräfte die Zusammenarbeit mehrerer Teams ermutigen oder gar erwarten, profitiert das Unternehmen daher auch auf der teamübergreifenden Ebene von ähnlichen Synergien wie beim Zusammenwachsen von Einzelpersonen zu einem effektiven Team. In dieser letzten Phase auf dem Weg zur Selbstverantwortungskultur sollte die Verantwortung für diese übergeordnete Sichtweise so weit wie möglich vom Topmanagement auf die Teams selbst verlagert werden.

4. Die selbstgesteuerten Teams sollten von der Geschäftsleitung aufgefordert werden, ihre Mitglieder intern in verschiedenen Aufgaben zu schulen, um die Fähigkeiten des Gesamtteams auszuweiten und das Interesse der Beteiligten durch Qualifizierungsmöglichkeiten wach zu halten. Je besser alle Teamkollegen alle Teamaufgaben beherrschen, desto besser ist das Team auf Herausforderungen vorbereitet. Und eine der größten Befriedigungen, die einzelne Teammitglieder in einer Organisation, die sich der Mitarbeiterselbstverantwortung verschrieben hat, erleben können, ist die Chance, neue Fertigkeiten intensiver einzusetzen. Die Umsetzung des Selbstverantwortungsgedankens hängt von der Weiterentwicklung der Beschäftigten ab, und mündige Mitarbeiter suchen stets nach Möglichkeiten zu wachsen und sich weiterzuentwickeln. Davon profitieren sowohl das Unternehmen als auch jeder einzelne Mitarbeiter.

5. Bevollmächtigte Teams müssen die vielfältigen Begabungen ihrer Mitglieder weiterhin würdigen und fördern. Durch den ganzen Veränderungsprozess hin zur Selbstverantwortung zog sich wie ein roter Faden der Gedanke, dass diese Vielfalt der Talente, Kenntnisse, Fähigkeiten und Erfahrungen ein großer Pluspunkt für ein autonomes Team sind. In dieser Phase des Prozesses müssen die Teams ermutigt werden, das Potenzial dieser Vielfalt voll zu realisieren und zugleich Kooperations- und Wachstumssynergien ausschöpfen. Das bedeutet, dass Teams weiterhin Konflikte bewältigen und hart an der Nutzung von Synergien arbeiten müssen, die sich aus der Meinungs- und Persönlichkeitsvielfalt ihrer Mitglieder zu einem bestimmten Zeitpunkt ableiten lassen. Durch genau solche Synergieeffekte können Teams herausragende, ja sogar verblüffende Ergebnisse erzielen. Hier handelt es sich allerdings nicht um eine statische Größe. Die Teammitglieder müssen ermutigt werden, ihre Kenntnisse und Erfahrungen untereinander auszutauschen und voneinander zu lernen und so die Unterschiede zwischen den einzelnen Kollegen zu verringern. Gleichzeitig werden die Teams durch den Umgang mit neuen Problemen in Verbindung mit verschiedenen Lernansätzen und Erfahrungen ihrer Mitglieder eine neue Vielfalt entwickeln, sodass der Kreislauf von Neuem beginnt. Die Mitglieder solcher Teams werden feststellen, dass sie durch ihre Beteiligung an diesen Prozessen eine Befriedigung erfahren, die weit über rein finanziellen Lohn hinausgeht. Ebenso wird das Unternehmen feststellen, dass es sich hier auf einen Prozess stützen kann, der die Organisation ständig erneuert und dazu beiträgt, qualitativ herausragende Mitarbeiter bei der Stange zu halten.

Wie verhalten sich Teams als Geschäftspartner des Managements?

1. In dieser Phase sollten die autonomen Teams eine enge Beziehung zu den Topmanagern des Unternehmens aufgebaut ha-

ben. Informationen sollten ungehindert zwischen Teams und Führungskräften sowie zwischen Teamkollegen hin- und herfließen. Darüber hinaus sollten die vereinbarte Vision und die einvernehmlich festgelegten Werte eine klare Perspektive bieten. Wenn die bereits relativ eigenverantwortlich handelnden Teams die Hierarchie durch Arbeits- und Verantwortungsbeziehungen ersetzen sollen, muss nun die Partnerschaft zwischen Teams und Führungsspitze zementiert werden. Bislang lag das Hauptaugenmerk der Teams auf operativen Verbesserungen und Innovationen. Jetzt sollte sich ihr Blick auch auf strategische Fragen sowie auf geschäftliche Innovationen ausweiten. Autonome Teams werden über die Informationen, Perspektiven und Kenntnisse verfügen, die ihnen Vorschläge zur strategischen Neuausrichtung des Unternehmens ermöglichen. Die Frage, welche Märkte neu erschlossen und welche Produkte/Dienstleistungen angeboten werden sollen, sowie andere strategische Entscheidungen müssen von den Teams und der Geschäftsleitung gemeinsam erörtert werden, wenn sie wirklich ebenbürtige Partner sein sollen. Gleiches gilt auch für Änderungen im Produktdesign, Vorschläge zu neuen Werbekampagnen, Innovationen in der Kostenkontrolle und andere geschäftliche Innovationen. Die schönste Form der Anerkennung für die Teams besteht darin, dass die Topmanager zu ihnen sagen: »Wir haben ein Problem und bitten Sie, uns bei seiner Lösung zu helfen. Lassen Sie uns in dieser Sache zusammenarbeiten.« Nicht alle Teams sind in der aktuellen Phase schon für diese Form der Beteiligung bereit. Wenn sie jedoch miterleben, wie andere Teams von der Firmenleitung als Partner anerkannt werden, sehen sie ganz deutlich, welches Ziel sie anstreben müssen.

Das Topmanagement eines großen Geräteherstellers stand vor der Notwendigkeit eines Personalabbaus, wollte aber zugleich die Selbstverantwortungsinitiative am Leben erhalten. Wie konnte den Führungskräften beides gleichzeitig gelingen? Es wurde beschlossen, die Teams von diesem Dilemma in Kenntnis zu setzen und sie in den Problemlösungsprozess einzubeziehen. Anstatt diese wichtige Entscheidung, die sich auf die Rentabilität und die Arbeitsmoral des Unternehmens auswirken würde, allein im stillen Kämmerlein zu treffen, ließ das Managementteam die gesamte Organisation über die Teams an diesem Prozess mitwirken. Viele Optionen wurden in Erwägung gezogen, darunter auch Entlassungen. Letztendlich fanden die Teams jedoch Kosteneinsparungsalternativen, die Personalkürzungen entbehrlich machten. Die Arbeitskosten wurden durch Ausnutzung der natürlichen Fluktuation und durch Job-Sharing gesenkt. Darüber hinaus dachten sich die Teams auch vielfältige Möglichkeiten zum Abbau anderer verschwenderischer Praktiken und der zugehörigen Aufwendungen sowie Ansätze zur Umsatzsteigerung aus. Diese Problemlösung ersparte dem Unternehmen nicht nur viel Geld, sondern festigte das Gefühl der kollegialen Zusammenarbeit zwischen dem Management und den Teams und förderte auf diese Weise die Selbstverantwortungskultur.

2. Die Teams sollten befragt werden, wie die neue Kultur der Selbstverantwortung noch weiter verbessert werden könnte. In dieser Phase des Veränderungsprozesses sollten die Ziele und der Umfang selbstverantwortlichen Handelns, die ursprünglich anvisiert worden waren, bereits in greifbare Nähe gerückt sein. Die Teams können jetzt ebenso gut wie Manager beurteilen, welche Richtung das Unternehmen als nächstes einschlagen sollte. Folgende Frage muss diskutiert werden: Wie weit können wir mit dem Konzept der Selbstverantwortung in unserer Organisation gehen? Der Handlungsspielraum der selbstgesteuerten Teams kann überprüft werden, um zu sehen, ob sie in noch weiter reichende Entscheidungen involviert werden sollten. Ferner kann der Informationsaustauschprozess unter die Lupe genommen werden, um zu identifizieren, ob zusätzliche Informationen generiert und bereitgestellt werden sollten, damit weitere Leistungssteigerungen im Unternehmen erzielt werden können. In beiden Fällen wird der daraus resultierende fruchtbare Dialog die Besitzermentalität und das Gefühl der Partnerschaft mit dem Management unter den Teammitgliedern wachsen lassen. Schließlich zeigen diese Fragen, dass die Teams nicht mehr

nur operative, sondern auch strategische Partner der Geschäftsleitung sind.

3. Die selbstgesteuerten Teams sollten angespornt werden, ihre Leistungsstandards auch in Zukunft immer weiter anzuheben, um Wettbewerbern in anderen Unternehmen einen Schritt voraus zu bleiben. Da Leistungssteigerungen im Laufe der Zeit immer schwieriger werden, müssen Teams zu kontinuierlichen Verbesserungen angeregt werden. Gleichzeitig müssen die Teams und das Management nicht nur evolutionäre Verbesserungen, sondern auch Quantensprünge anstreben. Dies bedeutet unter anderem, dass sowohl Teammitglieder als auch Führungskräfte außerhalb ihres eigenen Unternehmens nach Informationen über die Aktivitäten der Konkurrenz sowie nach neuen Ideen, die weit über ihr augenblickliches Branchenumfeld hinausgehen, suchen müssen. Eine Prüfung des Umfelds innerhalb und außerhalb der Organisation muss zur gemeinsamen Aufgabe von Teams und Geschäftsleitung werden. Dabei müssen beide Parteien Verantwortung für die Verfolgung von Chancen und Risiken übernehmen, denen ihr Unternehmen gegenübersteht.

4. Die letzte Variable in der Partnerschaftsgleichung ist die vollständige Integration von Prämien, Bonusleistungen, Gewinnbeteiligungen und gegebenenfalls Aktionenoptionen in das Leistungsmanagementsystem der Teams und ihrer Mitglieder. Natürlich müssen sowohl Führungskräfte als auch Mitarbeiter an den Chancen, die sich aus Verbesserungen der Unternehmensleistung ergeben, partizipieren und zugleich die mit einem rückläufigen Leistungsniveau verbundenen Risiken gemeinsam tragen. Um diese direkte Verantwortung zu erreichen, bieten sich insbesondere Aktienoptionspläne und Anreizprogramme an, die sich in Abhängigkeit von der Unternehmens- oder Standortleistung sowohl in positiven als auch in negativen »Gratifikationen« niederschlagen. Unternehmen, die in Sachen Selbstverantwortung besonders progressiv sind, haben ihre Vergütungssysteme in verschiedene Komponenten untergliedert, die jeweils auf Einzel-, Team-, Werks-/ Abteilungs-

und Unternehmensleistungen beruhen. Es gibt zwar in diesem Zusammenhang viele Kombinationsmöglichkeiten und auch eine Vielzahl denkbarer Gewichtungen. Eines jedoch haben alle gemeinsam: Sie geben Belohnung *und* Risiken weiter. Wenn die Geschäfte des Unternehmens gut laufen, profitieren davon alle Partner (Topmanager, Teamleiter und Teammitglieder). Geht es der Firma schlecht, leiden alle darunter. Das Ergebnis ist eine äußerst wirkungsvolle Partnerschaft, die auf gemeinsamen Interessen und Belangen beruht.

Fazit

Wir sind nun am Ende unserer Erörterung der drei Schlüsselbedingungen für Selbstverantwortung (Zugang aller zu Informationen, Autonomie durch Abgrenzung und Teams statt Hierarchie) angelangt. Sie sind jetzt dafür gerüstet, die Möglichkeiten der neuen Selbstverantwortungskultur voll auszuschöpfen. Alle drei Phasen des Veränderungsprozesses (erste Orientierungsversuche, Desillusionierung und Entmutigung, Verinnerlichung und Verstärkung der Selbstverantwortung) wurden durchlaufen, und die Angehörigen der Organisation haben sich in verantwortungsbewusst handelnde Mitglieder autonomer Teams verwandelt, die in einer Selbstverantwortungskultur arbeiten. Im letzen Kapitel werden wir den gesamten Prozess zusammenfassen und Ihnen abschließend noch eine Herausforderung für die Zukunft mit auf den Weg geben.

Fazit

Ein Blick zurück
(und in die Zukunft)

Was haben wir für einen weiten Weg zurückgelegt! Rückblickend betrachtet waren die Herausforderungen gewaltig, doch unsere Entschlossenheit war noch stärker. Letztendlich zogen alle an einem Strang, um den Übergang zur Selbstverantwortungskultur zu ermöglichen. Wenn wir uns die zurückliegenden Kapitel ansehen, verstehen wir besser, wie anspruchsvoll und mühsam der Übergang vom hierarchischen Denken zu einer Kultur war, die in den Mitarbeitern selbstständiges Handeln, Verantwortungsbereitschaft, Teamstolz und Besitzermentalität fördert. Um die vertrauten Gewohnheiten der Hierarchie abzustreifen und den Sprung ins Ungewisse zu wagen, bedurfte es einer Vision, getragen von der Überzeugung, dass sich die Mühe lohnen wird, sowie kontinuierlicher Bemühungen über viele Monate hinweg, bis alle sich in diesem neuen Umfeld des selbstverantwortlichen Handelns zu Hause fühlten.

Ein Rückblick auf den in diesem Buch beschriebenen Veränderungsprozess ist zugleich auch ein Ausblick auf Ihre Selbstverantwortungsinitiative. Im letzten Teil fassen wir nun alle Schritte in einem Aktionsplan für Selbstverantwortung zusammen. Wir hoffen, dass Ihnen dieser Plan als Wegweiser und Inspiration dienen kann, wenn Sie den Übergang zu einer von Selbstverantwortung geprägten Kultur initiieren und/oder fortsetzen.

Kapitel 12

Aktionsplan für den Weg zur Selbstverantwortung – Grundlegendes

Der Übergang zu einer Selbstverantwortungskultur ist eine der größten Herausforderungen, der sich Menschen stellen können. Es wird von uns gefordert, viele unserer Grundannahmen über Bord zu werfen. Außerdem führen viele Wege von der Hierarchie zur Selbstverantwortung. Jedes Unternehmen und jede Belegschaft sind anders. Es bestehen ja schon Unterschiede zwischen den einzelnen Führungskräften und Mitarbeitergruppen innerhalb der gleichen Organisation. In diesem Kursbuch wollten wir Anhaltspunkte vorstellen, die diesen Veränderungsprozess in die richtigen Bahnen lenken können. Wir haben viele Maßnahmen beschrieben, die den Prozess vorantreiben können. Dabei haben wir auch viele Fragen beantwortet, die Führungskräfte und Mitarbeiter im Verlauf der Entwicklung stellen.

Der Aktionsplan

Diese Veränderungen erfordern echtes Engagement und wahre Anstrengungen. Es hilft aber auch, wenn man die Bemühungen aller Beteiligten anhand eines Aktionsplans steuern kann. Möglicherweise entscheidet er sogar über den Erfolg des Vorhabens. Besonders bedeutsam ist dabei die Erkenntnis, dass erfolgreiche Veränderungsprozesse im Unternehmen verschiedene Phasen durchlaufen müssen. In diesem *Kursbuch* sind die drei Veränderungsphasen detailliert beschrieben:

1. Erste Orientierungsversuche
2. Desillusionierung und Entmutigung
3. Verinnerlichung und Verstärkung der Selbstverantwortung

In jeder Prozessphase müssen unterschiedliche Probleme und Anliegen in Angriff genommen werden. Daher erfüllen die drei Schlüsselbedingungen in jeder Phase eine etwas andere Funktion und manifestieren sich anders. Denken Sie aber daran, dass alle drei während des gesamten Prozesses in dynamischer Interaktion zusammenwirken müssen. Wenn nämlich nicht alle drei Bedingungen erfüllt sind, lassen sich einige Aspekte der Selbstverantwortungsinitiative nicht verwirklichen und der ganze Veränderungsprozess ist gefährdet. Diese Schlüsselbedingungen sind dabei keineswegs statisch, sondern entwickeln sich dynamisch weiter! Es handelt sich um:

1. Zugang aller zu Informationen
2. Autonomie durch Abgrenzung
3. Teams statt Hierarchien

Beim Aufbau einer Selbstverantwortungskultur ist der Übergang von der Abhängigkeit von Führungskräften zu einem Zustand, der von Autonomie und Interdependenz mit dem Management gekennzeichnet ist, eine der tiefgreifendsten Veränderungen. Als Rahmen für diesen Übergang verwendeten wir das Modell der situationsbezogenen Führung (Situational Leadership® II), wendeten es auf vier Ebenen an – Selbststeuerung, individuelle Führung, Teamführung und Unternehmensführung – und schlugen dann eine Brücke zu den drei Schlüsselbedingungen.

In diesem Kapitel wollen wir eine Zusammenfassung des Aktionsplans liefern, indem wir die drei Schlüsselbedingungen in einer Matrix den drei Phasen des Veränderungsprozesses gegenüberstellen. Bevor Sie aber zu diesem Diagramm blättern, möchten wir Sie vorwarnen: Es ist recht umfangreich, denn es fasst alle in diesem Buch erörterten Gedanken zusammen.

Wir empfehlen, sich zu überlegen, in welcher Phase des Veränderungsprozesses Sie sich befinden, und sich dann auf die für Sie relevanten Teile der Übersicht zu konzentrieren. Wenn Sie beispielsweise erst am Anfang Ihrer Initiative stehen, sollten Sie sich den Teil ansehen, der sich mit den ersten Orientierungsversuchen beschäftigt. Verwenden Sie die zu den jeweiligen Schlüsselbedingungen aufgeführten Punkte als eine Art Checkliste empfohlener Maßnahmen. Es steht Ihnen natürlich frei, diese Liste um weitere Punkte zu ergänzen, die Ihnen in Ihrer besonderen Situation relevant erscheinen. Sehen Sie sich aber bitte unbedingt die Maßnahmen in allen drei Spalten an. Wenn Sie im Veränderungsprozess fortschreiten und die Phase der Desillusionierung und Entmutigung erreichen, sollten Sie Ihre Aufmerksamkeit auf die Maßnahmen im zweiten Teil der Übersicht verlagern und wieder alle drei Schlüsselbedingungen gleichzeitig betrachten. Wenn dann schließlich das Ziel der Selbstverantwortung in greifbare Nähe rückt, wenden Sie sich bitte dem dritten Teil zu, der mit »Verinnerlichung und Verstärkung der Selbstverantwortung« überschrieben ist. Wieder müssen Sie alle drei Schlüsselbedingungen berücksichtigen.

Noch eine letzte Anmerkung, bevor Sie umblättern: Bei der Betrachtung der Listen wird Ihnen vielleicht auffallen, dass einige Punkte in diesem Aktionsplan in den einzelnen Phasen bzw. Schlüsselbedingungen ähnlich, wenn nicht sogar identisch sind. Bevor Sie nach dem Grund dafür fragen, möchten wir Sie daran erinnern, dass, wie in Kapitel 1 erläutert, der Übergang zur Selbstverantwortungskultur harte Arbeit bedeutet. Einige Bereiche müssen mehrfach behandelt werden, wenn Veränderungen stattfinden sollen. Einige Fragen der Beteiligten lassen sich nicht so einfach beantworten. Durch geschickten, an den jeweiligen Erfordernissen ausgerichteten Einsatz von Maßnahmen (selbst wenn sie bereits an früherer Stelle ergriffen wurden) erhöht sich die Wahrscheinlichkeit, dass Sie das Ziel der Selbstverantwortung erreichen. Hartnäckigkeit führt zum Erfolg!

Und nun dürfen Sie endlich umblättern!

Was für eine lange Liste! Zum Glück müssen Sie, wie bereits gesagt, nicht alles zur gleichen Zeit tun. Indem Vorgesetzte und Untergebene, die sich in selbstverantwortlich handelnde Teamleiter und Teammitglieder verwandeln wollen, sich auf die jeweilige Phase im Veränderungsprozess konzentrieren, die sie gerade durchlaufen, verkürzt sich dieser Maßnahmenkatalog auf ein handhabbares Bündel von Themen. Denken Sie aber immer daran, dass alle drei Schlüsselbedingungen in jeder Phase des Veränderungsprozesses Beachtung finden müssen. Nur dann können Sie Ihr Ziel erreichen.

Eine letzte Herausforderung

Sie fragen jetzt vielleicht, verehrte Leser: Was bleibt für uns noch zu tun? Die Antwort ist einfach und vielschichtig zugleich. Nutzen Sie dieses Kursbuch als Wegweiser beim Aufbau einer Selbstverantwortungskultur in Ihrem Unternehmen, Ihrer Abteilung oder Ihrer Arbeitsgruppe. Konzentrieren Sie sich nicht darauf, wie schwierig die Aufgabe ist, oder auf Dinge, die Sie nicht ändern können. Vertrauen Sie vielmehr auf den Plan und die Kraft Ihrer Überzeugung, die zur Durchsetzung der Selbstverantwortung führen soll. Am Ziel werden Sie sehen, dass sich die Mühen des Veränderungsprozesses auf jeden Fall gelohnt haben. Der Weg dorthin lässt sich sehr viel schneller zurücklegen, wenn Sie sich von einem Aktionsplan leiten lassen.

Warum tun Sie nicht einfach Ihr Bestes und helfen anderen um sich herum, ebenfalls Spitzenleistungen zu erreichen? Das wollen Sie doch – und die anderen ebenfalls. Außerdem ist Selbstverantwortung der richtige Führungsansatz für den heutigen und künftigen Erfolg auf Unternehmensebene sowie in persönlicher Hinsicht. Wir freuen uns, dass Sie sich zu diesem Schritt entschlossen haben.

Aktionsplan für den Weg zur Selbstverantwortung

Veränderungsphase 1: Erste Orientierungsversuche

Die drei Schlüsselbedingungen:

Zugang aller zu Informationen	*Autonomie durch Abgrenzung*	*Teams statt Hierarchien*
1. Mitarbeitern die Notwendigkeit der Veränderungen erklären	1. das hierarchische Denken erkennen: Grenzen beschneiden Handlungsspielraum und Verantwortung	1. verstehen, dass Teams mehr als Einzelpersonen erreichen können
2. Fehlinformationen vermeiden		2. erste Versuche zur Nutzung der Teamvielfalt unternehmen
3. erklären, wie das Unternehmen Gewinne erwirtschaftet	2. durch Abgrenzungen definieren, was Mitarbeiter tun *dürfen* und *müssen*	3. am Anfang keine Erfolge erwarten
4. im Unternehmen verwendete Finanzkennzahlen erläutern	3. gewünschten Verantwortungsumfang definieren	4. Managern und Mitarbeitern Teamfähigkeiten vermitteln
5. einige vertrauliche Informationen weitergeben	4. klären, welche Entscheidungen Mitarbeiter fällen dürfen und welche nicht	5. Konsensbildungsfähigkeiten vermitteln
6. überlegen, welche Informationen Sie als Mitarbeiter gerne hätten	5. die Geschäftsziele des Unternehmens erläutern	6. Teamkommunikationsfähigkeiten vermitteln
7. eine Liste der Informationen erstellen, die Mitarbeiter haben und benötigen	6. Unternehmensvision und -werte erläutern	7. Vorgehensweise zur Durchführung von Teamsitzungen erläutern
8. herausfinden, wo sich die Informationen gegenwärtig befinden	7. klare Leistungsziele für Mitarbeiter aufstellen	8. dem Team dabei helfen, kleine Erfolge zu erkennen
9. klein anfangen	8. Prioritäten festlegen	9. den Teammitgliedern beibringen, sich gegenseitig zur Verantwortung zu ziehen
10. fordernde, aber keine überfordernden Ziele festlegen	9. Mitarbeitern wirtschaftliche Grundkenntnisse vermitteln	

Zugang aller zu Informationen	*Autonomie durch Abgrenzung*	*Teams statt Hierarchien*
11. positive und negative Informationen weitergeben	10. Führungskräfte zum Coach ausbilden	10. frühzeitig mit dem Einsatz von Informationen im Team beginnen
12. verschiedene Formen der Informationsweitergabe einsetzen	11. Entscheidungsfindungsfähigkeiten lehren	11. Informationsaustauschtreffen für Teams veranstalten
13. Standorts- oder werksspezifische Informationen weitergeben	12. einfache Entscheidungen auswählen, die Mitarbeiter treffen können	12. Teams einfache Entscheidungen übertragen
14. die gleichen Informationen weitergeben, die Führungskräfte verwenden	13. Problemlösungskompetenz vermitteln	13. erste Ergebnisverantwortung einfordern
15. Informationen nutzen, um Mitarbeitern Verantwortung zu übertragen		14. Probleme beschreiben und Teams in die Lösung einbeziehen
16. Fehler als etwas Positives sehen		

Veränderungsphase 2: Desillusionierung und Entmutigung

Die drei Schlüsselbedingungen:

Zugang aller zu Informationen	*Autonomie durch Abgrenzung*	*Teams statt Hierarchien*
1. Informationen zum Abgleich von Erwartungen und Realität nutzen	1. Ziele im Kollektiv festlegen	1. Teamleiter zu sekundierendem und dirigierendem Verhalten anregen
2. Informationen weitergeben, um den Stolz der Mitarbeiter an ihrer Arbeit zu wecken	2. Rolle von Führungskräften in der Zielerreichung klären	2. Teamleiter ermutigen, mehr von den Teams zu erwarten
3. Informationsaustausch von Mitarbeitern zu Führungskräften ermutigen	3. Input der Teammitglieder zur Zielfestlegung nutzen	3. Teams zur Anwendung ihrer neuen Fähigkeiten ermutigen
4. Managern aktives Zuhören beibringen	4. eine Mischung aus individuellen und kollektiven Zielen verwenden	4. sicherstellen, dass Teams herausfordernde, aber lösbare Probleme in Angriff nehmen
5. kritische Fragen von Mitarbeitern erwarten	5. Teams an der Setzung von Prioritäten mitwirken lassen	5. Teammitglieder zur Übernahme von Führungsrollen ermutigen
6. nicht vor vertraulichen Informationen zurückscheuen	6. Schwerpunkt auf kontinuierliche Verbesserungen setzen	6. Verbesserungsvorschläge der Teammitglieder erfragen
7. Mitarbeitern zeigen, welchen Beitrag ihre Arbeit leistet	7. Leistungs- und Qualifizierungsziele festlegen	7. Teams komplexere Entscheidungen übertragen
8. Teammitglieder ermutigen, Informationen mit anderen auszutauschen	8. Überarbeitung des Leistungsmanagementsystems beginnen	8. Hindernisse in der Einbeziehung von Teams vorhersehen und überwinden
9. Leistungsverbesserungen loben	9. Leistungspartnerschaft zwischen Teammitgliedern aufbauen	9. weiterhin Ergebnisverantwortung von den Teams verlangen
	10. Sorgen der Mitarbeiter zum Leistungsmanagementsystem anhören	

Zugang aller zu Informationen

10. Teams loben, die Probleme identifizieren
11. Fehler als Lernmöglichkeiten begreifen
12. Informationen über Veränderungsprozess und -fortschritte weitergeben
13. noch mehr vertrauliche Informationen weitergeben als in der ersten Stufe
14. Technologie zum effizienten Informationsaustausch nutzen
15. Treffen mit EDV-Spezialisten einberufen, damit diese erfahren, welche Informationen wo benötigt werden
16. Auswirkungen kleinerer Veränderungen aufzeigen
17. Teams helfen, die Resultate der Nutzung neuer Fähigkeiten zu erkennen
18. bessere Verbindung zwischen Vergütung und Leistung herstellen

Autonomie durch Abgrenzung

11. Vergütungssysteme entwerfen, die Mitarbeiter wie Anteilseigner behandeln
12. ein teambasiertes Leistungsmanagementsystem einrichten
13. Entscheidungsumfang der Teams erweitern
14. Profitcenter gründen
15. Problemlösung durch Teams erleichtern
16. Ideen abfragen, um alte Verfahren und Vorgehensweisen zu ändern

Teams statt Hierarchien

10. Teamziele als Triebfeder der Leistung verwenden
11. Zahl der Abteilungssitzungen reduzieren; Zahl der Teamsitzungen erhöhen
12. Angst der Teams vor Fehlschlägen antizipieren; Fokussierung der Teams unterstützen
13. viel, aber noch keine umfassenden Synergien von den Teams erwarten
14. Teams ihre Leistungen erkennen helfen

Veränderungsphase 3:
Verinnerlichung und Verstärkung der Selbstverantwortung

Die drei Schlüsselbedingungen:

Zugang aller zu Informationen	*Autonomie durch Abgrenzung*	*Teams statt Hierarchien*
1. Teams bestimmen lassen, welche Informationen sie benötigen	1. den Entscheidungsspielraum der Teams erweitern	1. Teams Informationen und Fertigkeiten für wichtige geschäftliche Rollen nutzen lassen
2. darauf vertrauen, dass Teams die verlangten Informationen verantwortungsbewusst nutzen	2. alte hierarchische Grenzen durch verinnerlichte Visionen und Wertvorstellungen ersetzen	2. Teams erste strategische Ziele als Teil ihrer eigenen Verantwortung übertragen
3. Teams bitten, dem Topmanagement zu erklären, wie sie Informationen nutzen	3. Teammitglieder in die Festlegung neuer Abgrenzungen einbeziehen	3. Teams zur Integration neuer Teammitglieder ermutigen
4. Teams direkt mit der EDV zur Verbesserung der Systeme arbeiten lassen	4. individuelle durch kollektive Ziele ersetzen	4. Teams zur Feinabstimmung ihrer Zusammenarbeit ermutigen
5. betonen, dass vollständiger Informationsaustausch wesentlich für den weiteren Ausbau von Verantwortung und Vertrauen ist	5. Teams die Folgen ihres Handeln überwachen lassen	5. Teams zur Kontaktaufnahme untereinander zwecks unternehmensweiter Förderung der Selbstverantwortung ermutigen
6. Teams Informationen nutzen lassen, damit sie sich selbst zur Verantwortung ziehen können	6. Teams die Möglichkeit geben, frei über Ziele zu entscheiden, die zu den strategischen Zielen des Unternehmens in Beziehung stehen	6. aufgabenübergreifende Qualifizierung aller Teammitglieder zur Steigerung der Flexibilität anstreben
7. Informationen zur Einführung	7. Teams Informationen zur Identifizierung verbesserungsfähiger Bereiche nutzen lassen	7. sicherstellen, dass Teams die vielfäl-
	8. Teammitglieder und Teamleiter zu	

Zugang aller zu Informationen

Autonomie durch Abgrenzung

Teams statt Hierarchien

neuer Teammitglieder verwenden

8. Wertvorstellungen und Erwartungen weiter vermitteln und verstärken

9. mit Hilfe des Informationsaustauschs alle über Veränderungen auf dem Laufenden halten

10. Mitarbeiter loben, wenn sie den Informationsaustausch erleichtern

11. Informationen zu Fehlern weiterhin verbreiten, damit alle daraus lernen können

partnerschaftlicher Kooperation ermutigen

9. kontinuierliches Leistungsmanagementsystem auf der Basis einer Partnerschaft von Teammitgliedern und Teamleitern einsetzen

10. Teams viele der einst der Personalabteilung vorbehaltenen Entscheidungen treffen lassen

11. sicherstellen, dass Teams und Führungskräfte die gleichen Maßstäbe anlegen

12. Teams in die Suche nach neuen Geschäftsmöglichkeiten einbeziehen

13. Teams ermutigen, weiter nach operativen Verbesserungen zu streben

14. volle Partnerschaft der Teammitglieder im Unternehmen verstärken

15. Teams ermutigen, ehrgeizige Zielvorgaben für das Management vorzulegen

tigen Eigenschaften und Haltungen der Mitglieder fördern und anstreben

8. Zusammenarbeit zwischen Teams und Geschäftsleitung für neue strategische Initiativen fördern

9. Teams zu Fragen ermutigen, wie die Selbstverantwortungskultur weiter verbessert werden könnte

10. Teams ihre Leistungsstandards weiter anheben lassen

11. Teams voll am Nutzen und Risiko der geschäftlichen Partnerschaft teilhaben lassen

Anmerkungen

Kapitel 1

1 Vgl. Edward E. Lawler III, Susan A. Mohrman und Gerald E. Ledford, Jr.: *Employee Involvement and Total Quality Management*. San Francisco: Jossey-Bass Publishers, 1992.
2 Ken Blanchard, John P. Carlos und Alan Randolph: *Empowerment Takes More Than a Minute*. San Francisco: Berrett-Koehler Publishers, 1996 (deutsch: *Management durch Empowerment. Das neue Führungskonzept: Mitarbeiter bringen mehr, wenn sie mehr dürfen*. Reinbek bei Hamburg: Rowohlt Verlag GmbH, 1998).
3 Eine interessante Erläuterung dieses Modells finden Sie in Ken Blanchard, Patricia Zigarmi und Drea Zigarmi: *Leadership and the One Minute Manager*. New York: William Morrow and Company, Inc., 1985 (deutsch: *Der Minuten-Manager: Führungsstile. Wirkungsvolleres Management durch situationsbezogene Menschenführung*. Reinbek bei Hamburg: Rowohlt Verlag GmbH, 1986).

Kapitel 2

1 Vgl. F. Hall und S. Hord: *Change in Schools: Facilitating the Process*. Albany, N.Y.: State University of New York, 1987.
2 Das Konzept der Situational Leadership wurde ursprünglich 1968 von Paul Hersey und Ken Blanchard entwickelt. 1985 wurde eine Erläuterung der Situational Leadership® II veröffentlicht, worin sie mit Unterstützung der Kollegen Don Carew, Eunice Parisi-Carew, Fred Finch, Laurie Hawkins, Drea Zigarmi und Patricia Zigarmi in weiten Teilen aktualisiert wurde. Vgl. Ken Blanchard, Patricia Zigarmi und Drea Zigarmi: *Leadership and the One Minute Manager*.

3 Vgl. Ken Blanchard, Susan Fowler Woodring und Laurie Hawkins: *Up Your Power: Situational Self Leadership at Work*. Escondido, CA: The Ken Blanchard Companies, 1998.

4 Vgl. Ken Blanchard, Dow Carew und Eunice Parisi-Carew. *The One Minute Manager® Builds High Performing Teams*. New York: William Morrow & Co., Inc., 1990.

5 Informationen über *Situational Leadership® II and Change* erhalten Sie bei The Ken Blanchard Companies, 125 State Place, Escondido, CA 92029 oder unter der Telefonnummer 001-800-728-8000.

Kapitel 3

1 Ken Blanchard und Sheldon Bowles: *Gung Ho!*, New York: William Morrow & Co. Inc., 1998 (deutsch: *Gung Ho! Wie Sie jedes Team auf Höchstform bringen*. Reinbek bei Hamburg: Rowohlt Verlag GmbH, 2000).

Kapitel 4

1 James C. Collins und Jerry I. Porras: *Built to Last*. New York: Harper Business, 1994 (deutsch: *Visionary Companies. Visionen im Management*. München: Artemis & Winkler, 1995).

2 Kenneth Blanchard und Michael O'Connor: *Managing By Values*. San Francisco: Berrett-Koehler Publishers, 1997 (deutsch: *Die neue Management-Ethik*. Hamburg: Hoffmann und Campe Verlag, 1988).

3 Übernommen aus Jesse Stoner und Drea Zigarmi: *From Vision to Reality* (Escondido, CA: Blanchard Training and Development, 1993) und Jesse Stoner und Drea Zigarmi: *Creating Your Organization's Future: Building a Shared Vision* (Escondido, CA: Blanchard Training and Development, 1993).

4 John P. Carlos: *Performance Planner Top 10*. Escondido, CA: Blanchard Training and Development, 1993.

5 Trevor Keighley: *Self Direction Assessment (SDA)*. Sydney, Australien: Professional Training and Development, 1993.

Kapitel 5

1 Ken Blanchard, Donald Carew und Eunice Parisi-Carew: *The One Minute Manager® Builds High Performing Teams*, S. 21.

2 Eunice Parisi-Carew und Donald Carew: *Team Charter Leader's Guide*. Escondido, CA: Blanchard Training and Development, Inc., 1998.

Kapitel 6

1 Ken Blanchard, John P. Carlos und Alan Randolph. *The Empowerment Barometer and Action Plan*. Escondido, CA: Blanchard Training and Development, 1995.
2 Ken Blanchard und Sheldon Bowles: *Gung Ho!*
3 Kenneth Blanchard und Spencer Johnson: *The One Minute Manager*. New York: William Morrow and Company, 1982 (deutsch: *Der Minuten Manager*. Reinbek bei Hamburg: Rowohlt Verlag GmbH, 1983).

Kapitel 7

1 Kenneth Blanchard und Robert Lorber: *Putting the One Minute Manager to Work*. New York: William Morrow and Company, 1984 (deutsch: *Die Praxis des Ein-Minuten-Managers*. Landsberg/Lech: Verlag Modernde Industrie, 1986).
2 Weitere Informationen zum zugehörigen Seminarleitfaden finden Sie bei Alan Randolph: *Partnering for Performance*. Escondido, CA: Blanchard Training and Development, 1997.
3 Trevor Keighley: *Self Direction Assessment (SDA)*. Sydney, Australien: Professional Training and Development, 1993.

Kapitel 8

1 Eunice Parisi-Carew und Donald Carew: *Team Charter Leader's Guide*. Escondido, CA: Blanchard Training and Development, Inc., 1998.
2 Trevor Keighley: *Empowering for Performance*. Sydney, Australien: PTD Development Trust, 1996.

Kapitel 9

1 Don Shula und Ken Blanchard: *Everone's a Coach*. New York: Harper Business, und Grand Rapids, MI: Zondervan Publishing House, 1995 (deutsch: *Talent zum Coach hat jeder!* Wien: Ueberreuter Wirtschaftsverlag, 1996).
2 Ken Blanchard und Sheldon Bowles: *Raving Fans: A Revolutionary Approach to Customer Service*. New York: William Morrow and Company, 1993 (deutsch: *Wie man Kunden begeistert. Der Dienst am Kunden als A und O des Erfolgs*. Reinbek bei Hamburg: Rowohlt Verlag GmbH, 1994).
3 Ken Blanchard, Sheldon Bowles, William Eastman, Barry Youngblood, Peter Psichogios und Dev Ogle: *Raving Fans Gap Finder*. Escondido, CA: Blanchard Training and Development, 1996.

Kapitel 10

1 Trevor Keighley: *Empowering for Performance*. Sydney, Australien: PTD Development Trust, 1996.

Register

Danksagung

Wenn man ein Buch schreibt, um seine Erkenntnisse weiterzugeben, wird einem bewusst, wie viele Menschen Lob und Dank verdienen. Bei unserer langjährigen Arbeit mit einer Vielzahl von Unternehmen, Teams und Führungspersönlichkeiten haben wir viele Ideen und Konzepte kennen gelernt, die Potenziale in Mitarbeitern freisetzen können. Vor allem aber wuchs unsere Bewunderung und unserer Respekt gegenüber den vielen Menschen, die sich tagtäglich um selbstverantwortliches Handeln bemühen und erstaunliche Ergebnisse erzielen, indem sie die Menschen um sie herum zu mehr Leistung und Motivation coachen. Ihre Bemühungen und Inspiration haben uns veranlasst, zwei Bücher zu schreiben: *Management durch Empowerment* und das vorliegende *Kursbuch Selbstverantwortung: So coachen Sie Ihre Mitarbeiter zu mehr Leistung und Motivation.*

Unser Dank geht zunächst an die Unternehmen und unsere dortigen Ansprechpartner, mit denen wir gearbeitet und von denen wir so viel gelernt haben:

1. All Pro Packaging – Bob Argabright
2. Allied Signal – Cindy Durnal
3. Americom Cellular – Mike Gill
4. Arrow Electronics – Kathy Bernhard, Grace Dervin und Paul Nichols
5. Black & Decker Corporation – Dan Stiff

6. Cargill – Stephen Sebastian, Virginia Pimentel und Jose Carabajal
7. Emerson Electric – Barb Tindall, Tom Dugosh und Jeff Edgar
8. Environmental Elements – Ted Verdery, Jim Sinclair, Mike Dunseith und Lisa Morris
9. Ethicon – Linda Morgan
10. E.I. DuPont Company – Mike Perry
11. Federal Communications Commission – Alan Schneider
12. Florida Power & Light – George Wilson (Jo-Anne Pitera und Barbara Dabney, ehemalige FPL-Mitarbeiter)
13. HCIA Inc. – George Pillari, Don Good, John Robison und Susan Steele
14. Household International Corporation – Jeanne Gruner und die Performance Management Task Force
15. Howmet Corporation – Chuck Elledge und Karl Hamlin
16. Internal Revenue Service – Art Hylton und Liz Keating
17. Johnsonville Foods – Ralph Stayer
18. NewsWest – Shaun Conroy und Joel Shapiro
19. Pacific Gas & Electric Company – George Clifton (pensioniert)
20. Pfizer – Cathy O'Connor
21. Price Waterhouse Coopers – Pat West und Jon Armstrong
22. Rocky Mountain Elk Foundation – Tracy Scott
23. Sartorius – Arnold Briesblatt
24. Stop & Shop – Bill Grize, Dick Baird, Gina Ventre und Sue O'Neil
25. The Turner Corporation – Frank O'Connor
26. Trader Joe's – John Shields

Diesen Unternehmen und ihren Angehörigen verdanken wir viele Anregungen zu den drei Schlüsselbedingungen für die Selbstverantwortung und ihrer jeweiligen Anwendung in den drei Phasen des Veränderungsprozesses. Von diesen Menschen stammen viele der Fragen in diesem Buch, und sie halfen uns auch, Antworten darauf zu finden. Sie waren faktisch unsere

Lernpartner bei der Suche nach Ansätzen für den Übergang zur Selbstverantwortung.

Ferner möchten wir zahlreichen anderen Menschen danken, die uns ermutigt und inspiriert haben, das vorliegende Buch zu schreiben. Auch von ihnen haben wir viel über selbstverantwortliches Handeln in den einzelnen Phasen des Veränderungsprozesses gelernt. Unser Dank gilt Jim Despain, Joe Viviano, Michael Cardone, Bill Pollard, Bob Buford, Ron Floto, Dennis Carter, Lewis Payne, Tom Jackson, Mike Squilante, Jeff Beck, Jim Waller, Irv Rule, Matthew Reimann, John Donnelly, Joe Bode, Bruce Dalgleish, Mike Louden, Joe Raymond, Lou Reymann, Rick und Esther Miller, Andee, Megan und Madison Oleno, Kelly und Kaitlyn Antunes, Bob Cecil und Ashley, Shannon und Li Randolph.

Zu dieser Liste möchten wir auch Steven Piersanti, unseren Lektor bei Berrett-Koehler, hinzufügen, der die Notwendigkeit erkannte, die in *Management durch Empowerment* angeschnittenen Gedanken in einem zweiten Buch zu vertiefen, und uns in jeder Phase der Entstehung dieses Buches zur Seite stand. Unser Dank gebührt auch Pat Anderson, Charles Decker, Kristen Frantz, Elizabeth Swenson, Maria Jesus Aguilo, Karla Swatek, Robin Donovan, Mike Vana und vielen anderen Teammitgliedern bei Berrett-Koehler für ihre harte Arbeit und ihre Unterstützung bei der Veröffentlichung dieses Buches. Auch unsere Agentin Margaret McBride und ihre Mitarbeiter verdienen unseren Dank für ihre Bemühungen.

Die Liste wäre nicht vollständig ohne die vielen Kollegen, die wir schätzen und bei denen wir in intellektueller Schuld stehen. Ihre Arbeit diente uns als Inspiration. Auf diese Liste gehören natürlich unsere Kollegen bei The Ken Blanchard Companies, insbesondere:

1. Don Carew und Eunice Parisi-Carew, die uns so viele Erkenntnisse zur Teamentwicklung lieferten;
2. Pat Zigarmi, Drea Zigarmi, Fred Finch und Laurie Hawkins, die uns die Erweiterungsmöglichkeiten des Modells der situa-

tionsbezogenen Führung (Situational Leadership® II) aufzeigten;

3. Jesse Stoner, der uns zeigte, wie man eine unwiderstehliche Vision schafft;
4. Bill Eastmann, Barry Youngblood, Pete Psichogios und Dev Ogle, die uns beschrieben, wie Unternehmen Kunden begeistern können;
5. Susan Fowler-Woodring und Laurie Hawkins, die uns vor Augen führten, wie Menschen sich situationsbezogen selbst managen können.

Zur Gruppe derer, bei denen wir in intellektueller Schuld stehen, gehören auch viele von Kens Koautoren, die nicht unmittelbar zur Familie der Ken Blanchard Companies gehören, aber sicherlich Teil unserer weitläufigeren Verwandtschaft sind. Dazu gehören:

1. Sheldon Bowles, der uns zeigte, wie viel *Gung Ho!* bewirken kann;
2. Spencer Johnson, der uns vor langer Zeit lehrte, wie wichtig jede einzelne Minute bei der Beeinflussung von Menschen ist;
3. Trevor Keighley von The PTD Group in Sydney, Australien, der uns mit seinen Überlegungen zum Aufbau autonomer Teams half;
4. Michael O'Connor, der uns in die Vorzüge der neuen Management-Ethik einführte;
5. Bob Lorber, der uns zeigte, wie viel Leistungsmessung und -beobachtung zu Leistungssteigerungen beitragen können;
6. Paul Hersey, der uns fundierte Informationen zu einem überzeugenden Führungsmodell lieferte, das später den Namen Situational Leadership® II erhielt;
7. Don Shula, der uns als phantastischer Trainer der National Football League inspirierte.

Auf die Liste der Menschen, bei denen wir in intellektueller Schuld stehen, gehören auch viele Menschen, deren Arbeit uns

inspirierte, unsere Erkenntnisse zur Selbstverantwortung weiterzugeben. Unser Dank gebührt insbesondere:

1. Peter Drucker, Managementguru für Millionen von Führungskräften;
2. Peter Block, Autor des Buchs *Der autonome Manager*;
3. Warren Bennis, Führungstheoretiker und -praktiker;
4. Ed Lawler, der zu vielen organisatorischen Themen forschte
   und schrieb;
5. Steve Kerr, Motivationstheoretiker und jetzt Praktiker bei
   GE;
6. Chris Argyris, emeritierter Professor an der Harvard University und Managementguru;
7. John Kotter, Professor an der Harvard University und ange-
   sehener Autor zum Thema Führung;
8. Jerry Porras, Professor an der Stanford University und Ko-
   autor von *Visionary Companies*;
9. Noel Tichy, Professor an der University of Michigan und
   Autor zum Thema Führung;
10. Robert Miles, Professor an der Emory University und Au-
    thor zum Thema Wandel in Organisationen;
11. Barry Posner und Jim Kouzes, Koautoren von *The Leader-
    ship Challenge*;
12. Jack Stack, President und Vorstandsvorsitzender der Spring-
    field Remanufacturing Company und Autor von *The Great
    Game of Business*.

Über die Autoren

Ken Blanchard ist ein bekannter, kontaktfreudiger, gefragter Autor, Redner und Unternehmensberater. Nur wenige Menschen haben das tägliche Management von Menschen und Unternehmen stärker beeinflusst als er. Seine Freunde, Kollegen und Kunden schätzen ihn als einen der intelligentesten, einflussreichsten und einfühlsamsten Menschen im heutigen Wirtschaftsleben.

Als Autor hat Ken einen spürbaren Einfluss ausgeübt. Von seinem zusammen mit Spencer Johnson verfassten Bestseller *The One Minute Manager*® wurden weltweit mehr als neun Millionen Exemplare verkauft. Das Buch steht noch heute auf vielen Bestseller-Listen. In den letzten fünf Jahren schafften die englischen Ausgaben fünf weiterer Bücher von Ken den Sprung auf die Bestseller-Liste der Zeitschrift *Business Week*: *Wie man Kunden begeistert* und *Gung Ho!* (beide mit Sheldon Bowles), *Management durch Empowerment* (mit John Carlos und Alan Randolph), *Talent zum Coach hat jeder!* (mit Don Shula) und *Das Sandburg-Prinzip* (mit Terri Waghorn). Darüber hinaus schrieb Ken mehrere andere Bücher, darunter fünf weitere Bände zur *One Minute Manager*®-Serie und *We Are the Beloved*, eine Beschreibung seiner eigenen geistigen Reise.

Ken ist Chief Spiritual Officer von The Ken Blanchard Companies, einer weltweit tätigen Managementberatungs- und Managementtrainingsfirma mit umfassender Servicepalette, die er 1979 mit seiner Frau Dr. Marjorie Blanchard in San Diego, Kalifornien, gründete. Er ist außerdem Gastprofessor und emeritiertes Mitglied des Kuratoriums seiner Alma Mater, der Cornell University.

Ken hat viele Auszeichnungen erhalten, darunter den renommierten International Management Counsels McFelley Award, der ihn an die Seite von Preisträgern wie W. Edwards Deming und Peter Drucker rückte. Für sein Lebenswerk wurde er von der American Society for Training and Development (ASTD) mit dem Distinguished Contributor to Human Resource Development Award geehrt. 1992 nahm ihn die Zeitschrift *Training Magazine* in ihre HRD Hall of Fame auf.

Ken und seine Frau Margie leben mit ihrem Sohn Scott und dessen Frau Chris sowie deren beiden Söhnen Curtis und Kyle in San Diego, Kalifornien. Ihre Tochter Debbie lebt mit ihrem Mann Humberto in Chile.

John P. Carlos ist »ein wunderbarer Geschichtenerzähler«. Sein satirischer, humorvoller, geistreicher und praxisrelevanter Erzählstil begeistert seit 1989 Zuhörer auf der ganzen Welt.

Seine Managementerfahrungen im privaten und öffentlichen Sektor sind für John eine Quelle von Geschichten, die aus dem Leben gegriffen sind und seinen Zuhörern ihr eigenes Verhalten im beruflichen und privaten Umfeld bewusst machen. Er besitzt die Fähigkeit, Menschen in den Bann seiner humorvollen und von gesundem Menschenverstand strotzenden Geschichten zu ziehen. Seine Begabung, Menschen dazu zu bewegen, zunächst ihr eigenes Verhalten zu überdenken, ist eine fantastische Methode zur Durchsetzung von Veränderungen in Organisationen und im persönlichen Umfeld. Er versteht es, seine Zuhörer zum Lachen zu bringen, während sie gleichzeitg wertvolle Lektionen lernen.

John ist Senior Consulting Partner bei The Ken Blanchard Companies mit Sitz in Escondido, Kalifornien.

1996 schrieb er sein erstes Buch mit Ken Blanchard und Alan Randolph, *Empowerment Takes More Than a Minute* (Berrett-Koehler Publishers, 1996). Dieses Buch schnellte sofort auf

Rang 7 der Bestseller-Liste der Zeitschrift *Business Week* und wurde in nicht einmal zwei Jahren in elf weitere Sprachen übersetzt (deutsche Version: *Management durch Empowerment*, Rowohlt Verlag GmbH, 1998). John arbeitet derzeit an seinem nächsten Buch, *Getting Hired by Your Team*, eine Sammlung von 25 Best Practices von Teamleitern, ausgewählt von den Teammitgliedern.

John wurde zum Outstanding Young Man in America gekürt und ist Veteran der U.S. Army aus der Vietnam-Ära. Er ist Mitglied der ASTD, Dozent am American College of Physician Executives und besuchte die San Bernardino County Sheriff's Academy. Für seine herausragenden Verdienste wurde ihm der »Goldene Schlüssel« der kalifornischen Stadt Indio überreicht. John ist ehemaliger Vorsitzender der Handelskammer der Region Running Springs. Er studierte Betriebswirtschaft (B.A.) und Unternehmensführung (M.A.) an der Columbia Pacific University.

John lebt mit seiner Frau Lynne in Phoenix, Arizona. Seine zwei erwachsenen Töchter, Kelly und Andee, seine Schwiegersöhne, Todd und Lino, und seine drei Enkel, Megan, Madison und Kaitlyn, leben ebenfalls in Arizona.

Alan Randolph ist wegen seines Wissens und seiner Erkenntnisse zu komplexen Managementfragen in weiten Kreisen renommiert. Er ist ein gefragter Redner, Berater, Trainer und Seminarleiter in den USA und auf internationaler Ebene. Kunden und Kollegen schätzen Alans Fähigkeit, Logik und wohlmeinenden Humor zu einem Stil zu verbinden, der komplizierte Konzepte und Themen leicht verständlich macht.

Alan hat mit einer Vielzahl von Organisationen im privaten und öffentlichen Sektor aus vielen unterschiedlichen Branchen zusammengearbeitet, darunter Kleinbetriebe, Großkonzerne, neu gegründete Unternehmen, Wachstumsfirmen und reife Organisationen. Zu seinen Schwerpunkten als Redner, Berater und Seminarleiter gehören die Themen Selbstverantwortung, Leistungsmanagement, Projektplanung und -management, Entwicklung von Führungsqualitäten und Teamaufbau. Alan spricht stets klar und sachlich und besitzt die Fähigkeit, eine Beziehung zu seinem Publikum herzustellen und ihm zu beweisen, dass Lernen Spaß machen kann.

Alan ist neben seiner Tätigkeit als Consulting Partner bei The Ken Blanchard Companies auch Professor für Management an der Merrick School of Business, University of Baltimore.

Er hat Artikel zu zahlreichen Managementthemen in wissenschaftlichen und praxisorientierten Fachzeitschriften veröffentlicht. Gemeinsam mit Ken Blanchard und John P. Carlos schrieb er den Bestseller *Empowerment Takes More Than a Minute* (Berrett-Koehler Publishers, 1996). Mit Barry Posner verfasste er ein populäres Buch zum Thema Projektmanagement, *Getting the Job Done: Managing Project Teams and Task Forces for Success* (Prentice-Hall, 1991). Zusammen mit Robert Miles und Edward Kemery entstand die häufig verwendete Organisationssimulation *The Organization Game* (Addison-Wesley Longman, 1994).

Alan ist Wirtschaftsingenieur (B. A.; Georgia Institute of Technology), hat die Beziehung zwischen Personal und Unternehmen studiert (M. A.) und in Betriebswirtschaft an der University of Massachusetts in Amherst promoviert.

Alan und seine Frau Ruth Anne, die ebenfalls als Consulting Partner bei The Ken Blanchard Companies arbeitet, haben drei Töchter. Ashley lebt in New York City; Shannon und Liza leben in ihrem Elternhaus in Baltimore, Maryland.

Ihre Erfahrungsberichte und Fragen

Wir wollen Ihre Erfahrungsberichte und Fragen zur Einführung der Mitarbeiterselbstverantwortung in Ihrem Unternehmen hören.

Erzählen Sie uns von Ihren Erfolgen (auch Teilerfolge verdienen Lob!) und Enttäuschungen beim Veränderungsprozess, der in Ihrem Unternehmen eine von Selbstverantwortung geprägte Kultur einführen soll.

Kennen Sie jemanden, der Anerkennung verdient, weil er als Führungskraft die Selbstverantwortung der Mitarbeiter förderte oder sich als Teammitglied durch selbstverantwortliches Handeln besonders auszeichnete?

Haben Sie Fragen, die wir beantworten können?

Wir sind überzeugt, dass Ihnen dieses Buch nützliche Dienste geleistet hat, wollen aber noch weiter aus Ihren Erfolgsberichten und Fragen lernen. Schreiben Sie uns also an folgende Adresse:

The Ken Blanchard Companies
1409 Locust Ave.
Baltimore, MD 21204
USA

Wir freuen uns auf Ihre Beiträge!

Wir stehen zu Ihren Diensten

Ken Blanchard, John P. Carlos und Alan Randolph halten Reden auf Konferenzen und Unternehmensveranstaltungen auf der ganzen Welt. Ihre Botschaft ist praktisch umsetzbar und inspirierend und zugleich auch unterhaltsam.

Ferner bieten The Ken Blanchard Companies, für die alle drei arbeiten, ein umfassendes Sortiment an Consulting-Leistungen: langfristige Beratungspartnerschaften, Seminare, Bücher, Arbeitsunterlagen sowie Video- und Audiokassetten in den Bereichen Selbstverantwortung, Teamentwicklung, Führung, Leistungsmanagement, Projektmanagement und Kundenservice.

Weitere Informationen erhalten Sie unter folgenden Adressen:

The Ken Blanchard Companies
125 State Place
Escondido, CA 92029
USA
Tel.: 001-800-728-6000
Fax: 001-760-489-8407

VOSS + PARTNER GmbH
Siemensstr. 31
25462 Rellingen
Tel.: 04101-3844-0
Fax: 04101-31636
E-Mail: infovoss@voss-partner.org

Sie können die drei Autoren auch direkt unter den nachstehenden E-Mail-Adressen kontaktieren:

Ken Blanchard
E-Mail: kenb@blanchardtraining.com
oder Tel: 001-800-728-6000

John P. Carlos
E-Mail: mpowering@aol.com
oder Tel.: 001-602-992-0320

Alan Randolph
E-Mail: randasso@ix.netcom.com
oder Tel.: 001-410-321-8231

Personalmanagement

Reinhard K. Sprenger
Mythos Motivation
Wege aus einer Sackgasse
Jubiläumsausgabe 2000. 268 Seiten
ISBN 3-593-36432-8

Lob, Prämien, Boni, Incentives, leistungsvariable Einkommen: alles, was in Unternehmen heute an Tricks und Kniffen zur Mitarbeiter-Motivation praktiziert wird, ist kontraproduktiv. Reinhard K. Sprenger zeigt in *Mythos Motivation*, wie Sie Leistungsfreude entfesseln und gute Mitarbeiter halten können.

»Der Autor entlarvt intelligent und oft witzig die trügerische Logik der Belohnungs- (und Straf-)Systeme in Unternehmen.«   *Der Spiegel*

»Reinhard Sprengers Ideen revolutionieren die Mitarbeiterführung. Wer zukünftig Management und Führungskultur im Unternehmen gestalten will, muss *Mythos Motivation* gelesen haben.«
Rainer Goldammer,
Direktor Human Resources 3M Europa

Gerne schicken wir Ihnen unsere aktuellen Prospekte:
Campus Verlag · Heerstr. 149 · 60488 Frankfurt/M.
Hotline: 069/97 65 16-12 · Fax - 78 · www.campus.de

|campus
Frankfurt / New York

Lesen bildet Meinung.
Mit uns garantiert.
Frankfurter Rundschau
Unabhängige Tageszeitung
Die Zeitung zwei Wochen zum Nulltarif.
☎ 08 00/8 666 8 66